令和によみがえった超絶の占い!

27星 宿曜占術

27Sei Sukuyou Senjutu

Takemitsu Makoto

武光 誠

河出書房新社

カバーデザイン◉こやまたかこ
カバーイラスト◉楼月リョウ
協力◉緒上 鏡

対人関係や仕事の悩みを解決し、人生の羅針盤《らしんばん》となる秘伝◉はじめに

本書は「宿曜道《すくようどう》」という、古代日本で行なわれた学問を解説したものです。古代中国でまとめられた『宿曜経《すくようきょう》』という密教《みっきょう》の教典を研究する学問を「宿曜道」といいます。『宿曜経』は、はるか昔にメソポタミア（現在のイラン）のバビロニア王朝で栄えた天文学をもとにつくられたものです。バビロニアの天文学が古代インドに伝わって大きく発展したものが、古代中国語に訳されて『宿曜経』となりました。

　このあと解説するように、古代の天文学は天体観測と占星術とを一体とするかたちをとっていました。しかも、そのような経験科学の天文学は、天体の運行を計算する近代の天文学とは異なり、あらゆる自然の動きを天体の動きとともに考える「総合科学」とでも呼ぶべきものでした。

『宿曜経』の占いは、「誰もがその生年月日にもとづいて定められた『本命宿《ほんめいしゅく》』に守られている」という主張のうえにつくられたものです。それは『本命宿』を知れば、自分のもって生まれた資質や、自分と相性のよい人と相性の悪い人との区別がわかるようになると説くものです。「宿曜道」は、「さまざまな性質の人があつまっていることによって、社会があるべきかたちに

運営されていく」という考えをとっています。この上にたって「本命宿」が一人ひとりの人間を、その者にもっとも合ったみちにみちびいていくとされていました。

　のちほどくわしく説明しますが、「④房宿」「⑥尾宿」のような豪快な人間ばかりでも、「⑤心宿」や「⑭奎宿」のようなおとなしい人間だけでも、世の中はうまくいきません。

　そのため「本命宿」の定めるところにしたがって、自分に合ったみちを選び、相性のよい人びととつながれば、幸福な生涯を送ることができるとされたのです。

　これとは別に、宿曜道は「ごくまれに来る『六害宿《ろくがいしゅく》』の日には「本命宿」の守りが得られなくなる」という考え方があります。ですから宿曜道にしたがえば、「六害宿」の日は用心して過ごさなければならないことになります。

　わたしの専門は、大きな文化の流れのなかで歴史を考える「歴史哲学」です。そして、歴史哲学の研究にあたって、わたしは「科学技術の発展が新たな歴史をつくる」とする考えをとってきました。日本の科学技術は、神道《しんとう》（精霊崇拝）から陰陽道《おんみょうどう》という経験科学を経《へ》て近代科学にいたる科学思想のうえに発展してきました。

　「宿曜道」は、日本では「陰陽道」に付属する知識として扱われてきました。このような歴史哲学の研究をすすめるための基礎知識として、近代科学と「陰陽道」をつかんでおかなければなりません。その意味で「宿曜道」は、わたしにとってずっとなじみ深いものでありました。

『宿曜経』自体、はば広い経験科学の知識を盛りこんだ、相当に難解なものです。わたしでも読み解けないところがかなりあるうえに、『宿曜経』全体の内容を現代人にわかりやすく解説するのは、ほぼ不可能です。

それゆえ、本書では『宿曜経』のなかでもわかりやすい「本命宿」と「六害宿」の占術のみを解説しました。

この「本命宿」や「六害宿」を知るには、きわめて難しい計算が必要となります。今回は多くの時間をかけて、それらのわかりやすい図表を作成しました。それだけの手間をかけたおかげで、「宿曜道」の難解な占術のなかでも、本書に記した部分だけは、読者の方々にご理解いただけると思います。

しかし、宿曜道の占術というものは、何かひとつを調べようとするたびに面倒な計算に取り組まなければならない、難解で不条理なものです。そのため、本書に記したこと以外の宿曜道の占いにかんするお尋《たず》ねには、いっさいお答えできないことをご了承ください。

宿曜道は、古代中国由来の陰陽道とともに、比叡山《ひえいざん》や高野山《こうやさん》の密教僧たちの手で広められました。陰陽道は「高島易《たかしまえき》」などのかたちで現在も行なわれていますが、宿曜道は鎌倉時代末ごろに、権力者の意向を受けて廃《すた》れていきます。それは、当たりすぎるのが警戒されたためです。

その後、宿曜道は長期にわたって輝きを失っていましたが、本書で宿曜道の知恵をあらためて現代に掘り起こしていきます。『宿曜経』や鎌倉時代以前の宿曜道の書物をもとにしているので、読みすすめていくうちに「27星宿曜占術」の凄《すさ》まじい力を知ることができるでしょう。

ただし、古代の学問と、いわゆる占術とはまったく別ものです。占術のためには特別の資質が必要です。筆者自身も重大ごとの決定にあたっては、宿曜道の占いのほかに、別の占術も参考にしています。

ですから本書の記述は、宿曜道の原理の解説にとどめ、それ以上の深いことには踏みこまないようにしています。筆者には、個々の人間の微妙な心理や具体的な運勢までは読み取れないからです。

それでは、宿曜道の原理、宿曜道の相性診断、二十七の「本命宿」個々の特性、そして「六害宿」について記していきましょう。

武光 誠

27星宿曜占術◉もくじ

1章 27星宿曜占術の神秘に満ちた力

あなたを守る「本命宿」と相性の見きわめかた

相性を見きわめる秘密の法則

2章 あなたを支配する驚愕の運命

それぞれの宿に秘められている「定め」とは

1章

27星宿曜占術の神秘に満ちた力

あなたを守る「本命宿」と相性の見きわめかた

「27星宿曜占術」とは何か？

本命宿と六害宿

まず「27星宿曜占術」について簡単に説明しましょう。どのようにすれば、27星宿曜占術の理論にたった、もっともよい生涯を送れるのでしょうか。

それを知るためにはまず、本書の巻末にある「『宿』の早見表」で、自分が「二十七宿」のうち、どの「宿」が支配する日に生まれたのかを調べてください。生年月日の表枠のなかに、「1」や「12」と記してあり、この番号に対応する宿（20ページ参照）が自分の宿になります。

「宿」というのは、生まれた日に、空の月がその背後《はいご》にある、どの星のところに宿って（位置して）いたかによって決められたものですが、ここでは「宿＝星」だと考えてください。

「『宿』の早見表」は、一九二六年（大正一五／昭和元）から、二〇二四年（令和六）までの宿の番号を記したものです。この表は、過去の宿曜師《すくようし》があみ出した計算式によるものです。それは、地動説にたつ現代の天文学とは異なる、天動説をふまえた月の見かけの位置を示すものになります。

ですから、その計算は現代の数学のような合理的なものではなく、おおまかな法則を示したうえに、それにいくつもの例外を付《ふ》した複雑なものになっています。

それでは順をおって説明しましょう。

『宿曜経《すくようきょう》』は、誰もが、この世に生まれたその日から、この「宿の運命」に支配されていると想定するものです。つまり誰もが、この「宿命」を背負って生きているのです。

27星宿曜占術では、一人ひとりの運命を支配する宿は「本命宿《ほんめいしゅく》」と呼ばれます。

この「本命宿」は、守り神にあたります。それは、**この世で生きるべき役割**を定めて、その定めにしたがって生きる道を教えるものです。

ですから、本命宿の定めにしたがって生きるかぎり、「本命宿」が、その宿に属す人を災厄《さいやく》から守る力をもつことになります。

ところが、「本命宿」の力が弱まる「六害宿《ろくがいしゅく》」の日があります。その六害宿については、3章の「『27星宿曜占術』のなかにある『六害宿』占術」と題した項でくわしく説明します。

「本命宿」が何かを知り、さらに2章で紹介する「二十七宿の特性」で、これまで知らなかった、自分にあった生き方をしっかり認識しておいてほしいのです。

「27星宿曜占術」は近代以前の東洋の科学

現代の科学の合理的な考えに慣れた方には、つぎのような「27星宿曜占術」の発想を理解しづらいのではないのでしょうか。

「一人ひとりの人間の人生は、その人の『本命宿』の影響を強く受けている」

西洋風の近代以前の科学は、一七世紀に活躍した哲学者デカルトの、

「数式を用いて、すべての科学現象を説明できる」

という考えにたつものです。

しかし、江戸時代以前の日本の科学技術は、数式でわり切れる単純なものではありませんでした。

日本刀の素材の玉鋼《たまはがね》には、さまざまなものがあります。だから刀鍛冶《かたなかじ》は、個々の材料の特性をよみながら、その加工法を決めていきました。

塩麹《しおこうじ》という日本独特の調味料をつくるときに、職人は材料の微妙な違いや、塩麹を漬ける日の気温に合わせて塩加減を変えていきます。

このような職人芸の世界では、「この手法が絶対に正しい」という主張は成り立ちません。

「こうすれば成功する可能性が高くなる」

という秘伝が受けつがれているだけです。つまり江戸時代以前の日本人は、

「そのようでもあり、そのようでもなさそうだが、この可能性が大きい」

といったあいまいな経験科学の上に生活していました。宿曜道《すくようどう》や陰陽道《おんみょうどう》も、そのような、

「はずれるかもしれないが、この可能性が高い」
という世界なのです。

運勢は生まれたときの「時間の質」で決まる

宿曜道や陰陽道の原理を知ることと、占い師が行なう占いとはまったく別物です。宿曜道や陰陽道は、個々の人間を大自然の一部としてとらえる東洋の科学の上につくられたものです。東洋の科学は、時間を年、月、日などに区分して、その質を統計的につかもうとしたものです。時間の質は地球のまわりの、そのときどきの天体の動きによって決められます。宿曜道も陰陽道も、つぎのような考えをとっています。

「個々の人間の運勢は、その人が生まれたときの時間の質によって決められる」

月の動きから人間の運勢を考えるのが宿曜道です。陰陽道の十二支は木星の動きをもとにしたものです。

このような理論を自分自身に適用するには、いっさいの偽《いつわ》りを排して、自身の本当の姿をつかんでおく必要があります。平安時代の知識人は、そのような営みのうえで宿曜道を用いたのです。

しかし多くの人は、自分自身のことであれこれ見栄を張って、自分の本質をつかめずにいます。そういった人が「占いの本」を自分勝手に解釈して、「どこからか幸運が訪れる」と思いこんだりします。

「テレビの十二星座の占いに、『おうし座の人は恋愛運が最高』とあったので、街なかではじめて会った好みの顔の異性に『つきあってください』と言った」

こういった笑い話もあります。

ですから専門の占い師の多くは、意識するしないにかかわらずコールドリーディングの技術を身につけ、相談者の本質を見抜こうとするといわれます。その多くは、相談者にあれこれ質問して、相手の表情やしぐさを観察して相手の本性を推測する方法がとられるようです。

嘘《うそ》をつく人の多くは、無意識のうちに目をそらし、まばたきをし、髪の毛をなで、指をあれこれ動かしたりしてしまうのです（この部分は石井裕之氏の一連の著書に拠った）。

過去の有名人をあつかう歴史学には、心理学とかかわる部分も多いので、わたしはある程度コールドリーディングについて学びました。ですから、企業や有名人が起こした不祥事の謝罪会見をテレビで見て、「この人、ここのところで嘘をついている」と感じるときもあります。

しかし、わたしは目の前にいる相手にそのようなリーディングを行ない、相手の心のなかを覗《のぞ》くべきではないとする立場をとっています。それは、望遠鏡で他人の家を盗み見るのと同じ、野暮《やぼ》な行為とみているからです。ですから、占いを求めて相談されたときに相手の本当の考えがつかめず、答えようがないのです。

　本書で説明することは、占術師の営みとはまったく別の世界のことなのです。

幸運の鍵をにぎる「本命宿」

　先ほど、「誰もがこの世に生まれおちたその日から、『本命宿』の運命に支配されて生きていく」ということを記しました。

　目に見えない「本命宿」の「運命域」からはずれた人生を歩むことは難しいのです。ですから、本命宿を知ることが、幸福な人生を歩むための鍵になります。

　いまから二千数百年のむかし、メソポタミア（現在のイラン）のバビロニア人たちは、自然による災害や事故、事件、戦争の勝利・敗北、作物の豊作・不作など、生きていくうえでのさまざまな経験を、きわめて緻密《ちみつ》に研究しました。その結果、個人の運命が人知《じんち》の関知しえないところで「本命宿」と深いかかわりがあると考えました。

　天体（とくに月）の運行と個人の運勢との因果関係を考え、洞察《どうさつ》し、そのなかに、ある種の法則性を発見し、それを「27星宿曜占術」のもとになった教典にまとめあげたのです。

　この占星術は、インドを経《へ》て、シルクロードを通って中国に伝わりました。

　『宿曜経』が漢訳されたときに各宿の名が、古代中国の天文学の用語にしたがって定められま

二十七宿の本《ほん》性《せい》と代表的な有名人

宿	本性（役割）	代表的な有名人
①角	一本気の職人	武田鉄矢（俳優）
②亢	筋を通す完全主義者	イチロー（元プロ野球選手）
③氐	人びとを支える才人	野村萬斎（能楽師）
④房	度量の大きい傑物	明石家さんま（タレント）
⑤心	つきあい上手の愛嬌者	阿部寛（俳優）
⑥尾	自分を律する武人	山中伸弥（医学者）
⑦箕	嵐のような情熱家	林修（予備校講師）
⑧斗	探求心の強い冒険者	内村光良（タレント）
⑨女	上品な理想主義者	松坂桃李（俳優）
⑩虚	虚実を使い分ける知将	秋元康（作詞家）
⑪危	勇敢でおしゃれな戦士	錦織圭（プロテニス選手）
⑫室	豪快な多芸の持ち主	木村拓哉（俳優）
⑬壁	弱者を守る人情家	安藤優子（キャスター）

⑭	奎	多趣味な平凡人	所ジョージ（タレント）
⑮	婁	さわやかなムードメーカー	窪田正孝（俳優）
⑯	胃	好奇心に生きる挑戦者	長嶋一茂（タレント）
⑰	昴	弁舌に長じた正義の人	田原総一朗（評論家）
⑱	畢	忍耐強い聖人	故・桂歌丸（落語家）
⑲	觜	周囲に頼られる雄弁家	徳光和夫（司会者）
⑳	参	自己主張の強い社交家	古館伊知郎（キャスター）
㉑	井	仕事ひとすじのまじめ人間	宮里藍（元プロゴルファー）
㉒	鬼	人間観察眼をもつ勉強家	船越英一郎（俳優）
㉓	柳	人類のために生きるロマンチスト	中居正広（タレント）
㉔	星	夢を追う努力家	坂東玉三郎（歌舞伎役者）
㉕	張	多才なまとめ役	恵俊彰（タレント）
㉖	翼	生まれながらのリーダー	故・黒澤明（映画監督）
㉗	軫	知識豊富な軍師	有吉弘行（タレント）

した。そのとき、中国人になじみ深い星の名から「角《かく》」「亢《こう》」などと、二十七宿の名前が選ばれたのです。

このとき、日没のときの月の位置が中国人になじみ深い角の星（西洋の天文学におけるおとめ座のスピカ）のところにくる日が「**①角宿《しゅく》**」とされました。そして、そのつぎの日の日没の月のそばの星を「**②亢宿**」、つぎのつぎを「**③氐《てい》宿**」といったようにして、①から㉗までの順番を決めたのです。見かけ上の月の位置は、約二十七日で夜空の「黄道《こうどう》」と呼ばれるみちを一周します。

自分の宿や、あるいは恋人、友だち、ご主人などの宿を簡単に見つけたり、覚えておくことができるよう、この番号を活用してください。かりに「角宿」生まれであったとしたら「①の角」、「亢宿」であれば「②の亢」と覚えておくと便利です。

相性を見きわめる秘密の法則

運勢を好転させる、二十七宿による相性診断

これまでお話ししてきたように「本命宿」は、すべての人の「この世で生きるべき役割」を定めて、その定めにしたがって生きる道を教えています。それはつまり、守り神となる宿です。

ですから、「本命宿」には運勢を好転させ、幸運にみちびく相手と、そうでない相手とを分ける働きがあります。それが、これから述べる宿と宿との相性です。

「本命宿」のもっとも基本となる働きは、将来、待ち受ける運命のよき手助けとなる宿の人が、近づいてくるように働きかけることでもあるのです。

たとえば、旅先で偶然出会った人に一目惚《ぼ》れして結婚したところ、じつに相性もよく、毎日が楽しくて幸せでいるという人もいれば、周囲から最高のカップルとうらやまれたのに、新婚旅行から帰ったとたん、すぐ離婚してしまったなどという人もいるはずです。

人の幸福とは、このように相性によって、大きく左右されます。その働きをじゅうぶんに生かすことができれば、運勢を好転させ、幸福への近道を歩むことができるのです。

二十七宿と人間の相性が、深い因果関係をもっていることに気づいたバビロニア人たちは、さらに研究を積みかさねて、精密な相性診断法を生みだしました。

このあと述べるように、その結果得られた相性関係は、仕事や恋人選びなどの場で、きわめて有益なものになります。

相性のよい相手と出会えた人びと

「本命宿」どうしの相性のよい男女が出会えば、親密なカップルになる可能性が高いといってよいでしょう。

ここで現代の有名人の男女の相性診断をするには、いろいろ差しさわりがあります。ですから、2章でくわしく解説する、個々の二十七宿の代表的な人物をあげたところを手がかりに読者の方が考えてみてください。

詩人、歌人の与謝野《よさの》鉄幹《てつかん》と歌人の与謝野晶子《あきこ》は、明治・大正時代の文化人のなかでおしどり夫婦として知られていました。鉄幹の「本命宿」は⑬**壁《へき》宿**で、晶子のそれは㉑**井《せい》宿**です。このふたつの宿は、もっとも相性のよい、わたしが「○繁栄星」（28ページ参照）とした関係にあります。

病気の奥さんを温かく見守った彫刻家で詩人の高村光太郎《たかむらこうたろう》の美談もよく知られています。奥さんの高村智恵子《ちえこ》の「本命宿」は㉖**翼《よく》宿**で、光太郎のそれが⑱**畢《ひつ》宿**です。このふたりの「本命宿」も「○繁栄星」の関係にあります。

明治初年に⑳**参《さん》宿**の伊藤博文をひき立てた大久保利通《おおくぼとしみち》の「本命宿」は①**角宿**でした。このふたりの宿も「○繁栄星」の関係です。薩長《さつちょう》同盟で大久保と連携した木戸孝允《きどたかよし》（桂小五郎）も、大久保の「○繁栄星」である⑳**参宿**です。

さらに、新撰組局長の近藤勇《こんどういさみ》の⑯**胃《い》宿**と、副長の土方歳三《ひじかたとしぞう》の㉔**星《せい》宿**も、「○繁栄星」のつながりでした。

このような例をあげていくと、きりがありません。

破壊星と組むと出世の足止めをくらう

「本命宿」の位置による相性の力関係は、もちろん職場でも作用するので、部下、あるいは上司に、いつも大事なところで足をひっぱられていると感じたら、ぜひ相手の宿を調べてみてください。

　もし、その人が悪い相性関係をもっているとすれば、自分の出世のために、相性の悪い人間と離れなければなりません。しかし、そのような場合には、相手もこちらと別れたがっていることを理解してください。

　何度も映画やドラマになった山崎豊子《やまざきとよこ》の『白い巨塔』（文藝春秋刊）という小説があります。このなかで、ある大学で東《あずま》教授と財前《ざいぜん》助教授が対立し、足をひっぱりあう場面がありますが、東教授が定年になって格の高い病院の院長に、財前助教授が東教授のあとを受けて教授になったあと、ふたりとも気分よく活躍するようになります。実名を出すのは差しさわりがありますが、わたしは、これに似た例を多く見てきました。

　誰でも、どうしても他人と争わなければならないことはあるでしょう。恋人の獲得、社内の重役ポストの獲得、入札での仕事の獲得などです。生きていくことはある意味で、毎日誰かと戦っていることともいえます。

ですから、もし前もって相手の考えや行動パターン、そして弱点などをつかめれば、少なくとも戦いの戦略上、ものごとを優位にたってすすめることが可能になります。

相性を見きわめる究極の秘法

ところで、人の相性はいったいどう決まるのでしょうか。それを、わたし独自のホロスコープで示してみました。このホロスコープをもちいれば、すべてが一目瞭然《いちもくりょうぜん》となり、誰にでも簡単に、よい相性の相手と、悪い相性の相手がわかります。

それでは、説明していきましょう。ここでは「①角宿」を例にあげてすすめていきます。次ページのホロスコープを見てください。この占星盤を見てわかるように、まず四重の円をつくり、真ん中の円と、いちばん外側の円とをのぞいた二つの円を二十七等分し、真ん中に自分の宿を書きこみます。

つぎに真ん中の円の二個外側、つまり外から二番目の円の真上の部分に自分の宿をいれて、そこから左まわりにつぎつぎに二十七の宿の名を書いていってください。

次いでもうひとつ内側、つまり外から三番目の円に、それぞれ、つぎのマークをいれます。まず自分の宿に「◓宿命星」のマークを記してください。つぎに自分の宿から前後九個先の

宿が、自分の宿の左右の九個先の枠《わく》にあるのを確認して、そこに「◪因縁星」のマークを記してください。さらに◓と◪の宿の両どなりの宿を探し、そこに「○繁栄星」のマークをいれます。

「○繁栄星」のとなりの宿には、「△友人星」のマークをいれます。ここまでがおおむね味方になる宿です。

さらに「△友人星」のとなりの宿には「●破壊星」のマークをいれます。そして、残りの宿には「▲好敵手星」のマークを記します。こうしておくと、黒いマークが入った宿が敵、白いマークが入った宿が味方であることが明らかになります。

これらのマークの意味をあらわしたのが、次ページの「相性星」一覧表です。

「相性星」一覧表

○繁栄星	最高の相性。運命を上昇させる最良の関係。
△友人星	「○繁栄星」につぐよい相性で、味方となる星。また宿の位置や宿の性格によって「○繁栄星」以上の味方になることもある。
◓宿命星	うまく働くと、大幸運をもたらす相性。ただし、ひとつまちがうと徹底的に破壊しあう関係になる。
◣因縁星	「◓宿命星」ほどではないが、それに近い作用を及ぼす。ただし、おたがいの立場の相違を理解しあってつきあうかぎり、よい関係になる。
●破壊星	ことごとく対立する最悪の相性。おたがいの運命を破壊し、つぶしあう。
▲好敵手星	危険を秘めた関係。組織内なら危険なライバルである。組織外なら、話のわかる友人としてよい相性関係となることがある。

＊「○繁栄星」「△友人星」の関係はよい結果をもたらすが、「●破壊星」は避けるほうが無難。「◓宿命星」「◣因縁星」は関係のしかたに注意が必要。「▲好敵手星」は自分を高めるためのライバルとして利用するとよい。

相性の法則

もうひとつこの関係に加えて、つぎのふたつの宿の位置関係による法則が加わります。それは、つぎのようなものです。

【相性の法則…その一】近い位置の宿ほどかかわりが深い

【相性の法則…その二】前の宿が後の宿を指導する

これは月の動きから生じます。月は「①角宿」にきた日の翌日に「②亢宿」にくるわけですが、月が「⑬壁宿」にくるのは、月が「①角宿」にきた十数日後になります。そのことから「①角宿」と「②亢宿」との縁は「①角宿」と「⑬壁宿」の縁よりはるかに近いことになるのです。

また、月が「①角宿」にきた翌日に月が「②亢宿」にきていて、そのつぎの日に「③氐《てい》宿」にくるとすると、「①角宿」の人は「②亢宿」の人の一日前に「②亢宿」が感じる月の動きを体験し、「②亢宿」の人は「③氐宿」の人の感じる一日前に月の動きを感じるため、「①角宿」の人が「②亢宿」の人の気持ちをつかみ、「②亢宿」の人が「③氐宿」の人の気持ちをつかむといったかたちで前の宿が後の宿を指導するのです。

この関係は始めも終わりもない、永遠に回りつづけるかたちをとります。ですから、「㉗軫宿」などの数字が大きい宿は、数字の少ない宿の前の宿となり、「①角宿」などを指導します。

吉位の相性その一「○繁栄星」と「△友人星」との関係

この関係では、前の宿が後の宿をつよく指導して、ともに栄えていきます。ふつうにふるまっていれば、「本命宿」の力で、この関係の相手に出会えることになっています。

この関係の恋人や友だちは、気持ちが通じる最良のパートナーになりますが、この関係の夫婦、親子、兄妹はたがいの関心が近すぎて、ふたりで狭い世界に閉じこもってしまうおそれがあります。

この関係の仕事仲間の場合も同じです。また、この関係の上下関係や取引関係では、おたがいの気持ちがわかるために、ともに相手に頼りすぎて失敗することがあります。

現代では、芸能界で名コンビと評価されるサンドウィッチマンの伊達《だて》みきおさんの⑯**胃宿**と富澤《とみざわ》たけしさんの㉖**翼宿**が、「○繁栄星」です。くりぃむしちゅーの上田晋也《うえだしんや》さんの⑳**参宿**と有《あり》田哲平《たてつぺい》さんの⑲**觜宿**も、「○繁栄星」の関係になります。

政界では安倍晋三首相の㉕**張宿**と防衛大臣を務めた稲田朋美《いなだともみ》さんの㉔**星宿**が「○繁栄星」となります。

「△友人星」の関係の例としては、江戸城無血開城を実現させた勝海舟《かつかいしゅう》の㉗**軫**《しん》**宿**と西郷隆盛《さいごうたかもり》の⑦**箕**《き》**宿**があげられます。また②**亢宿**の小泉純一郎《こいずみじゅんいちろう》元首相と、かれの下で道路公団民営化に尽《じん》力《りょく》した④房《ぼう》宿の猪瀬《いのせ》直樹《なおき》さんも「△友人星」のつながりになります。

吉位の相性その二「◓宿命星」との関係

この関係は、ふつうは「○繁栄星」の関係と同じ、気の合った夫婦や友人となります。

ところが、両者の性格が近すぎて、場合によっては、両者ともに大躍進《だいやくしん》するか、共倒れになるか、あるいは一方が徹底的に破壊される、といったような混乱状態が生じる場合があります。

両者の星が同じ力をもち、一方が他方を指導する関係になれないので、ふたりで主導権争いをすることも多いのです。この関係の相手とはよく出会うのですが、「本命宿」の働きで、たいていの場合は、この関係の相手とは深いかかわりになりません。

この関係の親子は、気持ちがひとつになってよいのですが、兄弟関係の場合、たまに衝突する組み合わせがみられます。

ひとつの目的をめざす仕事関係、取引関係は、この関係で悪くありませんが、夫婦、恋人、友だちはたがいに考えが近すぎてうっとうしくなりがちです。

ただし、この位置での上下関係が生じる組み合わせの場合、上の者は相手から自分の気持ちを読まれすぎてしまうという弱点をもつことになります。また、自分の行動パターンを読まれやすい「◓宿命星」の相手を敵にまわすと苦しめられます。

歴史上では、大久保利通とかれをひき立てた薩摩藩の有力者、島津久光《ひさみつ》がともに①**角宿**で「◓宿命星」の関係です。また長州藩の討幕派を指導した高杉晋作《たかすぎしんさく》と桂小五郎（木戸孝允）も、ともに⑳**参宿**の「◓宿命星」です。

さらに、映画の大作を多く残した黒澤《くろさわ》明《あきら》監督と、かれの下で何度も主演を務めた三船《みふね》敏郎《としろう》も㉖**翼宿**の「◓宿命星」のつながりです。

吉位の相性 その三「◪因縁星」との関係

この関係は、ふつうは仲のよいただの友だちになります。しかし、この関係でたがいに激しく憎みあうことがまれに起きます。『宿曜経』は、どの宿も九つ前の宿と九つ後の宿と深い因縁でつながっていると説いています。

おたがいに距離をおいてつきあえる仕事仲間、上下関係、取引関係や、どちらかが他方を指導する親子、兄弟関係ならよいのですが、夫婦、恋人、友だちといった対等の関係になったときに、何かのきっかけで対立が起きる可能性があります。

名コンビといわれる現代のタレントのなかに、この関係のふたりがみられます。⑱**畢宿**の博《はか》多《た》華丸《はなまる》さんと㉗**軫宿**の博多大吉《だいきち》さん、キャイ～ンの㉑**井宿**のウド鈴木さんと③**氐宿**の天野《あまの》ひろゆきさんが「◪因縁星」のつながりになります。

凶位の相性 その一「●破壊星」との関係

この関係の相手とは気が合わないのですが、なぜか縁が深く、仕事上でたがいにかかわったり、恋仲になったりしてしまいます。しかし、上下関係、仕事仲間、取引関係ならおたがいの私的な部分にかかわらず、うまく合わせていくことができます。また、親子、兄弟関係も相手のなかの自分に合わない部分を我慢してつきあっていけます。

ところが、この関係の相手と夫婦、恋人、友だちになると、どうしても合わずに衝突します。とくに本命宿から左右に三個離れた相手と結婚すると、たがいにとことん傷つけあうおそれがあります。

この関係の相手とはかかわらないほうがよいのですが、くわしいことは少しあと（35ページ）で説明しましょう。

凶位の相性 その二「▲好敵手星」との関係

この関係の相手とのつきあい方によって、人生は大きく変わってきます。この関係の相手は、基本的には気が合わないので、親密な関係になることは少ないです。

ところが「▲好敵手星」の人間のなかには、予想外の大きな幸運をもたらしてくれる相手も出現します。「大吉位」や「吉位」の相手が安心してつきあえる友だちとすれば、この関係の相手はおたがいの異なる面をぶつけあって切磋琢磨《せっさたくま》していく、よき好敵手としての友だちということになります。

　ですから、話を合わせやすい「吉位」の相手とだけでなく、この関係の相手とうまくつきあっていければ、人間的に大きく成長することになります。

　人生のなかでは、この関係の相手に出会う場合が比較的多いです。とくに「本命宿」から左右に五個離れた「▲好敵手星」は、「本命宿」から左右に四個離れた「▲好敵手星」よりはるかにつきあいやすく、災厄《さいやく》をもたらす可能性も低いことを覚えておいてください。

　この関係の相手と、たがいにないものを融通《ゆうずう》しあう取引関係になると、おおいに得をします。友だちや仕事仲間、それにちがった考えをもつ兄弟関係もよいです。ところが、親子関係、上下関係、恋人関係だと衝突しやすく、夫婦になると、よほどおたがいを理解する努力をしないと難しいでしょう。

　歴史上では幕末に京都守護職を務めた⑪**危《き》宿**の松平容保《かたもり》と、⑯**胃宿**の近藤勇がこの関係です。朱子学《しゅしがく》を重んじた実直な容保と、乱暴で遊び好きの近藤とでは気が合いそうもないのですが、容保が新撰組局長の近藤勇をおだてて、うまく使ったのでしょう。

　大阪市長だった⑦**箕宿**の橋下徹《はしもととおる》さんと、民主党の党首として首相になった⑪**危宿**の野田佳彦《のだよしひこ》さんは、ともに政界にいながらほとんどつきあいがなかったはずです。このふたりは、「▲好敵手星」どうしで疎遠に過ごした例になるのかもしれません。

「●破壊星」とかかわると、おたがいにとことん傷つく

わたしは、二十七宿の相性診断にもとづいて、かならず不利益をもたらす「本命宿」の持ち主を「●破壊星」と呼んでいます。

「破壊」のなかでもとりわけ恐ろしいのが、「本命宿」の三個前の宿を「本命宿」とする人物と、自分の宿の三個あとの宿を「本命宿」とする人物です。「三個前」とか「三個あと」などは、20ページで紹介した「本命宿」の表の番号を参照してください。

二十七宿は、最後までいくと最初にもどるので、最初の「①角宿」の前は、最後の「㉗軫宿」になります。つまり、「①角宿」なら「㉕張宿」と「④房宿」とが、もっとも相性の悪い「●破壊星」になります。

もし三個離れた「●破壊星」の相手とかかわったとしたら、その相手とつぎのふたつのうち、いずれかの関係になってしまいます。

【一】長年にわたって争いつづける

【二】気の合う相手と思っているのに、そのじつ相手に損をさせられつづけ、長い年月を経た

あとに相手と徹底的に争う

いずれのかたちをとるにせよ、破壊星とかかわったばかりに、人生は長期間にわたってめちゃくちゃにされるのです。

有力者が【一】の関係になると面倒です。歴史上のものとして、江戸幕府の最後の将軍であった④**房宿**の徳川慶喜《よしのぶ》をあげておきましょう。かれは討幕派の指導者である①**角宿**の大久保利通とも⑦**箕宿**の西郷隆盛とも、三個離れた「●破壊星」の関係にありました。

また自民党内で長く政権抗争をおこなった⑮**婁**《ろう》**宿**の大平正芳《おおひらまさよし》元首相と⑱**畢宿**の福田赳夫《ふくだたけお》元首相も三個離れた「●破壊星」です。東急コンツェルンを創業した⑯**胃**《い》**宿**の五島慶太《ごとうけいた》と、西武グループ総帥《そうすい》で⑲**觜宿**の堤康次郎《つつみやすじろう》もこの関係でした。かつて、東急と西武という有力私鉄どうしが本気で勢力争いをした「箱根山戦争」は、この二者によって起きています。

現代の例では④**房宿**の佐村河内守《さむらごうちまもる》さんと①**角宿**の新垣隆《にいがきたかし》さんが三個離れた「●破壊星」です。新垣さんが、「佐村河内守さんが作曲したとされる作品の多くは、私が代作したものです」と告白したために、佐村河内さんは大きな痛手を受けました。

転職を考えている人や、職場の人間関係がうまくいっていない人は、周囲に、三個離れた関係の「●破壊星」の人がいないかよく調べてください。

赤穂義士の松の廊下の関係者はすべて、六個離れた「●破壊星」です。⑮**婁宿**の浅野長矩《ながのり》（内《たく》匠頭《みのかみ》）は、勅使《ちょくし》接待の指南役が⑨女宿という「●破壊宿」の吉良義央《よしなか》（上野介《こうずけのすけ》）でなければ、殿中で抜刀《ばっとう》することもなかったかもしれません。

このあと吉良と同じ⑨女宿の将軍徳川綱吉は、喧嘩《けんか》両成敗という考えをとらず吉良の肩をもち、一方的に自分と相性の悪い「●破壊星」を本命宿とする浅野に切腹を申しつけました。そのため、これに不満をもつ浅野の旧臣が吉良邸への討ち入りをしたのです。

二千数百年前に生まれた「科学法則」

ところで、『宿曜経』の起源は、先に述べたように、古代バビロニアにさかのぼります。バビロニア崩壊後、ペルシアを通じて秘密裡にギリシアに伝わり、やがて、アレキサンダー大王の遠征のさい、インドにもたらされることになります。八世紀の末にアモーガヴァジュラ（中国名：不空《ふくう》）というインド人の密教僧が、この占星術を密《ひそ》かに漢文に翻訳し、中国にもち出しました。

次いで、平安時代の初期に、真言宗の開祖・空海《くうかい》が、唐の密教僧であり空海の師である恵果《けいか》から、この『宿曜経』を秘伝として伝授され、日本にもち帰りました。こうして日本では、高野山《こうやさん》、比叡山《ひえいざん》、三井寺《みいでら》などの真言宗や天台宗の密教僧たちのあいだで『宿曜経』の研究がはじまり、『宿曜経』にもとづく占術を「宿曜道」と呼ぶようになったのです。

このような『宿曜経』は、最古の占星術の系譜をひくものであり、東洋では唯一《ゆいいつ》、ホロスコープ（占星盤）を使用した占星術で、西洋占星術（十二星）、東洋の九星・六星といった占星術などとは比較にならないほど、精密かつ神秘的なものなのです。

『日本三代実録』という歴史書に、空海の帰国からまもない時期に、陰陽博士《おんみょうはかせ》滋岳川人《しげおかのかわんど》が『指《し》掌《しょう》宿曜経』一巻をまとめたことがみえます。宿曜道の占いが当たるので、宿曜道と別系統である中国伝来の陰陽道という占いに携《たずさ》わる者が、宿曜道の研究をはじめたのです。

この『宿曜経』に通じた者を、日本では「宿曜師《すくようし》」と呼んでいました。天台宗や真言宗の学問僧から多くの宿曜師がでました。平安時代の宮廷では、宿曜師の助言にしたがってものごとを決めたほどです。ことに平安時代中期（『源氏物語』や『枕草子』の時代）になると、宿曜師がよほど広く活躍していたようで、歴史の表舞台にも登場してくるようになります。特筆すべきことは『源氏物語』のなかに、宿曜師が、

「光源氏の三人の子どものうち、ひとりは天皇に、ひとりは后《きさき》に、ひとりは太政《だじょう》大臣になる」

と言ったところ、はたしてそのとおりになったというくだりがあることです。

これはこの当時、すでに27星宿曜占術が貴族社会でいかに日常的に普及していたかを物語っています。もちろんこれ以外にも、当時の文学書や歴史書をめくると、さまざまな場所に宿曜師たちが顔をのぞかせます。そこから、宮廷人たちが宿曜師の存在をいかに畏怖《いふ》していたかを

うかがい知ることができます。

日照りつづきで困っていた後朱雀《ごすざく》天皇の命で、宿曜師・仁海《にんかい》が雨乞いで雨を降らせたこと（『日本紀略《にほんきりゃく》』）、宮廷をなやませていた菅原道真《すがわらのみちざね》の怨霊《おんりょう》を、宿曜師・浄蔵《じょうぞう》が一時的に退《しりぞ》けたこと（『扶桑略記《ふそうりゃくき》』）、宿曜師・登昭《とうしょう》が、関白藤原師実《ふじわらのもろざね》が十九歳で大臣になることを予言し、それがピタリと当たり、大騒ぎになったこと（『続古事談』）などは、とくに有名なエピソードでしょう。

平安時代後半から鎌倉時代の宮中の作法を伝える順徳《じゅんとく》天皇の『禁秘抄《きんぴしょう》』には、「御修法《みすほう》のとき以外に宮中に僧侶をいれないが、女官が宿曜師をまねいて占いを頼むのはかまわない」とか、「このごろ宮中で御祈禱《きとう》をするたびに多くの宿曜師が呼ばれる」と記されています。

「宿曜道」は、なぜ抹殺《まっさつ》されたのか

宿曜道はなぜ、西洋占星術や東洋の九星・六星、十二支占い、あるいは四柱推命学のように一般に普及しなかったのでしょうか。そのひとつは『宿曜経』の占術の計算が複雑で難しかったこと、もうひとつは、的中率があまりに高すぎたことがあげられます。とくに二番目の「高い的中率」は、『宿曜経』にとっては、かえって裏目にでてしまったのです。

『宿曜経』の占いは、平安時代後期の源平の戦いの時代になると、当たりすぎるので台頭しつつあった武士階級からけむたがられるようになりました。

「邪魔者は六害宿（3章参照）の日に合わせて罠《わな》をしかけろ」

「敵将の六害宿の日に戦《いくさ》をしかけろ」

というわけですが、勝ちとでたならまだしも、戦のときに、戦う前から味方の負けと予言されては、兵たちが戦意を失い、逃げだしてしまうのも当然です。

十二世紀になって平家が天下をとると、宿曜師が表だって占いをたてることを、あからさまに弾圧しはじめました。もちろん、政敵に悪用されるのをおそれたからにほかなりません。

これ以後、歴史の文献上からも、『宿曜経』や宿曜師にまつわる書物が、しだいに姿を消していきました。宿曜師や宿曜師の活躍についての記録が意図的に消し去られた場合もあります。

この宿曜師抹殺の仕掛人は、どうやら将軍の補佐役として鎌倉幕府の実権をにぎった北条《ほうじょう》家のようです。そのため、鎌倉時代に宿曜師は姿を消し、『宿曜経』に関する文献の多くは、歴史の闇のなかに封印されてしまいました。

次章では、「①角宿」から「㉗軫宿」までの個々の宿をとり上げ、その宿に属する有名人を何人かあげたうえで、その宿についてくわしく解説します。20ページの表では、それぞれの宿に属する人の本性と役割について記しましたが、次章は、個々の宿の人が**周囲の人とどのような人間関係をつくっていけばよいか**を中心に記していきます。

2章

あなたを支配する驚愕の運命

それぞれの宿に秘められている「定め」とは

① 角宿

かくしゅく

特性　明るく親切な正直者

「角」は、もともと四角い「堅物《かたもの》」をあらわしています。しかし角宿の人は、本性《ほんせい》が人情家なので、話すと楽しく、どこか頼れる顔つきをしていて、自然にまわりの人たちの人気者になります。

角宿の人は、正義感がつよく、曲がったことがきらいなので、怒らせると怖いところもありますが、これも正直者だからです。

『宿曜経《すくようきょう》』に、「所作（ふるまい）は人情にかない」とあるように、この宿の人は、どんなときでも他人の気持ちをよく理解して、まわりの人に好かれます。

心のなかで不正直な人を嫌っていても、表面ではうまく合わせます。角宿は、みずから仕事をするのが好きな人物だけに、人を利用するのは下手です。

この宿の人は、ひとつの仕事にうちこむことに生きがいを感じます。みずから困難な仕事を選び、一歩一歩努力を積みかさねてそれをやり終えたり、いろいろな面から知識を得て、目標を達成することを最高の喜びとするのです。歌や演技にうちこむ武田鉄矢《たけだてつや》さんや、師匠の三代市川猿之助《いちかわえんのすけ》が興《おこ》したスーパー歌舞伎に熱心に取り組む、歌舞伎の四代市川猿之助さんは、この宿の代表的な人物です。

そのために、角宿は仕事に生かす知恵を得ようと、たいそう勉強好き、読書好きになります。しかも、ひとつの本である知識を得たら、ほかの本に同じことが書いてあるかどうか、確かめたうえでその知識を使うといった慎重さをもっています。

しかし、その半面、自分の仕事以外の勉強や趣味には無関心な人が多く、また、耳学問は信用しないので、友だちとの会話は「楽しみ」とわり切っています。そのため、どうしても広い視野で先を読むのが苦手になります。

他人のことには面倒見のいいこの宿の人ですが、自分のこととなると案外、無頓着《むとんじゃく》です。また、変化を好まず、ものごとの考え方が保守的になる傾向もあります。とはいっても新しいものが嫌いというわけではなく、慎重さゆえのことです。

ですから、この宿の人は、**ときには自分がつまらないと思いこんでいるようなことにもチャレンジするよう心がけるのがよいです。**

そこから、新しい意外な視野がひらけることもあります。

職業・金銭運

ひとつの道にうちこむと成功する

角宿は、ひとつの仕事に生きがいを感じ、あれこれ知恵を使ってそれをやりとげることを最上の楽しみとする本性を生かせる仕事につくとよいでしょう。

自営業や職人にもっとも向いており、建築家、グラフィックデザイナーや彫刻家、陶芸家などになると、形が残る作品を生みだすことに喜びを感じます。

ビジネスマンであっても、角宿で、とくに小物づくりや絵を趣味にしている人は、プロ顔負けのものをつくり、思わぬ才能を見いだされることもあります。

また、努力家肌の画家やイラストレーターも向いています。横尾《よこお》忠則《ただのり》さんは絵画の才能を発揮して成功した例です。

形に残らない仕事でも、ひとつの道にうちこんで生きられるスポーツ選手や理科系の研究者、作家、音楽家、タレントなども、成功をつかみやすい職業です。『ドラゴンボール』などのヒット作を飛ばした漫画家の鳥山《とりやま》明《あきら》さんや、テレビの人気者だったみのもんたさんも、この宿です。

そのほか、相撲の名横綱であった故千代《ちよ》の富士《ふじ》関、日本のロケット工学を大きく発展させた故糸川《いとかわ》英夫《ひでお》さんも角宿です。

森《もり》喜朗《よしろう》氏や麻生《あそう》太郎《たろう》氏は、いずれも、人づきあいのよい角宿の特性を生かして、多くの議員に

慕《した》われる派閥の長となって成功しました。

過去の例では、大久保利通や東京都知事として庶民のための政治を行なった美濃部《みのべ》亮《りょう》吉《きち》がいます。

仕事に熱中するこの宿の人は、健康や安全への注意を怠《おこた》って病気や事故にあわないように注意するとよいといわれています。紀尾井坂《きおいさか》の変で暗殺された大久保利通が一例になるのかもしれません。また、証券マン、接客業など、直接お客と接するような職業は角宿に向かないといわれています。

角宿の人は自分に合った道をすすむかぎり、仕事に力をいれて財産をつくります。

恋愛・結婚運　友だちから恋愛に発展

角宿の人は、恋愛についてもまじめで、

二股《ふたまた》をかけたつきあいなどはできません。友だちづきあいが広いので、友だちのなかのひとりがいつのまにか恋人になったり、友だちの紹介で恋人を得ることになりそうです。

　この宿の人は、好きな人の前では、なかなか本当の自分を出せません。しかし、一度好きになった相手にはとことん尽くそうとします。ただ、潔癖《けっぺき》さがあまり強くでると、男嫌い女嫌いになるおそれもあります。

　まじめな性格のこの宿には、子づくりに励み、子どもを育てながら、家庭と仕事をうまく両立させる人が多いです。

相性

　角宿の人の才能をいちはやく認めてひき立ててくれるのが、交際上手の⑧**斗宿**、⑨**女宿**や豪快な⑪**危宿**、⑫**室宿**の人です。

　結婚するなら本性がまじめで、角宿の仕事疲れを楽しい会話でいやす⑨**女宿**か、たがいに別々の仕事をもち、おたがいの世界をわかりあったうえで、仕事の合間に楽しい会話のできる⑪**危宿**の人がよいでしょう。

　まじめで正義感のつよい②**亢宿**、世の中のために尽くす⑱**畢宿**、人の気持ちをくみ、人をまとめるのがうまい㉖**翼宿**の人もおたがいの本性の善なる部分が通じて話が合い、恋愛感情が生まれますが、それらの宿の人は角宿の人を元気づけ、角宿の人の才能を実力以上にひきだすことはできません。

⑯胃宿、**㉕張宿**の独特の色気にひかれることもありますが、結婚すると一生、相手が優位な立場で生活をおくることになり、生涯をつまらないものにしてしまうことになりかねません。

② 亢宿　こうしゅく

特性　自尊心の高い仕事上手

「亢」はもともと抵抗の亢。筋《すじ》を重んじる完全主義者で、どこまでも不正と闘う宿です。この宿の人は、周囲の人びとの思惑《おもわく》を気にせず、自分の信じた道を突きすすみます。野球ひとすじでメジャーリーグにおける日本選手の評判を高めたイチロー（鈴木一朗）さんや、小泉《こいずみ》純一《じゅんいち》郎《ろう》元首相がこの宿の代表的な人物です。

亢宿は、『宿曜経』に「頭首《とうしゅ》を統領《とうりょう》し」とあるような正義感があり、頭がよい働き者です。しかし、自尊心がつよいため、まわりの人にも自分の生き方を押しつけようとしがちです。芸術や芸能、スポーツの道にすすんだこの宿の人で、独自の世界を完成させた成功者もいます。

亢宿はいつも、ものごとの筋道を大事にし、なんでも正と邪とに分けて考え、自分がいつも正義の側にたっていないとおさまりません。相手をおだてて使ったり、人情に訴えるのでなく、あくまでも筋道にしたがってものごとをはこびます。自分と**異なる生き方をとる人びとの気持ちを理解するように努めれば、より大きな成功につながります。**さらに、人を指導する力を得ようとして勉強にうちこみ、あれこれといろいろな学問に好奇心をもつ人もいます。

ところが、亢宿の人には、自尊心が高く人情に疎《うと》い面をもち、だめだと思った人間は相手にしないといった冷徹なところもあります。そのため孤高《ここう》になりやすく、ひとつ間違うと、尊敬はされても慕われる指導者にはなれない場合もあります。

また、亢宿の人は論客ですが、むだ話は嫌いでふだんは静かな人とみられがちです。『宿曜経』に、「装束を浄潔にする」とあるように、この宿の人は、生まれながらに品のよい人が多いです。小泉元首相は上手に自分の宿の欠点を克服し、庶民を味方につけて郵政民営化を実現しました。

職業・金銭運　大組織のナンバー2で実力を発揮

亢宿の人は、正直でものごとの筋道を大事にする働き者ですが、やや自分中心になりがちで社交性を欠く面があります。ですから他人の力を利用するのではなく、自力で仕事をすすめら

れる職業が向いています。勉強好きな人は官僚やビジネスマン、秘書になるともっとも成功します。

しかし、自分で人を使うのは苦手なので、独立せず大きな組織に属して、組織のなかのナンバー2の集団のひとりという立場をとりつづけるとよいでしょう。

大組織のなかで生きる場合、亢宿の人がライバルと対立してまで無理に出世しようという欲をもつと、周囲の反感をかいかねません。出世欲はほどほどにおさえて、知恵で組織を動かすように心がけてください。

この宿の努力家の面を生かして芸術関係で成功した人物として、作家の三島由紀夫《みしまゆきお》、映画監督の山田洋次《やまだようじ》さん、漫画家の秋本 治《あきもとおさむ》さんがいます。芸能界には萩本欽一《はぎもときんいち》さん、桃《もも》井《い》かおりさん、唐沢寿明《からさわとしあき》さん、竹内結子《たけうちゆうこ》さん、長谷川博己《はせがわひろき》さん、三遊亭円楽《さんゆうていえんらく》さん、バナナマンの日村勇紀《ひむらゆうき》さん、歴史上では、明治の医学者北里柴三郎《きたざとしばさぶろう》、平清盛《たいらのきよもり》と日蓮《にちれん》も亢宿です。

亢宿の人は、小売店主や接客業、ツアーコンダクターといった多数の人を相手にする商売には向かないといわれます。

恋愛・結婚運　恋愛下手の晩婚タイプ

亢宿は堅物すぎて、引っこみ思案《じあん》、しかも面食いです。そのため晩婚になりやすく、亢宿の人の誠実さをわかってくれる人に出会って、はじめて結婚ということになります。

自分で異性に声をかける性格ではないので、見合いか、亢宿の生き方を評価する人が近づいてきたときに恋がはじまります。

間違いないと思った相手には、早めにプロポーズします。いったん恋人とした相手と途中で別れることはめったにありません。

相性

気持ちが大きく、人をうまく組織する③**氏宿**、⑫**室宿**、⑲**觜宿**の人の下で働くとよい結果がでます。

ただ、**③氐宿**は亢宿の人の正義感をわかっていますが、あとの宿は相手の知恵だけを私欲のために利用することがあるので用心が必要です。

また、亢宿の人はまじめで上品、そしてもの静かなので、結婚相手としては、明るい庶民的な**③氐宿**、**⑫室宿**と合います。似た者どうしで古風な**⑩虚宿**の人も結婚相手に適しています。

①角宿、**⑲觜宿**はそのつぎにいいのですが、人のよい**①角宿**の人には亢宿が甘えすぎて相手をだめにするおそれがあります。**⑲觜宿**は一緒にいて楽しいのですが、しだいに相手の名誉欲のつよい点が鼻についてきます。

面食いなので**⑤心宿**、**㉕張宿**などのおしゃれな相手にひかれるかもしれませんが、いったん結婚して相手の打算的な面を知ると大喧嘩《げんか》になります。

③氐宿　ていしゅく

特性　人の気持ちをつかむ世話好き

「氐」は根元の意味で、人びとを支える柱となる人物を表現しています。『宿曜経』に「心性は事を解す」とあるように、氐宿の人は心の奥の無意識の部分でものごとを見とおし、世の中を支えるべき大きな知恵を得ているのです。

氏宿は見かけは地味ですが、着実に大仕事をこなし、まわりの人から好かれながら財産をきずいていきます。『宿曜経』に「利智は家口《かこう》を足らしむ」とあるように、氏宿の人は、よい家庭をつくるためには、まずお金儲《もう》けからと考えるのです。

そして、お金持ちになっても、まわりの人から妬《ねた》まれることはありません。友だちや世話になった人にあれこれふるまう気前のよさをもっているからです。

また、氏宿は若い人からお年寄りまで、幅広い人の気持ちをつかむのが得意です。また、氏宿の本性はつよい正義感と理想主義の持ち主で、抽象的な正義にしたがうのではなく、人びとの望むことをやりたいと考えます。そのため、氏宿から人の心の支えとなったタレントや芸術家がでています。

狂言という伝統芸能の指導者で、狂言を広めるため意欲的に映画、舞台、テレビで活躍する野村萬斎《まんさい》さんや、女性にも男性にも好かれる美輪《みわ》明宏《あきひろ》さん、歌で若い女性を魅了した浜崎《はまさき》あゆみさん、多くの人気漫画を残した故手塚《てづか》治虫《おさむ》さんが、この宿の代表的な人物です。

氏宿の人は、黙っていてもまわりの人に頼りにされ、あれこれ相談をもちこまれます。それは、周囲が氏宿がもつ知恵をよく知っているからなのです。

そのため、氏宿は臨機応変に対応できる知恵と力をそなえようと、広い視野であれこれ学ぶ

勉強家になります。**勉強好きの特性を生かすことが成功につながります。**この宿の野村さん、美輪さん、手塚さんは、いずれも物知りです。

氐宿は他人をだましたり、自分の権力を利用してお金儲けをするのが嫌いです。ですから、人一倍頑張り屋で、不正を好みません。

また、多くの人を知れば知るほど、人間を超えるものの存在を感じるので、氐宿の人には何かの信仰をもつ人が多いようです。手塚治虫さんの作品が仏教思想にたつものであることはよく知られています。

職業・金銭運 お金儲けに対する天性のカンをもつ

誰とでもすぐうちとけ、お金儲けに対す

る天性のカンをもつ氐宿の人は、大組織のなかで生きるより、努力に応じた報酬がもらえる道を選ぶほうが向いています。

世話好きの面を生かしたお客相手の自営業（商店主など）、ツアーコンダクター、町の開業医、そして接客業が氐宿の人にはもっとも向いています。

また、作家、漫画家、画家、写真家、イラストレーター、建築家、デザイナー、作曲家、作詞家、コピーライターや歌手、俳優も向いています。

音楽の分野には、山下達郎《やましたたつろう》さん、喜多郎《きたろう》さん、坂本龍一《さかもとりゅういち》さん、千昌夫《せんまさお》さん、故いずみたくさんがいます。人々に愛されるものを生みだす人が多いのがわかります。

芸能界では、戸田恵梨香《とだえりか》さん、柴咲《しばさき》コウさん、キャイ～ンの天野《あまの》ひろゆきさん、バカリズムさん、小柳《こやなぎ》ルミ子さんなどが活躍しています。歴史上にみえる氐宿の人物としては、伊達政宗《だてまさむね》、島津斉彬《なりあきら》、森鷗外《もりおうがい》がいます。

氐宿の人は気前がいいため、身内に好かれ、親戚が自然にあつまってきます。そこで、統率力を生かして同族会社をつくり、それを広げていくという生き方もおすすめします。

その一方、人を信じやすいのか、悪い異性にだまされたり詐欺《さぎ》にあったりして、大損することもあります。ただし、不幸にしてそういう目にあっても、氐宿はさらに負けん気で頑張りぬいて財産をきずきます。

恋愛・結婚運　なぜか異性にモテる三枚目

氏宿の人は、なぜか異性にモテる三枚目です。つぎつぎに相手をかえて、百パーセント自分の自由になる相手か、全面的に尊敬ができる相手に出会うと手早く結婚します。その一方で、家庭をこわさないような浮気も楽しみます。

それは、異性を冷静に観察し、見通す力をもっているからです。しかし、人のよさがときどき裏目にでて、邪心をもった相手にまで、ついつい心を許してしまいがちです。そのために損をするといったことがないように注意してください。

「可愛くて好きでたまらない」といった相手よりも「尊敬できる」といった相手を選んだほうが幸せな結婚となることが多いです。

相性

仕事面では、とくに話がおもしろく、役にたつ情報をもたらしてくれる⑳**参宿**、㉒**鬼宿**の人と気が合います。しかし、組織にいると、そのなかの実力者に陰であなたの足をひっぱる者がでて痛い目にあいます。

人気者の氏宿は、ほかの人の妬みをかいやすいのです。とくに、⑤**心宿**と⑧**斗宿**の相手に気をつけてください。

また、上品で高い志をもっている②**亢宿**と、独自の美を演じる⑪**危宿**に惚《ほ》れこんで結婚するとうまくいきます。氐宿は異性に指導されると、自分のもっている以上のものを発揮できるからです。

話のおもしろい⑳**参宿**、㉒**鬼宿**の人とも気が合いますが、両者とも氐宿を指導する相手ではないので、もの足りなさを感じます。

庶民的で誰にでも合わせられる氐宿には、本質的には苦手な相手はいませんが、一本気な⑥**尾宿**と結婚して、数年たって些細《ささい》なことで対立すると深刻な争いになります。

④ 房宿《ぼうしゅく》

特性 貫禄《かんろく》のある自信家

「房」は多くの客が集まる部屋のような、ふところの深い人物をあらわします。この宿の人の多くは、若いときはスポーツ万能のクラスの人気者、大人になると自分の好きな道にとことんうちこむ生き方をして、知らず知らずのうちに支持者をあつめます。

タレントの明石家《あかしや》さんまさんや、東京都知事だった猪瀬直樹《いのせなおき》さん、シンガーソングライターのさだまさしさんがこの宿の代表的な人物です。

この宿の人は仕事も遊びも豪快にするのが好きです。日ごろから勉強を積みかさねておいて、直観で一気に仕事を仕上げます。遊びは、お金や時間を気にせず、自分が納得できるまでやります。それでいて、自分の信念がしっかりしているので、遊びで身をもち崩すというようなことはありません。

房宿の人のそういう姿は貫禄があり、人をひきつけます。『宿曜経』に「銭財饒（多）きに合《がっ》す」とあるとおり、二十七宿のなかでも一、二を争うほど金運にめぐまれています。しかも、自分から積極的に事業をおこして財をきずくというよりも、どちらからともなく自然に財があつまってくるという、めぐまれた宿なのです。

一歩ずつ仕事を積みかさねたり、貯金をしていくのは苦手です。しかし、お金儲けになることを見つける直観のようなものがあり、ふつうの人なら手にあまるような仕事をして、一気に大儲けしたりします。

ときには決断が早すぎて大失敗することもありますが、持ち前の根性があるので、つぎの機会にかならず挽回《ばんかい》しようと頑張り、損した以上の得をとりかえします。

また、『宿曜経』に「快活にして」とあるように房宿は話し好きで、明るい面をもっています。ですから、まわりに自然と人があつまってきます。

房宿は、こまやかな心くばりをし、慕われるように心がけると、よりよい人脈がつくれます。

職業・金銭運　好きなことをしていれば金には困らない

他人にまねできない豪快さで仕事にうちこみ、一気に成功にもっていくのが房宿の人です。自分から人びとにこびなくても、好きなことをしていれば人びとに好かれ、お金も儲かる得な性分です。

才能に合わせて自分のやり方で仕事ができる作家、画家、建築家、デザイナー、脚本家、映画監督、ディレクター、コピーライターなどが、房宿に合った職業になります。

作家の赤川次郎《あかがわじろう》さん、夢枕獏《ゆめまくらばく》さん、デザイナーの森英恵《もりはなえ》さんはそれぞれ広く支持を得てその地位をきずきました。プロ野球界では、かつての名投手の故村山実《むらやまみのる》さん、故金田正一《かねだまさいち》さんがいました。俳優の沢口靖子《さわぐちやすこ》さんや、力士の遠藤聖太《しょうた》関、狂言の和泉元彌《いずみもとや》さんもこの宿です。そのほかに、社会学者でコメンテーターとしても活躍している古市憲寿《ふるいちのりとし》さん、都市伝説の語り手である関暁夫《せきあきお》さん（スティーブン・セキルバーグ）といった異色のタレントもいます。

しかし、房宿の人の豪快さからくるワンマンな面があたりのライバルたちの反感をかうこともあり、よほどの実力がないと芸能界で生き残るのは難しいようです。

房宿は、何かの技術で勝負する自営業にも向いています。そして、官僚やビジネスマンになる場合は、専門の技術を売りものにする職種を選べば、あなたを成功へとみちびいてくれます。

また、豪快な性格を生かして政治家として成功する人もみられます。立憲民主党の蓮舫《れんほう》さんがその例です。歴史上では、徳川光圀《みつくに》と徳川慶喜《よしのぶ》が房宿です。

房宿の人は豪快な生き方が上の人に気にいられて、大出世することもあります。ただし、その半面、一か八かの仕事にしくじって不遇になったり、無理がもとで大病をしたりするおそれももっています。好調なときにも、災難にそなえる心がけをもつのがよいでしょう。

房宿の人は、おおむね家族思いなので、家族のためにうまく資産を運用して財産づくりをします。

恋愛・結婚運 ひたむきに突進し、電撃結婚

房宿の人は、恋愛に対して、ひたむきに突進します。若くして人気者になる要素をもつ房宿ですから、すてきな相手を見つけて、相手があっけにとられているうちに、自分の主導で早々と結婚話をかためてしまうことになります。

身近な相手にしろ、街なかで声をかけた見知らぬ相手にしろ、うまくものにすることが多いですが、思いこみが激しく、相手が計算ずくで房宿の人の気をひこうと近づいてきたのに、気づかずに相手に惚れこむこともあります。

結婚すると、夫や妻より子どもを大切にして、多くの子どもを過保護でなく、たくましく育てたいと考えます。

それでも房宿は、やりたい放題にしていても、配偶者や子や孫が喜んで房宿についてくる良い運をもっているといわれます。

結婚前にそれほど好きでもない相手と遊んだり、結婚後に適当に浮気をする人もいます。この宿はおおむね、異性に対する好奇心はつよく、結婚前も結婚後も多くの異性の友だちがほし

いと考えます。

相性

仕事にのぞむときの房宿の人は本質的には一匹狼ですが、あえて誰かと組むとしたら気持ちが通じやすく、個性のつよい面をうけいれられる⑤**心宿**、房宿と同じ豪快な面をもつ⑥**尾宿**の人がよいでしょう。

また、自己特有の正義感をもつ⑯**胃宿**、⑰**昴宿**、⑱**畢宿**と仕事上で対立すると大ごとになるおそれがあります。

結婚するなら陽気な⑤**心宿**か、黙っていても相通じる一本気な面をもつ⑥**尾宿**です。ふところの深い⑫**室宿**、㉖**翼宿**にも恋愛感情が生まれますが、どちらも自分を中心とする世界で豪快に生きたい房宿と本質的に合いません。

好きな人ひとすじの①**角宿**と結婚すると、浮気が原因での喧嘩がたえません。⑦**箕宿**、⑪**危宿**、⑯**胃宿**の豪快な生き方にひかれる場合もありますが、相手は自分中心にものを考えるので、そういった相手と結婚すると、ちょっとしたきっかけで大喧嘩になります。

5 心宿

しんしゅく

特性 機知のある甘え上手

「心」はこころ、人のこころを解する人物という意味です。心宿の人は、他人の心がわかり、誰とでもすぐ気が合う社交家なのです。

愛嬌者《あいきょうもの》のこの宿からは、良い俳優やタレントが多くでています。阿部寛《あべひろし》さん、寅さんを演じた故渥美清《あつみきよし》さん、しゃべりのうまい笑福亭鶴瓶《しょうふくていつるべ》さんが、この宿の代表的な人物です。

『宿曜経』に「族衆《ぞくしゅう》に処《お》りて愛嬌を得《え》る」とあるように、心宿は、自分から意識して人の気持ちを読みとろうとしたり、人に好かれようと努力しなくても、自然に行動しているだけで、まわりの人を大きく動かしているのです。そのような特性をよく知っておいてください。

そして、なにごとにつけても、自分ひとりで行動するのではなく、多くの人のなかで活動するように心がければ、実力の数倍、数十倍の働きをすることができます。

『宿曜経』に「悪を挫《くじ》き善を奨《すす》む」とあるように、心宿は正義感がつよく、世の中の不正を見過ごすことができません。

とっさの機転がきくうえに大衆を動かす知恵もあるため、周囲の人が力を借してくれて、社会を大きく変えることもあります。

争いは嫌いですが、いったんそういう対象ができると、自分のまわりの者をうまく動かしたり、相手の身近な者の裏切りをさそったりして、相手に大きな痛手を与える力をもちます。

心宿は移り気なようにみえますが、芯はしっかりしていて、与えられた仕事は一歩一歩積みかさねてやり終える頑張り屋です。それがお金儲けにもつながります。

心宿は、とにかく多くの人と会って話すのが好きです。気の合った友だちどうしだけでなく、上司や学校の先生などともうまく話を合わせることができます。ですから、目上の人から高い評価をうけ、能力を発揮できる場所を与えられたりします。

心宿は本性は善良で、自分の身のほどをわきまえているので、地位が上がっても、妬まれたり、反感をかうといったことはありません。

また、先を読んで大きな事をはかるのには無関心ですが、身近な人の利害の調整はうまく、喧嘩の仲裁役などを務めて重宝がられることがあります。

心宿の人は、**自分の社交好きの特性を生かして、周囲の者を助けて信用をきずきあげていくと成功を得られるといわれます。**

職業・金銭運

人づきあいが仕事につながる職業がベスト

この宿の人は人づきあいが大好きで誰からも好かれるので、大きな組織のなかで上の者のひき立てをうけて出世していくのがもっともよいでしょう。

細かい仕事にじっくりうちこむことが好きではないだけに、人づきあいがそのまま仕事につながるという職業を選ぶと成功します。

ビジネスマンなら企画や営業がよく、経理や技術系の仕事はあまり向きません。自営で接客業をやると、お客には好かれますが、気前がよすぎて経営に失敗することも多いようです。

長い目で政略を考えたり、腹芸《はらげい》で政治的取引をすることは得意ではないので、派閥のボスのタイプの政治家、実業家、官僚などになると、周囲の者に足をひっぱられます。ただし、有力者の番頭役に徹すれば、社交性を生かして成功します。かつて田中角栄《たなかかくえい》元首相を内閣官房長官として助けた二階堂進《にかいどうすすむ》さんも心宿でした。

特別の才能がないかぎり、学者、医者、作家、デザイナー、音楽家、映画監督などは避けたほうが無難です。ただし心宿の人は、一度名前が出ると、幅広いファンの支持を得ます。

心宿の人は、周囲を明るくする本性をもっています。そのためこの宿から広末涼子《ひろすえりょうこ》さん、郷《ごう》ひろみさん、常盤貴子《ときわたかこ》さん、芳根京子《よしねきょうこ》さん、はるな愛さん、かつての名優長門裕之《ながとひろゆき》、松方弘樹《まつかたひろき》

がでています。

心宿の人は、人なみ以上の収入に恵まれます。その一方で、友だちと楽しむために散財します。けっしてむだ金にはなりませんが、社会的に評価される高い地位にあるのに、なぜか一生、借家《しやくや》住まいといった人もいます。

ノーベル生理学・医学賞を受賞した生物学者の大隅良典《おおすみよりのり》さんは心宿です。かれはノーベル賞の賞金を気前よく寄付して、若い研究者を育てる財団をおこしました。

恋愛・結婚運　好きでもない異性にやさしくする

心宿は、本性はまじめな考えをもつのに、ついまわりの人に気にいられようとして、そう好きでもない異性にやさしくしてしまいます。

心宿の生まれもった物腰のやわらかさは、異性から見てとても魅力的に思えます。そこで、心宿はおしゃれなプレイボーイ、プレイガールを演じてしまうのです。

相手に惚れこむと早めにプロポーズして、よい夫、よい妻になろうとします。しかし、どこか家庭的でない部分があり、精いっぱい努めても六〇点といった夫や妻ですが、そのぶん甘え上手で補《おぎな》います。

相性

仕事面では、活動家の③**氐宿**、豪快に生きる④**房宿**の上司に出会うと出世が早くなります。心宿は上司と部下の仲介役として重宝されます。その一方で、自己流を押しとおす⑪**危宿**、大きな理想をもつ⑰**昴宿**、㉖**翼宿**あたりの実力者に足をひっぱられるおそれがあります。

結婚相手には、心宿のわがままな面が気にならない豪快さで指導してくれる④**房宿**と、相手のわがままな面を許し、まじめに働いて夫や妻に尽くす⑬**壁宿**がよいでしょう。⑥**尾宿**、㉒**鬼宿**、㉔**星宿**がそれに次ぎます。

ただし、⑥**尾宿**だと一本気すぎて、心宿の人が発した何げないひと言を大げさにとらえて、なやんでしまうおそれがあります。

⑥ 尾宿《びしゅく》

特性 仕事熱心な負けず嫌い

「尾」は後尾の尾で、終わりの意味。敗戦のときにも最後まで残って、味方の退却を助ける人物をあらわします。

尾宿の人は武人のような、現代人にない古風な実直さで自分を律する生き方をします。あれこれと余計なことに好奇心をもたず、自分の世界を大切にします。年月をかけて、自分にしかできない大きな仕事をやりとげるのです。

ｉＰＳ細胞を発見してノーベル賞を受賞した山中伸弥《やまなかしんや》さんがこの宿の代表的な人物です。かれは研究に一途《いちず》にうちこみ、成功をおさめました。また、健康のためにマラソンを走り、二〇一九年には京都マラソンを完走した頑張り屋の面をもっています。

『宿曜経』に「庫蔵を多くす」とあるように、尾宿はふつうに暮らしていても、豊かな生活をおくります。

また、尾宿の人は学問や芸術一途でよい仕事をこなせることから、有力者に認められて、思わぬ援助をうけることもあります。

どちらかといえば無口なほうですが、自分が頼りとする相手には、理想を熱っぽく語るという面があります。それが相手をひきつけるのです。

しかし、この宿の人には負けず嫌いな面があるため、つまらない争いをする喧嘩っぱやい人間になる場合もあるので注意が必要です。

もっとも尾宿は、人と争うときでもどこか愛嬌があって憎まれないという徳をもっていますが、その逆に、正直すぎて、相手の策略で痛い目にあうこともあります。

尾宿の人には、がっしりした顔つき体つきの人が多いのですが、この宿はたくましい魅力とともに、どこか繊細な面のある独特の色気で人をひきつけます。

そして、「制服やスーツが似合う人間」とでも表現すべき、働いている姿がいかにもさまになるのが、尾宿の人間の特徴です。

尾宿は、好きな道には驚くべき知識と理解を示します。ですから、**まわりのことをあまり気にせず、わが道をいくかたちで仕事にうちこむと成功することが多いです。**

職業・金銭運　成功するまで頑張る芸術家肌

尾宿は負けず嫌いで、ひとつのことにうちこむと、とことん頑張りますが、問題をさまざま

な視点から工夫して解決するといったことは、あまり好きではありません。

そこで、尾宿の人は人づきあいにわずらわされずにうちこめる仕事が向いています。研究ひとすじの研究者、とくに理系の研究者がおすすめです。

また、研究者型の医者、純文学の作家や詩人、画家、漫画家、音楽家、建築家、彫刻家、硬骨漢《こうこつかん》のジャーナリストなどにも向いています。

漫画家の故石ノ森章太郎《いしのもりしょうたろう》さん、松本零士《まつもとれいじ》さん、作家の倉本聰《くらもとそう》さん、デザイナーのマッド・アマノさん、映画評論家の故淀川《よどがわ》長治《ながはる》さんは、いずれも尾宿の本性をうまく生かして成功した例です。研究者の分野では、「古文書の職人」とも呼ぶべき磯田道史《いそだみちふみ》さんがいます。

芸能界では、もって生まれた自尊心の高い個性がじゃまをするのか、下積みが長くなり、苦労することも多いです。この分野には、かつてお茶の間の人気者だった故愛川《あいかわ》欽也《きんや》さん、俳優では阿部サダヲさん、浅野《あさの》忠信《ただのぶ》さん、有村《ありむら》架純《かすみ》さん。タレントでは、司会もこなすTOKIOの国分《こくぶん》太一《たいち》さんがいます。

また、尾宿の人は努力家なので、政治家、実業家として活躍する人も多くみられます。元横浜市長の中田《なかた》宏《ひろし》さん、竹下《たけした》登《のぼる》元首相、本田技研工業創業者の本田《ほんだ》宗一郎《そういちろう》が尾宿です。歴史上の人物では井伊直弼《なおすけ》がいます。かれは周囲の反対を押し切って開国策をすすめたサムライでした。

職人や技術系の職業に就いても、尾宿はその仕事熱心さがかわれて、成功します。そして、むだづかいせずに財産づくりをすることを心がけるので、金銭に不自由することはありません。

恋愛・結婚運　面食いだが、口説き下手

自分を厳しく律して自分の決めた世界で生きることを好むので、異性にも「自分の世界を実現するためのもの」といった役割を求めます。美意識が高いので、どちらかといえば面食いのほうです。

異性に対する征服欲はつよいのですが、無口な面があり、うまく愛情を表現できません。自

分から異性に声をかけることはあまりなく、友だちの紹介や見合いで恋人を得て、早めに結婚し、猫かわいがりに近いほど子どもを大切にする教育パパ、教育ママになります。

相性

尾宿の仕事を評価して、何かと力になってくれるのは、豪快で、ふところが深い④**房宿**、親分肌の⑦**箕宿**の人です。

仕事の相棒としては多才で知恵をもつ⑭**奎宿**、仕事熱心な㉓**柳宿**、広く世の中を見通す㉖**翼宿**の人がよいでしょう。一本気からくる尾宿の視野の狭さをカバーしてくれます。

また、大きな組織のなかでは、自分の正義感をふりかざす②**亢宿**、人あたりはよくても好き嫌いのある③**氐宿**、⑫**室宿**、無口な堅物《かたぶつ》で話を合わせにくい㉑**井宿**といった相手と対立するおそれがあります。

結婚の相手は、一本気で豪快な面をもつ④**房宿**、親分肌で人物は大きいが、尾宿のまじめさを理解してたててくれる⑦**箕宿**、話し上手であれこれ指導してくれるが、大事なときに尾宿をたてる⑭**奎宿**が向いています。

⑤**心宿**、⑯**胃宿**、㉓**柳宿**、㉖**翼宿**がそれに次ぎますが、⑤**心宿**は尾宿のひたむきな生き方をじゅうぶん理解しません。

また、⑯**胃宿**、㉓**柳宿**は自分の生きる目標に対するこだわりがつよく、尾宿とうちとけてもたがいに別々の道をいくことになります。

⑦箕宿《きしゅく》

特性 行動派の親分肌

「箕」は風の神を意味しています。箕宿の人は、見かけはおとなしそうにみえても、嵐のように情熱的な性格を秘めています。ですから、この宿の人は多くの仲間をあつめてみちびいていくのを得意とします。

箕宿は、見た目は引っこみ思案のお坊ちゃん、お嬢さんにみえますが、いざというときに頼りになります。まわりの人が困っていると、すばやくそれを救う知恵を生みだすことができるのです。

箕宿の人はいつも、自分が損しても友だちを助けるといった考えで行動するため、自然とまわりに人があつまってきます。この宿には多くの人に慕われて、大きな仕事をやりとげる人もいます。

箕宿はいつも何かしていないとおさまらない活動家で、ひとりで勉強したり、地味な仕事をするのは好きではありません。

予備校教師の林修《はやしおさむ》さんが、この宿の代表的人物です。彼は意欲的に多様な雑学を身につけ、テレビなどで活躍する人気者です。橋下徹《はしもととおる》さんも箕宿です。かれは大阪の人びとの圧倒的な支持をあつめて、大阪府庁と大阪市役所の旧弊《きゅうへい》の改革をすすめました。

箕宿は身近な人をまとめて一緒に活動することが楽しいので、先を読んで天下国家のことを考えたりすることは、あまり好きではありません。また、虚勢をはって、酒好き遊び好きになることもあります。

『宿曜経』に「利潤を経営し」とあるように、箕宿は売りこみ上手で財産をきずいていきます。しかし、箕宿の頑固な面があらわれると、ときとして臨機応変な動きがとれずに事業に失敗してつらい思いをすることもあります。

その一方、『宿曜経』に「人と為《な》り辛苦《しんく》に耐《た》う」とあるように、箕宿は困難や貧乏に耐えて、いつまでも若々しい精神をもち、活発に活動して、最後に成功を勝ちとるまで頑張りぬく力をもっています。

困ったときには、頭で考えてなやむより、失敗をおそれず行動して、危機を打開するとうまくいく可能性が高いのが箕宿の人です。

職業・金銭運

陣頭指揮の自営業で成功する

箕宿の人は働き者で自信過剰なのが特徴です。そして、人に頭を下げることが大嫌いです。人に命令するのが好きなのに、相手をおだてて使うことができません。もし、この宿の人が口うるさく他人に指図すると、失敗する可能性もあります。

こういった箕宿の人にぴったりなのが自営業や専門分野に長じた芸術家やスポーツマンです。その場合、周囲の者に自由に力をださせるようにすると大仕事ができるようになります。フィギュアスケートの浅田《あさだ》真央《まお》さん、俳優の山口《やまぐち》智子《ともこ》さん、お笑いタレントのナインティナインの矢部《やべ》浩之《ひろゆき》さん、柳原《やなぎはら》可奈子《かなこ》さん、科学の実験で知られる米村でんじろうさんがこの宿です。ここにあげた人びとは、自然にふるまっていれば人気者になれる得な資質の持ち主といってよいでしょう。

箕宿は、みずから全部に目くばりして、陣頭指揮をするかたちをとりがちです。しかし、有能な補佐役をうまく使えるようになると、大きな仕事ができます。

箕宿の指導力を生かして政治の世界で成功した人もいます。アメリカのトランプ大統領や、歴史上の徳川吉宗、西郷隆盛はこの宿です。この宿の人は教師にも向いています。

しかし箕宿の人は、上役の下におかれて人間関係にわずらわされる職場には向きません。

お金儲けの才能はありますが、むだづかいも好きといった箕宿の人は、夫もしくは妻がよほどうまく目くばりしないと浪費家になります。

恋愛・結婚運 異性から甘えられると放っておけない

本性がいばりたがりの親分肌だけに、異性には自分に全面的にしたがうことを求めます。

しかも活動家なので、ひとりの相手にはあきたらず、何人もの恋人をもち、結婚しても浮気をなんとも思わなかったり、愛人をつくったりします。

それでいて、豪快で明るい性格なので嫌われません。恋人や夫、妻とほかの相手との区別をはっきりつけるので、夫や妻が少々の浮気はしかたないと考えてしまう得な面もあります。

この宿の人は、ときとして自分から好きになるというよりも、自分を頼ってきた相手を恋人や結婚相手として選びます。

正義感がつよい本性から、異性から甘えられたり、頼られたりしたら放っておけません。ただし、自由を楽しみたい気分もあり、出会いから結婚まで最低一、二年はかかります。

結婚すると金銭面では家庭を大切にしますが、子どもは放任して外で活躍します。

相性

仕事面では、独自の才能をもつ豪傑肌の⑥**尾宿**、もの知りの⑧**斗宿**、知識欲があり交際上手な⑨**女宿**、大仕事が得意な㉖**翼宿**が相性がよい宿です。

結婚するなら、箕宿の短気でいばりたがりの面をうけいれる、ふところの深い社交家の⑧**斗宿**や⑨**女宿**が向いています。

また、箕宿の行動的な面をうまく使いこなす㉖**翼宿**、一本気な面をもち、気持ちの通じる⑥**尾宿**もよいでしょう。

力のある⑰**昴宿**も悪くはないのですが、相手のもつ価値観に自己中心的な面があるので、何かをきっかけに衝突して大喧嘩になるおそれがあります。

㉗**軫宿**は箕宿にただついてくるだけになり、たがいの成長につながりません。箕宿からみて知恵のある⑫**室宿**、さわやかな⑬**壁宿**は感じのよい相手ですが、つきあううちに相手はいばりたがりの箕宿に反感をもつようになります。

❽斗宿 としゅく

特性 人づきあいが大好きな活動家

「斗」は、ひしゃくを意味します。斗宿の人は好奇心がつよく、話し好きで明るい性格の持ち主。まさにひしゃくのように、友だちから知識や知恵などを、なんでもうけいれます。

斗宿は社交家で、しかも活動家ですから、世界のすみずみまで知らないと気がすみません。すすんで危機にたちむかっていく冒険者がこの宿です。ウッチャンナンチャンの内村《うちむら》光良《てるよし》さんや、ダウンタウンの浜田《はまだ》雅功《まさとし》さんは、この宿の社交家で活動家である面を生かして、タレントとして成功しました。このふたりや松下電器の創業者である故松下《まつした》幸之助《こうのすけ》さんが斗宿の典型的な人物だと評価できます。

この宿の人は多くの人とつきあって、人間のいろいろな面をみることが大好きです。

ただし、そういったことをするなかで、何かひとつのことに関心をもつと、誰も思いつかなかった事業をおこしたり、研究をまとめたりします。

その一方、斗宿は心のなかでは平凡な生き方を好み、他人の面倒をみたり、多くの人を統率するといったことにはあまり興味をもちません。

それでも、その知識の豊かさと交際の広さをかわれて、しばしば指導者に推《お》されます。この宿の人は、最初はその気ままな行動から、周囲の者をうまく統率することはできませんが、のちに参謀にめぐまれて大きな力を発揮します。

また、『宿曜経』に「交《まじわり》を賢良に結ぶ」とあるように、いろいろな人とつきあううちに、人をみる目ができて、賢い善人を選んで話すようになります。

この宿の人は正義漢ではないので、国家、社会のことはあまり考えません。しかし正義感のつよい友だちとかかわっていくうちに、自分が率先して悪と戦うといった行動をとるようになります。

斗宿の人は意志が固いので、大きな敵を前にしてもひるみません。また、友だちの影響で宗教心があつくなることもあります。仏教などの教えにしたがい、人助けのために働くようになるのです。

斗宿の人間の生き方は、友だちしだいで変わります。ですから、**積極的にすぐれた人と交わ**

り、相手の生き方を学ぶと成功につながります。

職業・金銭運　どの道にすすんでも八分以上は成功する

斗宿の人は人づきあいがうまく、すぐれた人物を見ぬく知恵をもち、才能がある人をみつけて親しくなります。誰とでも話を合わせられるつきあい上手なので、好感をもたれるからです。

しかも斗宿の人は好奇心がつよく、なんでも学ぶ姿勢をもつため、どの道にすすんでも八分どおりの成功をおさめる得な運勢をもちます。

好奇心と人間好きの本性を生かして、作家、漫画家、作詞家、作曲家、タレント、俳優、歌手、脚本家、映画監督、ディレクターをめざすのもよいでしょう。作家の村上龍《むらかみりゅう》さん、作詞家の故阿久悠《あくゆう》さん、歌手を引退した安室奈美恵《あむろなみえ》さん、タレントの今田耕司《いまだこうじ》さんは、斗宿の才能を生かして成功した例です。

また、この宿の人が、その知恵を生かして政治家、実業家として大成することもあります。国鉄民営化を成功させた中曽根康弘《なかそねやすひろ》元首相は斗宿です。歴史上では徳川家康や国際連盟で活躍した新渡戸稲造《にとべいなぞう》が斗宿です。

商店の経営者、ツアーコンダクター、コンサルタントなども向いています。公務員やビジネスマンになっても同僚から好かれるおしゃべり仲間の中心になります。ただし、仲間にかこまれる斗宿の人気を妬む上司がでてくるおそれがあります。

しかし、斗宿の人はどの道にすすんでも成功をおさめ、社交家なのに、むだづかいせずに財産をつくります。

恋愛・結婚運　モテすぎて結婚が遅れる三枚目

人づきあいが好きな斗宿の人は、いろいろな機会で出会った異性と気軽に友だちになったり、街角で感じのよい相手に気楽に声をかけて友だちになったりします。

おしゃれなプレイボーイ、プレイガールではなく、平凡な感じなのに、なぜかモテます。

斗宿の人は、結婚相手も友だちのひとり程度に考えるので、相手が結婚へとすすむようにうまく話をもっていかないかぎり、なかなか結婚しないことが多いです。しかも、家庭をもっても家族の世話より自分の好奇心を大切にします。

それでも、明るく話し好きな斗宿の人は、家族からみれば楽しいパパ、ママといった感じで好かれます。

相性

友だち関係や仕事の関係者としてかかわるかぎり、斗宿はどの宿の人とも話を合わせてうちとける特性をもっています。

ただ、個人で事業をしたり、何かを創作するときの相棒として、考え深い**⑩虚宿**と組むととてもうまくいきます。斗宿がおもにしゃべり、**⑩虚宿**の人が聞き役になりながら要点で意見を二言、三言述べる、こういった話のなかからよいアイデアが生まれます。

結婚相手によいのは**⑦箕宿**です。箕宿が意欲的に働き、斗宿が相手をたてて、あれこれ楽しい話で相手をくつろがせるという関係になります。

⑨女宿、**⑩虚宿**は斗宿の話の聞き役といった感じで話は合いますが、やがて異性関係にだらしない斗宿に愛想をつかします。

⑨女宿、**⑩虚宿**の相手と結婚すると、夫と子どもたち、妻と子どもたちが結束し、斗宿が家

庭内で孤立するおそれもあります。

9 女宿 じょしゅく

特性 暖かい心をもった紳士・淑女《しゅくじょ》

「女」は如才《じょさい》なく、気がきくことを意味しています。女宿の人は直観が鋭く、人より早くものごとを判断できるのですが、それを表に出しません。わかっていても、わざと知らないふりをして人なみにふるまうといったことがよくあります。

この宿の人はもともと目立つことが嫌いなのですが、身だしなみや態度に気をつかうので、感じがよく、目も生き生きと輝いていて、健康的な好男子、淑女といった感じになります。俳優の松坂桃李《まつざかとうり》さんは、女宿の特性を生かして、好男子の役を演じて成功しました。

女宿の人は目立ちませんが、内に理想主義を秘めた本性をもっています。この宿で目立った活躍をする人は少ないのですが、和田アキ子さんは理想主義的な性格を表にだして、タレントとして大成しました。

身近な人に好かれることに喜びを感じるこの宿の人は、人の気持ちをくんで行動するので、たいていの人には好感をもたれます。それでも、この宿の多くの人は周囲の多数の反対をおしきってまで自己主張しようとはしません。

この宿の人は地位や名声にはあまり関心はありません。しかし目上の者に好かれるので、女宿の人がみずから運動しなくても楽に出世することもあります。ひとたび何かに熱中し、懸命にとりくむと、自然にまわりの人が協力をしてくれるのは、女宿がまわりの人の意思をつかんでいて尊重する本性をもつからです。

また、相手に軽くみられずに人に好かれるためには、ある程度の財力や地位が必要と考えるため、この宿の人は子どものころから勉強家で努力家になります。そのため好奇心がつぎつぎに広まり、学問好きになる人もいます。

抽象的な正義感ではなく、身近な人を救おうと考える女宿の人は、暴力でなく頭を使って戦うので、策士とみられることもあります。女宿の人を動かすことがうまい面がそうみせてしまうのです。

この宿の人が、何かのはずみに自己流の理想主義をふりかざして一気に突っ走った例もみられます。理想を優先して、「恥ずかしがり屋」という欠点を克服するのです。演説でドイツの人びとを動かしたアドルフ・ヒトラーがそのような例です。前にあげた和田アキ子さんも、目立ちたがり屋に変わったのかもしれません。たいていの女宿の人は自分の闘争心をうまくおさえる知恵をもっています。

また、困っている人から頼られることも多く、そういったときに相手の話をよく聞いて、じっくり考えて人助けをしますが、自分と無関係な人、社会のことへの関心はうすいようです。

そのことから、好き嫌いが激しいとか、かぎられた人だけをえこひいきするといった評価を受けてしまうこともあります。

『宿曜経』に「布施（人だすけ）を好み、法律を守る」とあるように、この宿の人は人の気持ちがわかるために、弱い者の味方になります。

女宿の人は、思いのほかもの知りで頭がきれるものの、地味な存在になりがちです。そこから一歩抜けだして、**うまく自分を売りこむ知恵をつかむことができれば、大きく躍進することができます。**

職業・金銭運　組織のなかで着実に出世する

この宿の人は知識が豊富ですが、上品で控えめです。人に好かれるのに、自分から積極的につきあいを広げるほうではありません。

そこで、女宿の人はわりあい無難な道を選んで、一歩一歩着実に出世していくことが多いようです。

けっして相手にこびるのではありませんが、上の者をたてるので、組織のなかでは有力者に好かれて活躍しやすいのです。ですから、ビジネスマンや公務員が向いています。

女宿の人は、仕事ひとすじといった生き方ができず、ほどほどに遊んだり人づきあいを楽しむので、職人、商店主、接客業など、仕事が自分の時間にまでくいこむ職業には向きません。

しかし、如才なく人づきあいができるので、作家、画家、写真家、タレント、俳優、歌手、スポーツ選手、デザイナーなどいずれの道にすすんでも、まわりの人から実力以上の評価をうけてのしあがれます。

作家の故大江《おおえ》健三郎《けんざぶろう》、将棋の羽生《はぶ》善治《よしはる》さ

んが女宿です。エジプト考古学の吉村作治《よしむらさくじ》さんや、経済学の森永卓郎《もりながたくろう》さんもこの宿です。かれらは女宿の引っこみ思案な面を控えて、テレビなどで活躍しています。しかし、自己流の理想主義にたって行動する女宿の人は、世間からは個性のつよい人物とみられがちです。

この宿の人が政治家になっても、上の者のひき立てをうけて出世することがあります。自民党の有力者である田中角栄のひき立てを受けた小渕恵三《おぶちけいぞう》元首相はその例です。

歴史上の人物には、徳川綱吉、徳川家斉、吉良義央がいます。ただし、日本では女宿の人が歴史を大きく動かした例はないようです。

恋愛・結婚運　ふつうにふるまっていると恋人ができる

まわりの人を大切にする生き方をとるため、異性に好感をもたれ、身近なところで恋人を得ます。女宿は、うらやましいことに、まったくふつうにふるまっているだけでも異性が近づいてくる人気者です。

しかし、この宿の人が自分の理想を優先した生き方をした場合に、周囲から「異性に関心のない、ただの良い人」とみられてしまうこともあります。

女宿は好かれますが、多くの異性とつきあうのは面倒だと考えます。そのため、これと思ったひとりの相手を大切にする生き方を選んで、出会いから結婚まで早くすすむ場合もあります。

そういった良い出会いをした女宿の人は、家族思いで夫や妻を大切にし、子どもは甘やかさず厳しく育てます。

その一方で、女宿には、多くの異性の友人のなかから、ひとりだけを選ぶことができずに、長く独身のままでいる人もいます。

相性

仕事の面では、世の中をひっぱっていこうとする⑰**昴宿**、名誉心のつよい⑲**觜宿**、人を組織することがうまい㉕**張宿**、先をみて世の中を動かす㉖**翼宿**といった、出世運をもつ人の下につくと、その補佐役として活躍します。

また、仕事上、非常につよい活力をもつ③**氐宿**、⑫**室宿**の相手と積極的につきあうと運がひらけます。

恋愛・結婚では、仕事熱心な①**角宿**、活動家の⑦**箕宿**、⑪**危宿**、知識が広く話が楽しい⑯**胃宿**、大きな理想をもつ⑰**昴宿**か㉖**翼宿**がおすすめです。あなたがもちまえの如才なさでどの相手のよさも高めることになります。

別の宿の人でも、遊び好きの面をうまく抑えられる人となら、おおむね合います。

⑩ 虚宿
きょしゅく

特性 人の気持ちを読むもの知り

「虚」とは、虚《きょ》と実《じつ》の両方の策に長《た》ける知恵者の意味をあらわします。虚宿の人は、見かけはものしずかで上品な若殿、お姫さまといった感じの人物です。

このような虚宿は、なにごともじっくり頭で考えてから行動する本性をもっています。そこで若いときから勉強好き、読書好きになり、いろいろな人間の本性をつかむコツを自然に身につけます。

この宿の人に芸能界でタレントを上手に組織して成功した例が多くみられます。ＡＫＢグループのプロデュースで成功した秋元康《あきもとやすし》さんが、この宿の代表的な人物といえます。かれはＡＫＢ48が成功すると乃木坂46、日向坂46など、ＡＫＢ48に倣《なら》ったグループをつぎつぎとプロデュースし、多くの若い男性、女性を魅了しました。

かれのほかに、モーニング娘。を人気者にした、つんく（寺田光男）さんや、個性のつよい俳優をうまく使って多くの人気作品をつくった脚本家の宮藤官《くどうかん》九郎《くろう》さんもいます。

この宿の人は、本性は交際好きではないのですが、『宿曜経』に「君主の寵愛《ちょうあい》を蒙《こうむ》る」とあるように、人の気持ちを読みとるのが上手なので、ポイントをおさえた発言で人を動かしたり、先生や上司、社長などに気にいられて、信用を勝ちとります。また、たとえ失敗しても、危機を乗り越えるたびに成長していく運をもっています。

虚宿は本性のままに生きてもうまく世渡りできるのですが、もうひとまわり大きくなるために、**ときには損得ぬきで冒険を試みることが成功につながります。**

職業・金銭運　効率よく儲かる仕事が好き

この宿の人は効率よく儲かる仕事を好みます。ですから、頭でじっくりものごとを考える仕事、とくに何かの技術をもつ自営業が向いています。

その場合、みずから働くより、部下をうまく動かす仕事を選ぶのがよいでしょう。虚宿は経営の才能もあるので、実業家として成功することもあります。

また、虚宿の人はひとりで本を読んだり、地味に研究することが苦にならないので、学者、医者も向いています。誇り高いので、人びとから尊敬されればされるほど、ますますファイトがわき精進《しょうじん》します。

さらに、政治関係や大企業につとめる会社員などのみちを選んだ人が、有力者の陰の右腕、参謀役として本領を発揮し、成功することもあります。

なにごとにも慎重な虚宿は、仕事上の失敗も少なく、たとえライバルがあらわれても、相手の先手先手を読んで、いつも一歩先をいきます。

虚宿には芸能、スポーツの才能がある人もおり、いずれも、じっくり考えた独自の個性を生かして人気を得ます。

芸能界ではピースの又吉直樹《またよしなおき》さん、江口洋介《えぐちようすけ》さん、森進一《もりしんいち》さん、笑点メンバーの林家たい平さん、戦後の大歌手の故美空ひばりさんなどは、独得のキャラクターで人気を得ています。

このほかに立憲民主党代表の枝野幸男《えだのゆきお》さん、元首相の福田康夫《ふくだやすお》さんもこの宿です。歴史上では、三菱の創業者である岩崎弥太郎《いわさきやたろう》が虚宿でした。しかも、三菱財閥の四代目として大きく発展させた岩崎小弥太《こやた》もこの宿です。そのほかに映画『海賊とよばれた男』のモデルとなった出《いで》光《みつ》興産の創業者である出光佐三《いでみつさぞう》も虚宿になります。

この宿の人は、よほど才能に自信がないかぎり、画家、音楽家、研究者などの道にはすすまないほうがいいでしょう。売れなくても好きな仕事ができればよいという発想がないからです。

また、お客相手にみずから体を動かして仕事をする小売店主、ツアーコンダクターなどにも向きません。

虚宿の人は、たいていは堅実に貯金して財産づくりをします。さらに、この宿の人は自分の

実力に対して謙虚になるのか、神仏をあつく信仰する人が多いといわれます。

恋愛・結婚運　損得勘定で恋人選び

考え深い虚宿の人は、古風で夫や妻に尽くして家庭を大事にする相手と結婚することが多いようです。

用心深く、自分から声をかけることもないので、学校、職場など身近なところで相手をみつけるか、友だちの紹介や見合いで相手をみつけて手早く結婚します。

古風を重んじるところがあり、男性は奥さんにいろいろと口うるさく注文をつけますが、本質的にはフェミニストなので、いい家庭をきずくことができます。

男性は子どもに「黙ってついてこい」と

いう厳父になりますが、女性は子どもを過保護にしがちで、子どもがなかなか親の気持ちどおりに育ちません。

相性

相性としては、表面では人に合わせても自分中心の⑤**心宿**、気持ちの狭い面をもつ⑥**尾宿**など、自分がうまく使いこなせない嫌いな相手は、絶対にうけいれません。

仕事面では正義感に燃えて仕事ひとすじに生きる②**亢宿**、人をうまくひきつける知恵をもつ⑫**室宿**、世の中を指導しようと努力する⑰**昴宿**といった、人の上にたつ運をもつ宿が虚宿を仕事のうえでひき立ててくれます。

結婚するならまじめで働き者で正義感のつよい②**亢宿**。相手をたてるようにすると、あなたも②**亢宿**のまっすぐな気持ちがつたわり、よい生き方ができます。

交際好きの⑧**斗宿**、活動家の⑪**危宿**、知恵者の⑫**室宿**とは話が合って楽しいのですが、相手に自己中心的な面があるので、あなたの思いどおりにはなりません。

話し上手で魅力的な㉒**鬼宿**にひかれてしまうと最悪です。おたがいのわがままな面がぶつかり合い、家庭が崩壊するおそれがあります。

⑪ 危宿《きしゅく》

特性 美意識の高い気取り屋

「危」は、危険なほどの意志力を意味します。上品な紳士、淑女のようにふるまう危宿の人には、争いごとにきわめてつよい勇敢な戦士の本性があります。

情熱家だけに、よい仕事をする人も多く、テニスプレーヤーの錦織圭《にしこりけい》選手や、伝統をふまえて『風の谷のナウシカ』など独自の歌舞伎の世界をつくりあげた五代尾上菊之助《おのえきくのすけ》さん、骨太の演技で人気をあつめた名優、故高倉健《たかくらけん》さんが危宿の代表的な人物です。

この宿の人はナルシストで、若いころから自分で自分の型を決めて、それにしたがって生きます。

しかし、この宿の人は外見だけではありません。大きな仕事をしようと猛烈に勉強しますし、気にいった仕事は自分が満足するところまでやりぬきます。ですから、危宿の人は自分がもって生まれた才能をみつけ、それを大きくのばすと成功します。

危宿は、たいていの苦難には耐えますし、気がつよく言い争いになるとけっしてひきません。

ただし、意見のくい違いが起きていったん怒りだすと、相手が親や親友でも、とことん争うことになりかねません。危宿の人は、でたらめな人間を嫌い、気の合った友人のためには、自分を犠牲にする情熱的なところをもっています。

たとえ遊びでも、力づよくひたすら目的に向かって突っ走るこの宿の生き方は、じつに豪快です。しかし、それが過ぎると、酒がもとで事故にあったり、異性とのトラブルで災難にみまわれかねません。危宿の人は**遊び好きな面に気をつけると、とても好感のもてるさわやかな人物になるといわれます。**

職業・金銭運　世界じゅうをかけめぐる一匹狼の芸術家

まわりの人の気持ちよりも、自分の生き方にあくまでもこだわる危宿の人は、好きな仕事にはとことんうちこむ特性を生かせれば大成します。

本性が一匹狼なので、自営業でひとつの仕事を広げていくのもよいですが、美しいものに対して敏感な危宿は、何よりも芸術の仕事に向いています。

それも書斎にじっと閉じこもるのではなく、世界じゅうをかけまわって、その見聞を創作に生かす画家、建築家、デザイナーなどの仕事が向きます。

作家の故山崎豊子《やまさきとよこ》さん、西村京《にしむらきょう》太郎《たろう》さん、映画監督の故大島渚《おおしまなぎさ》さんはその例です。

危宿の筋の通った生き方をした政治家として、元首相の野田佳彦《のだよしひこ》さん、故鳩山邦夫《はとやまくにお》さんをあげてよいのかもしれません。歴史上の人物として、新撰組を後援し、会津戦争で最後まで幕府に忠誠を尽くした松平容保がいます。

フィギュアスケートの羽生結弦《はにゅうゆづる》さん、俳優の高岡早紀《たかおかさき》さん、歌手の沢田研二《さわだけんじ》さん、ＴＯＫＩＯの長瀬智也《ながせともや》さんは、この宿のもつ美意識を生かして、うまく自分の役柄をつくって成功しました。

官僚、ビジネスマンなど組織のなかで活躍する仕事にすすむと、危宿は自分の信念を生かそうとして、まわりの反感をかって頭をおさえられる場面もあります。しかし、自己主張を控えめにして、まわりの人との協調を心がければ、仕事に情熱的な危宿は成功者になります。

独自の美意識をもっている危宿の人は、まわりから「短気で軽率な人間」とみられることもあります。そのような危宿の人は、かせぐときは派手にかせぎますが、おしゃれや酒にパッと使ってしまうことも多いのです。

ですから、財産をあまり残さない人もみられます。

恋愛・結婚運　身近な相手とつぎつぎに関係する

まさにこの面でも危ない危宿です。悪気はないのですが、宿にはさからえません、この宿の魅力にとりつかれて接近してくる人がかなりいることでしょう。

危宿の人は、自分の世界をつくって豪快に生きるので、黙っていてもモテます。ところが、相手のすべてを知ると恋が冷めてしまうことも多いのです。

『宿曜経』に「酒を嗜《たしな》み、淫に耽《ひた》る」とあります。くれぐれもお酒と異性とのつきあいに注意してください。

しかし、心底好きになった相手に出会うと、それ以外の異性に見向きもせず、一途に相手に尽くします。

このときは外見ではなく、相手の気持ちのきれいな面にひかれるので、そういった恋が結婚へとつながると、ひたむきに働いて、よい家庭をつくります。

相性

仕事の面の相性では、仕事で工夫する**①角宿**、人の気持ちがわかる**③氐宿**、勉強好きでつきあい好きの**⑨女宿**、きれいな心をもつ**⑬壁宿**といった、そばにいるだけで楽しい相手と近づきになれます。

そういった仲間との話のなかで、いろいろな仕事上の知恵をみつけます。

しかし、危宿の人が主張をとおそうとすると、**⑭奎宿**、**⑮婁宿**あたりが核になって、反対派ができるおそれがあります。一匹狼のあなたと、広い趣味をもち広い交際をする両者とが合わないのです。

恋愛・結婚では、庶民的でまじめな**①角宿**、人の気持ちのわかるふところの深い**③氐宿**、身近な人を大切にする**⑨女宿**、名誉を重んじる**⑲觜宿**の相手と結婚すると幸福になります。

危宿の女性を気楽な浮気相手とみるのが、ずるくて好色な**⑩虚宿**と**⑫室宿**の男性です。一度関係をもつと、なかなか離れにくくなるおそれがあります。

⑫ 室宿 しつしゅく

特性 万能型の野生児

「室」は、頭のなかになんでも知恵をためるいくつもの部屋をもっていることを意味します。そして、そのときの気分によってさまざまな役割を使いわけて、つねに楽しく生きることを好みます。うまく自分の多面性をのばせば、この宿の人はその場その場に合ったふるまいをし、人を組織する実力者となります。

多才な面をもつこの宿の典型的人物は、スマップが解散したあとも人気が衰《おとろ》えない木村拓哉《きむらたくや》さんや、『笑っていいとも』が終了したあとも、あれこれと活躍しているタモリさんです。かれらは「スマップの木村拓哉や、笑っていいとものタモリ」で終わらなかったのです。タレントの黒柳徹子《くろやなぎてつこ》さんや、政治家の故田中角栄《たなかかくえい》も室宿の多才さを生かして成功した人です。

この宿の人は、自分がいろんなことができることに気づくと、たいそう自信家になり、ふつうの人がおそれることにも平気で挑《いど》み、ものごとをてきぱきと判断するようになります。そこで、この宿から豪傑肌の人物がたくさんでました。先にあげた田中角栄やプロ野球の名選手だった長嶋茂雄《ながしましげお》さんなどです。

室宿の人は、自分をかざらず、自然にしているだけで、それが野性的な魅力を生みだします。

『宿曜経』には「性は瞋《しん》（怒り）を嗜《たしな》み」とあるように、度胸のよさは天下一品、しかも頭がきれるとあっては何も怖いものはありません。弁舌《べんぜつ》と論理を使ってのしあがっていきます。

しかし、へたをすると、自分が何を望んでいるのかがわからず、ひとつの信条や大きな理想をもって生きることができなくなります。まわりからはそういう面が、嘘つきや、いい加減な人間にみえてしまうこともあります。

このような室宿の人は、**ひとつの目標を決め、それに向かって努力すると成功者になります。**

職業・金銭運　エネルギッシュな実業家

室宿の人は、勉強好きで、知恵袋のような頭をもつ、活動的な働き者です。

しかも、人を組織するのが得意です。みずから率先して活躍するだけでなく、人も使いこなせる室宿の特性を生かせば、万事がうまくいきます。

この宿の力を生かすには、実業家になるのがよいでしょう。気の合った仲間と事業をおこし、それを大きく拡大していくのです。

作家、漫画家、タレント、俳優、画家、写真家、歌手、スポーツ選手になって大きくかせぐのもおすすめです。

こういった仕事の場合、室宿の人は豪快な仕事ぶりを売りものにすることになります。その豪快さが、見る人をなぜか明るい気分にさせるのです。

この宿の作家には故井上靖《いのうえやすし》、漫画家には『るろうに剣心』の和月伸宏《わつきのぶひろ》さんがいます。また歌手・タレントや俳優として、高田純次《たかだじゅんじ》さん、嵐の櫻井翔《さくらいしょう》さん、藤原竜也《ふじわらたつや》さん、長谷川京子《はせがわきょうこ》さん、山口紗弥加《やまぐちさやか》さん、タカアンドトシの鈴木崇大《すずきたかひろ》さん、中島みゆきさん、福山雅治《ふくやままさはる》さん、スポーツでは松井秀喜《まついひでき》さんがあげられます。写真家には篠山紀信《しのやまきしん》さん、マジシャンのMr.マリック（松尾昭）さんがいます。

官僚やビジネスマンなど、組織のなかで生きる仕事は室宿の豪快さがわざわいして反感をかいやすいので注意してください。しかし、室宿の多様な才能を生かして組織のなかで万能型の人間になると重宝されます。

室宿の人はおおむね豪快に儲け、派手に浪費するようにみえながら、うまく他人の金で遊んで金をためこみます。

恋愛・結婚運　異性を征服するのに喜びを感じる

そのときどきでいろいろな役割を使いわける才能をもつこの宿の人は、異性の気持ちを知っ

て、相手の望む演技をして異性をものにするのが得意です。

そのため室宿は、異性を征服の対象とみてしまいがちです。

ですから、一度異性と関係をもつと急に冷めてしまったり、逆に相手が室宿の冷たさを感じて去っていくといった結果を招きやすくなります。

室宿の人が身近な相手に、手早くプロポーズして結婚する例も多いです。そういった人はわがままですが、外で精力的に働き、家庭を大切にします。

しかし、室宿の人が子どもを放任したり、過保護にしすぎたりすると、子どもに苦労させられるおそれがあります。

室宿は自分でこまやかに気をくばって子

育てをするのが苦手ですから、子ども好きな人と結婚すると幸せな家庭になります。

相性

仕事の相棒には働き者で事業運をもつ⑬**壁宿**、次いで多面的なあなたについてこられる多才さをもつ⑭**奎宿**がよいでしょう。

しかし、武人肌の⑥**尾宿**、自己流の生き方をする⑦**箕宿**などの喧嘩っぱやい相手とは対立しやすくなります。

結婚するなら、まじめな②**亢宿**、⑬**壁宿**。慎み深い前者も清純な生き方を重んじる後者も、室宿の発展家で家庭をなおざりにしがちな面をうまく補ってくれます。

室宿は活力があるので、そのほかに豪快な④**房宿**、考え深い⑩**虚宿**、激情家の⑪**危宿**、多趣味な⑭**奎宿**、発展家の⑳**参宿**、好奇心のかたまりの㉒**鬼宿**の相手と結婚しても、みずからのリードでうまく家庭をきずくことができます。

本来はいずれも気ままな宿の持ち主ですが、室宿の底力が勝つのです。

ただ、⑲**觜宿**の相手と結婚すると、いったん喧嘩になれば大ごとになってしまうので避けるのが無難です。

⑬ 壁宿《へきしゅく》

特性 まじめな頑固者

「壁」は、けっしてひかない、頑張り屋の意味をあらわしています。

壁は、家造りのなかでも当たり前すぎて、ふだんは目立たないのに、台風でも壊れずに人びとを守ってくれます。壁宿の人は、そういった人柄の持ち主です。

周囲の弱者の支え手となる壁が「壁宿」です。この宿の人は目立たない性格ですが、どこか光るものがあり、どうしたら若者らしくなれるか、どうすれば父親らしく、母親らしくなれるかとつねに真剣に考えて、人生にとりくんでいます。

ですから、壁宿の人は物腰がおだやかで、一見しただけで相手に安心感を与える善良な雰囲気をもっています。この宿の代表的な人物として、テレビのニュースキャスターで、ときには番組づくりのために体を張って取材をする安藤優子《あんどうゆうこ》さんや、実直な仕事ぶりで安倍晋三首相を助ける官房長官の菅義偉《すがよしひで》さんがあげられます。

『宿曜経』に「君主の恩寵《おんちょう》を承う」とあるように、お世辞などとてもいえる人間ではないのに、この宿の人はそのまじめな生き方が認められて、有力者にひき立てられます。

壁宿の人は、賢人の教えを学び、人間らしく生きることを生きがいとします。神や仏を大切にしますが、それによって自分の生き方を律するのではなく、あくまでもむかしのすぐれた人や身近にいるよい人を手本にする人間中心の見方をとります。

自分自身の生き方については厳しい考え方をとる壁宿ですが、自分の生き方を他人におしつけたり、自分の考えで積極的に社会を変えていこうという気はあまりありません。そのため、この宿の人は慎み深く仕事熱心、まわりの人にも親切な性格になります。その代わりに広く世の中のことを知るとか、先を読むといった面は弱くなりがちです。

壁宿は勉強熱心で頑張り屋で、仕事については自分の満足のいくものをやらねばおさまらないという面があります。また、心が高潔なだけにつまらない人間を相手にしなくなり、世間が狭くなったりもします。

そして、遊びやむだづかいをしないので、自然に財産ができてきます。ただし、出世欲はそれほどないので、この宿の人は、みずからの実力のわりには大きなことができずに終わることもあります。

ですからこの宿の人は**身近なことだけに目を向けず、政治や社会の動きに関心をもっていれば大成します。**

職業・金銭運

人に喜ばれ、自分も儲かる商売で成功する

壁宿の人は、まじめで仕事熱心です。その代わり大きな野心はなく、人びとのためになることをつねに考えます。それでいて、家族思いですのでお金儲けには熱心です。

もっとも合うのが、人に喜ばれ、みずからの儲けもはかれるような商売です。小売店や、飲食業を経営すれば成功します。ビジネスマンになっても、まじめに仕事にとりくむ態度が評価されます。

世話好きなので、ツアーコンダクター、ホテルのコンシェルジュなどにはぴったりで、正義派なので、ジャーナリストにも向きます。スポーツ選手、タレント、歌手、俳優になった人は、たいていまじめに努力してよい仕事をします。サッカーの中田英寿《なかたひでとし》さんが、この宿です。

また芸能界には、三浦友和《みうらともかず》さんや草刈正雄《くさかりまさお》さん、講談師の神田松之丞《かんだまつのじょう》さんがいます。

恋愛・結婚運　みかけによらずプレイボーイ・プレイガール

人間らしく生きることをめざす壁宿の人は、恋愛についての考え方もまじめで、異性に対して臆病になる面があります。街で出会った気に入った相手に声をかけてつきあい、ゴールまで進むということはまずないでしょう。

ですから、壁宿の人は友だちの紹介や見合いで恋人をみつけ、二、三年相手をじっくり観察してから結婚するかたちが多いです。もっとも、ふつうにふるまっていれば、この宿の人は、そのひたむきな姿で異性をひきつけます。

多くの異性を知ってしまった壁宿の人は、なかなか結婚せず、結婚しても浮気をくりかえすことがありますが、まじめにふるまって気にいった相手と結婚した人は、相手を信じて相手によく尽くします。

相性

仕事面での相棒として、壁宿と対立する宿はありませんが、本性に孤高《ここう》な面があるのか、壁宿をひき立てる宿はあまりありません。

気の合った仕事仲間という程度の関係は、活動的な面で通じあう④**房宿**、話し上手で知識を与えてくれる⑤**心宿**、⑧**斗宿**、まじめな本性をもち、壁宿の清純さを理解してくれる⑭**奎宿**、㉓**柳宿**です。

結婚するなら豪快な⑫**室宿**と一緒になって相手を支えるかたちをとるか、本性はまじめでも気楽な生き方をとる⑤**心宿**と結婚して、壁宿の人生に対するまじめすぎる見方を少々気楽なほうに変えて生きるか、どちらかを選ぶと幸せな結婚生活になります。

⑭**奎宿**、㉑**井宿**とは真剣な生き方を重んじる点で気が合い、一緒にいて楽しいのですが、おたがいにまじめすぎて家庭が重苦しくなるかもしれません。警戒が必要なのは⑩**虚宿**です。打算的な考えから、まじめな壁宿を利用しようとするので注意が必要だといわれます。

⑭ 奎宿《けいしゅく》

特性　**親切な謙遜《けんそん》家**

「奎」はもともと中国の文章の神をあらわしています。奎宿の人は文人肌の秀才です。ですから奎宿の人は、文章を書くとか、弁舌をふるうだけではなく、いろいろな趣味をもち、あれこれ学ぶのが楽しく、その日その日を愉快におくる生き方を好みます。『宿曜経』に「技能多し」とあるように、この宿の人は趣味を実生活に役立つ能力として生かす知恵をもっています。

奎宿は人と競争するのは嫌いで、自分と接する人にはあたたかく対応します。用心深く、権力欲や金銭欲がなく、いつも控えめで人あたりがよく、へりくだって過ごします。それでいていつも生き生きと輝いている「町のなかの平凡人」が奎宿です。

タレントの所《ところ》ジョージさんや坂上忍《さかがみしのぶ》さん、司会者の羽鳥慎一《はとりしんいち》さんが、この宿の代表的な人物です。

この宿の人は、世話好きで人助けがうまく、多くの友だちを得ます。遊び好きですが、周囲の人の気持ちを知った遊び方をするので、宴席でも賭け事の場でも周囲の人気者になります。また、自分の身近な者を大切にするので、ときには友だちのために権力者と対立することもあります。そういったときには、ひとりで戦わず仲間を組織して事にあたると、予想もできない大きな力を発揮することができます。

さらに、この宿の人は、「お金のため」とわり切って仕事をしていても、多趣味が幸いして賢く仕事に対応できる才覚をもっています。ですから仕事がおもしろくてたまらなくなり、仕事熱心になっていく人もいます。

この宿の人が、自分の生活を楽しむだけでなく、**社会をよくしようという考えをもつようになると、さらに人をひきつけて大きく活躍できます。**

本性が野心家でない奎宿の人は、私欲を離れた公平な視点で社会のあるべき姿をつかむことができます。

職業・金銭運　ひとりで仕事か、使われる立場で能力を発揮

この宿の人は、自分の興味にしたがってあれこれと勉強したり趣味をもったりするのが楽しくてたまりません。ですから、ひとつのことにじっくりうちこむことは好きではありません。

しかし、なにごとにつけても多趣味が幸いして広い視点で事にあたれます。

奎宿は率先して、精力的に仕事にあたる生き方はあまり好きではないので、人を使うよりも人に使われるほうが向いています。

とくに会社内では、ひとつの部門のなかでもの知りとして重宝されます。たとえば、「釣り好きの人を接待するときに、社内でひとりだけ釣りが得意だった」といったかたちです。

自営業でもお客に気にいられて成功しますが、組織を広げて多くの人を使うと自分の流儀が乱れるおそれがあります。あくまでも自分ひとりで仕事をするタイプなのです。

奎宿は、仕事をうまくこなして、そこそこお金儲けもするのですが、基本的には遊び好きです。そのため、大金持ちになるよりも、生活を楽しむ生き方を好みます。

奎宿の人が作家、漫画家、グラフィックデザイナー、映画監督、脚本家、ディレクターやコピーライターなどになると、幅広い興味を生かして、いろいろな人の求めにこたえられるものを生みだせます。作家の林真理子《はやしまりこ》さん、劇作家の野田秀樹《のだひでき》さんなどがその例です。

奎宿は生まれながらの芸達者でもあり、大衆からの人気を得ることが仕事のタレント、俳優、歌手に向いています。この宿からは、大竹《おおたけ》しのぶさん、高橋真麻《たかはしまあさ》さん、奥田瑛二《おくだえいじ》さんがでています。

恋愛・結婚運 相手に軽く思われ、結婚には時間がかかる

いろいろな趣味に生きる自由人の奎宿には出会いの機会が多く、いく人もの異性の友だちに恵まれます。

まじめな人は、自分に近づく異性を友だちとして大事にするだけで終わります。しかし、なかには、好奇心から近くの異性とつぎつぎに深い仲になってしまう人もいます。

それが悪い面に作用すると、なかなか結婚相手に出会えなくなるおそれがあります。「この人」と決めた相手にまじめに接しても、真意が伝わるまでには時間を要することもあります。それでも奎宿の人は、結婚すれば相手に尽くし、家族に愛されます。

相性

仕事でかかわるかぎり、対立する相手はいませんが、いろいろな面をかねそなえて、奎宿の多才さをうまく使いこなせる⑫**室宿**、あちこちに目がいって、本業がおざなりになりがちな奎宿を支える⑬**壁宿**の上司をもつと、いろいろと助けられます。

結婚するなら、まじめですが大きな気持ちで奎宿のわがままな面をうけいれる⑥**尾宿**、おたがいに成長しあえる⑮**婁宿**、㉔**星宿**です。

⑫室宿、**⑬壁宿**は話が合って仕事仲間としては楽しいのですが、なかなか浮気を許さない点が結婚相手としては難しいところがあります。

結婚したら痛い目にあう相手が**②亢宿**、**⑩虚宿**、**⑪危宿**、**⑰昴宿**で、奎宿が浮気をすると自分の誇りが傷つけられたと烈火《れっか》のごとく怒ります。

⑳参宿は反体制的な性格があり、その面で似た者どうしとしてつよくひかれますが、どちらも自己中心的なので、一緒になるとやがて大喧嘩になり、家庭が崩壊します。

⑮婁宿《ろうしゅく》

特性　善良な好人物

「婁」はもともと、引き寄せるという意味をあらわしています。そのせいか、婁宿の人は誰からもいろいろと相談をもちこまれます。落ち着いていて、親身に相談にのってくれる婁宿の人には声をかけやすいのです。

婁宿は、周囲の人が困っているときに、その人が悪い方向にいかないよう、身をていしてひきとめる役目をになう運命をもっています。

この宿の人は自分の興味にしたがった勉強や趣味が楽しくてたまらず、自分が楽しむうちにまわりの人もまきこんで、みんなを愉快にする徳をもちます。そこで、気分のよい友だちの輪ができて、そのなかでずっと過ごすという、じつに得な生き方をします。

俳優の窪田《くぼた》正孝《まさたか》さんや黒木《くろき》瞳《ひとみ》さん、広瀬アリスさん、将来の角界をになう逸材の貴景勝《たかけいしょう》関が、妻宿の典型的な人物です。先輩を抜いて出世しても謙虚な態度を保つ貴景勝関や、ユーモアある態度で取材に応じる広瀬アリスさんは、マスコミ受けも最良です。

この宿の人は、いつも明るい好人物で鋭い感性の持ち主なのです。冗談好きで、まじめで、大事なことは責任をもって果たします。二枚目半といった親しみやすい感じで、中性的で男性の気持ちも女性の気持ちもよく理解します。しかし、この宿の人は、ふつうはみずからすすんで人びとの指導者になろうとはしません。

人には好かれても、妻宿の本性は自己中心的でわがままな面をもつため、悪く作用すると常識はずれのことをやったり、気が多いぶんだけ細かい注意を怠《おこた》って事故を起こしたりするおそれもあります。ただし、人に好かれるふだんの行ないのおかげで、そういったときに身近な人の手助けをうけて救われます。

大仕事をやりたいと思っている妻宿の人は、**好奇心を少々控えて、ひとつの道のスペシャリストになる方向をめざすと成功します。**

職業・金銭運

自分の裁量で働ける自営業で成功する

妻宿は、自分もまわりの人も、ともに生活を楽しもうとする信念をもって生きようとするので、どうしても遊び第一の生き方になります。そのため、足なみそろえて働くのは性に合いません。ですから妻宿の人には、自分の裁量で働ける仕事をすすめます。

この宿の人は、ひとつの趣味にうちこむと、それにのめりこんで独自の世界を完成させるところまでいきつくので、作家、漫画家、画家、写真家、イラストレーター、建築家、彫刻家、デザイナー、音楽家、映画監督、ディレクター、脚本家などをめざすのもよいでしょう。

劇作家の故井上《いのうえ》ひさしは、妻宿のもつユーモアをうまく作品に生かし、漫画家のあだち充《みつる》さんは妻宿のスポーツ好きの感覚を表現し、純文学作家の故安部公房《あべこうぼう》は、自分独自の世界をつくることにうちこんで成功しました。この宿は本性が人間好きなので、芸術性の高い、難解そうなものをつくってもそれが幅広く支持されます。

妻宿のもって生まれた明るさを生かして、俳優、歌手、タレントをめざすのもよいでしょう。水谷豊《みずたにゆたか》さん、倉木麻衣《くらきまい》さん、早見優《はやみゆう》さんがその例です。

また、官僚やビジネスマンになった場合、よい上司に出会えると、実力以上のものを発揮します。

政界入りしても、働き者の政治家になります。党の有力者のひき立てで首相にまで昇りつめた故大平正芳《おおひらまさよし》、故宮沢《みやざわ》喜《き》一《いち》のふたりがこの例です。歴史上の人物として浅野長矩《ながのり》がいます。

婁宿の人は余計な野心や金銭欲がなく、財産づくりには執着しませんが、人に好かれて楽しい生涯を過ごします。

恋愛・結婚運　婚期を逃さないように

いろいろ好奇心をもち、自分も楽しみ、まわりも楽しませる生き方をとるので、遊び仲間にめぐまれます。

そして、恋人と単なる友だちとをはっきり区別して交際するので、異性を泣かせるようなことはしません。

ですから、婁宿の人は人気者でも、まわりからは妬《ねた》まれず、好感を得られます。

異性の友だちが多いこの宿の人は、毎日を楽しく過ごして婚期が遅くなってしまうこともありえます。

家庭にはいっても明るくさわやかな父親、母親となって好かれますが、自分の生活を楽しむことを第一と考えるので、財産をつくったり子どもを勉強させて出世させようとする気はあまりありません。

相性

仕事面では、好奇心がつよく、もの知りな⑧**斗宿**、㉒**鬼宿**と仲間になってあれこれ教わったり、人を使うのがうまく、婁宿に合った働き場所を与える㉕**張宿**など、気の合った相手をみつけると大きな力を発揮します。

ところが、婁宿の人が出世すると、そのもって生まれた自分中心の生き方を嫌がる相手に足をひっぱられるおそれがあります。⑪**危宿**にもっとも用心が必要です。

友だちとしてならどの宿とも合いますが、結婚するなら、もの知りでたがいの知識を披露しあえる⑭**奎宿**か、婁宿の明るさが相手の大きな理想の実現を助ける⑰**昴宿**が合います。

好奇心のつよい⑯**胃宿**は、おしゃべりをするだけなら楽しいのですが、人の上にたちたがるので衝突してしまいます。

また、理想家の㉓**柳宿**にひかれることもありますが、㉓**柳宿**の人の理想が常識はずれのものだったりして手に負えなくなりかねません。

⑪**危宿**は楽しい相手で、ひかれることも多いのですが、もっとも危険です。相手に利用されるだけに終わる心配があります。

⑯胃宿《いしゅく》

特性　仕事熱心な頑張り屋

「胃」はもともと、なんでも吸収する、好奇心のかたまりという意味です。この宿の人は、なにごとについても、他人に先んじて新しいものを身につける生き方をします。

そのため自信がつよくなり、自分の実力で人をあつめて多くの仲間をひっぱっていくことを好むようになります。すると、「自分は仕事のできる人間だ」という誇りをつねにもっていなければおさまらず、頑張り屋で仕事熱心、それに加え、スポーツや遊びも大好きといった人間に成長していきます。

多様な知識をもつタレントの長嶋一茂《ながしまかずしげ》さんや、政治家の小池百合子《こいけゆりこ》さんが代表的な人物です。小池さんは多くの支持者を動かし、自民党が推す候補者を破って東京都知事となりました。

胃宿は、なにごとにつけても最後まで頑張って勝利を得ようとする生き方をとり、鋭い直観で好機をつかみます。胃宿の人の多くは、どこにいても独自の雰囲気を発揮できる、魅力あふれた人になります。

しかも胃宿の人は、独特の美意識をもち、おしゃれ上手で、何もしなくても目立ちます。とくに女性は、ほかの女性にはまねのできないことをして男性をひきつけます。そして、この宿の人は気がつよいので、相容《あいい》れない価値観や考えに反発し、いつも闘争心に燃えています。そのうえ、自信がつよく、自分の気にくわない相手とはとことん争うことがあります。

また、『宿曜経』に、胃は「酒に耽《ふけ》り肉を嗜《たしな》む」とあります。けっして贅沢《ぜいたく》というわけではありませんが、好奇心旺盛で、おいしいものにも目がないのです。

美酒、美食好みは、何にでも自分をみがくことの好きな胃宿にとっては、探究癖のひとつのあらわれです。

ただし、趣味が合わないからといって、相手も考えずにやみくもに喧嘩をしかけたり、おいしいからといって、食べすぎ飲みすぎはいけません。強運な胃宿といえども、度を過ごしては、元も子もなくなってしまいます。自分の能力を過信すると、あとで思わぬ報《むく》いを受けることにな

りかねません。**一匹狼にならないように、信頼できる仲間をつくっておくよう心がければ大成するといわれます。**

職業・金銭運 何をやっても力ずくで成功させる

自分の好きな仕事にはとことんうちこみ、豪快で怖いものなしの胃宿だけに、何をやっても力ずくで成功にまでもっていきます。ですから、この宿の人は、ある程度のわがままが通じる仕事のほうが向いています。

作家、漫画家、画家、イラストレーター、彫刻家、映画監督、ディレクター、デザイナーなどが適職です。

むかしの高名な作家に、胃宿の人が多くみられます。夏目漱石、芥川龍之介やミステリー作家の松本清張《まつもとせいちょう》がその例です。

芸能界では、鈴木《すずき》京香《きょうか》さんや高畑《たかはた》充希《みつき》さん、ネプチューンの名倉《なぐら》潤《じゅん》さん、サンドウィッチマンの伊達《だて》みきおさんがいます。歴史上の人物としては、近藤勇と野口英世がいます。

この宿の人は、体を動かすより、あれこれ考えるのが好きです。スポーツの世界にすすむなら、選手よりもコーチで成功する可能性が高いでしょう。

恋愛・結婚運　仕事関係でかかわる人と結ばれる

胃宿は気がつよい自信家ですが、独自の色気があり、仕事関係でかかわる人などがその活動的な仕事ぶりに惚れて近づいてきます。

しかし胃宿は、美意識がつよく、面食いというよりも、上品で清潔な相手を求めるので、気にいった相手としか深い仲になりません。そして、自尊心もつよいので一方的にせまるということはしません。

この宿の人は、どの異性が自分を幸福にするかを、するどい感性で嗅《か》ぎわけるので、「だめだ」とわかると急速に熱が冷めてしまいます。

他人には移り気にみえる胃宿の恋愛歴は、たとえ他人に理解してもらえなくても、最終的には「たったひとり」をみつけるためのものなのです。

また、この宿の人は結婚すると家庭を大切にし、よい子どもを育てる「うるさ型」の夫や妻、厳しい親になる可能性が高いです。

相性

胃宿は、仕事面では豪快な④**房宿**、自尊心の高い⑪**危宿**、名誉欲のつよい⑲**觜宿**、好奇心旺盛な㉒**鬼宿**などの、力があり胃宿と似た面をもつ宿と対立しがちです。

しかし、胃宿の人は利をもって人を動かすのがうまいので、下の者は誰でも使いこなせます。組織のなかでの補佐役としては⑤**心宿**、㉔**星宿**を活用するとうまくいきます。いずれも会話がたくみで、元気な胃宿が指導する組織の重苦しさを救ってくれます。

結婚相手には、上品で、しかもまじめで賢く事にあたる⑨**女宿**が最適です。活動的なぶんだけ、細かいところに目をくばるのがおろそかになってしまいがちな胃宿を、うまく補ってくれます。

また、豪快な⑥**尾宿**、⑰**昴宿**は似た面があって話が合うため、⑨**女宿**のつぎにおすすめです。

面倒見のよい⑭**奎宿**、活動家の㉔**星宿**、ふところの深い㉖**翼宿**は、胃宿のわがままな面をうけいれてくれますが、胃宿の強引なやり方に相手が疲れてしまうおそれがあります。ですから、それらの宿の人と結婚する場合は相手を思いやる態度が必要になります。

17 昴宿

ぼうしゅく

特性 指導力に長じた直情型

「昴」はもともと、中国で祭られた昴星《すばるぼし》の名をもつ、神の意志の代行者の意味です。

この宿の人は、知恵と力をかねそなえた指導者になることをめざして生きます。昴宿の人はつよい正義感の持ち主で、自分の損得ぬきに、いつも正義を実現するために生きることを目標とします。

ジャーナリストやキャスターとして、政治家を正面から批判する田原総一朗《たわらそういちろう》さんや、元横綱の貴乃花光司《たかのはなこうじ》さん、すぐれた指導者だった元巨人軍監督の故川上哲治《かわかみてつはる》さんが、この宿の代表的な人物です。

昴宿の人は人づきあいのときにも、相手のよい面だけをみてつきあうので、友人が昴宿の人とつきあって自分のよい面に気づき、悪い面をへらしていき、いつのまにか善人になっていたという例も多いです。

『宿曜経』に「善を念《おも》い」とあるように、昴宿の正義感のつよさは二十七宿中随一《ずいいち》です。おなじく『宿曜経』に「詞弁《しべん》足《た》るに合《がっ》す」とあるように、正義を行なうために熱心に勉強し、また人を動かすための弁舌も身につけ、行ないもたいそう立派になります。

そして、仕事ぶりもじつにまじめな頑張り屋となります。

不正をみると、ついつい頭に血がのぼってしまうので、まわりの人から乱暴者とみられたりもしますが、怒り方にもうひとつ迫力がありません。怒りつつ相手の立場もわかってしまうからです。

昴宿の人は、確かに誰がみても文句のない人物なのですが、つきあってみると、ややおもしろみに欠ける点もあります。またこの宿の人は、本性が善でまじめなところが災いして、謙虚になりすぎることもあります。もともとおしゃべりではありませんが、要所をついた弁舌は一級品です。

身近な人に昴宿のよさをわかってもらえず、孤立することもありますが、時がくれば周囲の人びとが、ひたむきな努力と善良さをわかってくれます。

ちょっと人情家ですが細かい気くばりのできない昴宿の人は、はたからみて、骨太な雰囲気が目につきやすいので、**繊細な立ち居ふるまいを心がけて、清潔感のある装いをし、不用意に目立ちすぎないようにすると、他者との軋轢《あつれき》も生じずに大成します。**

職業・金銭運

天才肌ではないが、努力で大成する

この宿の人は、まじめでつよい正義感の持ち主で仕事熱心、そして地位が上がれば上がるほど力を増していきます。ですから、年功序列ではなく実力主義をとる職場を選ぶといいでしょう。機会があれば政治家、実業家になると成功します。

独自の落語の世界をつくって人気を集めた春風亭昇太《しゅんぷうていしょうた》さんや故立川談志《たてかわだんし》さんが昴宿です。また政治家として「クリーン三木」と呼ばれた三木武夫《みきたけお》元首相がいました。

頑張り屋なので、この星の人は作家、漫画家、画家、タレント、スポーツ選手としても、努力で大成します。

漫画家の故赤塚不二夫《あかつかふじお》さんは昴宿です。歌手としては五木《いつき》ひろしさん、俳優では広瀬すずさん、タレントには爆笑問題の田中裕二《たなかゆうじ》さん、妖怪研究で知られる民俗学者の小松和彦《こまつかずひこ》さんがいます。歴史上の人物として、藩政改革で米沢《よねざわ》藩を立て直した上杉鷹山《ようざん》がいます。かれは高い志をもって難事業を完成させました。

この宿の人は、何か技術をもつ自営業を立ちあげ、それを拡大していくのもよいでしょう。

とくに上司や同僚に目の敵《かたき》にされやすいので、人間関係のわずらわしい職場は向きません。

人との対立を避けるためには、自己主張をおさえるより、積極的に相手の考えを聞いてあげ

る姿勢を心がけるよう努めるのがよいでしょう。

また、昴宿の人は仕事熱心でお金を儲けますが、金銭欲がなく、自分の財産をなげうってでも困っている人を助けるという生き方をします。

恋愛・結婚運

恋愛下手だが、生き方に惚れられる

理想に生きる昴宿の人は、身近な異性の気持ちをくむことがうまくありません。

そこで、昴宿のもつ大きな理想や生き方にひかれる人が近づいてきたときに恋愛がはじまります。

仕事関係で知りあうか、友だちの紹介で恋人になるところまでいった相手の多くは、昴宿の人に惚れこみます。

そして、いったん惚れた相手は、とことん昴宿の人に尽くそうとします。昴宿の人はその気持ちにこたえるべく、恋人関係になると早めに結婚します。

相性

仕事面では、⑨**女宿**、⑩**虚宿**、㉗**軫宿**の上司に出会って効率よいやり方を教えてもらうと実力以上の仕事をして昇進できます。

昴宿は、正義感がつよく、自己主張をしがちなので、何かの折に対立しやすい宿が十二もあります。亢、房、心、危、室、壁、奎、参、井、鬼、柳、星が、その宿になります。一歩さがって相手をたてるのが嫌いな本性をもつ人とは対立してしまうのです。

結婚面では、身近な人を大切にする⑨**女宿**、明るい⑮**婁宿**、まじめな⑱**畢宿**があなたを幸せへとみちびいてくれます。

また、㉕**張宿**は昴宿の力をうまく使い、昴宿の直情型の性格からくる人づきあいの苦手な面を補う力をもつので、すべての面でもっともよい相性です。

ほかに⑦**箕宿**、⑯**胃宿**は大きな夢を語りあう相手としては楽しいのですが、いつしか相手との主導権争いとなり、対立してしまうこともあります。

⑱ 畢宿 ひっしゅく

特性 気の長い理想家

「畢」は、もともと畢生《ひっせい》（一生涯）から「すべてのこと」を意味しています。つまり畢宿の人は、すべてのことに通じた聖人なのです。

ですから理想家となり、いっさいの不正をうけいれない正直者で、苦労をいとわない努力家として生きます。畢宿の人の多くは、苦しいことがあってもけっしてくじけない、つよい人物に成長します。生まれもった、神に近いひらめきで危機を乗り切るのです。

落語界の指導者として慕われた故桂《かつら》歌丸《うたまる》さんや、首相在任時にクリーンエネルギーを推進する政策をうちだした菅《かん》直《なお》人《と》さんは、理想家のこの宿の代表的な人物です。

この宿の人は身近な人の面倒をよくみますし、それと同時に、世の中のためになる大仕事にとりくんで、何年もかけてそれをすすめていく生き方を好みます。しかし、自分の信念をけっして曲げないために、頑固者と思われがちです。

それでも、この宿の人は本性が善なので、頑固であっても人には嫌われません。『宿曜経』に

「心路（よい心がけ）を有して口語を省き」とあるように、概《がい》して弁舌で人を動かすことは得意ではありません。

この宿の人は、ひとりで一歩一歩歩みをすすめながら大仕事をするという生き方をとります。ときには権力者の不正ととことん闘ったり、弱い者を守って大きな組織と争います。そのため、周囲から誤解をうけて損をすることもあります。畢宿の正義感が悪いほうにでると、融《ゆう》通《ずう》がきかず、臨機応変にものごとに対応できなくなってしまうのです。

理想ばかりに目がいきがちな畢宿ですが、現実を受けとめ、まわりとの調和も心がけると運が開けるといわれます。

ですから、**身近な人と話をする時間を積極的につくって、自分ひとりの世界に閉じこもらないように心がけることが成功につながります。**

職業・金銭運　ていねいな仕事で認められる

畢宿の人は地味ですが、たいそう働き者の善人で、人のためになることを辛抱づよくやることを生きがいとします。しかし、口べたなところもあるので、人づきあいを気にせず自分の世界を確立できる仕事に向いています。学者、作家、画家、建築家、音楽家、スポーツ選手がおすすめです。

自営業、ビジネスマンなどになるなら、何かの技術を生かす仕事に向いています。

また、畢宿からは、庶民的なタレント、俳優、歌手、落語家などが多くでています。タレントにはダウンタウンの松本人志《まつもとひとし》さん、博多華丸《はかたはなまる》さん、オードリーの若林正《わかばやしまさ》恭《やす》さん、キャスターの有働由美子《うどうゆみこ》さん、落語家には林家木久扇《はやしやきくおう》さん、俳優では西島秀《にしじまひで》俊《とし》さん、米倉涼子《よねくらりょうこ》さん、小池栄子《こいけえいこ》さんといった成功者がいます。脚本家の三谷幸喜《みたにこうき》さんもこの宿です。

畢宿は自分では野心をもちませんが、畢宿の理想に理解がある人にうまくひき立てられると、その正義感を発揮しようと、能力以上の働きをします。

『宿曜経』に「財産多く」とあるように、

畢宿の人は仕事熱心でむだづかいをせず、お金がたまるとそれを上手に運用するので財産がたまります。

ところが、この宿の人が善良なのをいいことに、人のよさにつけこんでだまそうとする者が近づいてくることもあります。

日ごろから、相談相手となる友人を多くつくっておくとよいでしょう。

恋愛・結婚運　まじめな恋愛で年上に好かれる

いつも善行を積むのを生きがいにする畢宿の人は、恋愛についてもまじめです。売りこみ下手で、ちょっと地味な性格ですが、年上の人から好かれます。ですから、畢宿の人が見合いや友だちの紹介で恋人を得る場合も多いです。

もし、気にいった相手があらわれたときは、友人を間にたてて話をすすめると、うまくいくことが多いです。まじめで、ひたむきな畢宿ですから、そういうときに、友人が親身になってくれるのです。

また、畢宿の人は、概してムードづくりは苦手ですから、下手にかっこうをつけるよりも、自分の誠実さを表にだすように心がけるとよいでしょう。

結婚後は、よい子どもを育てることが世の中のためになると考えます。なるべく多くの子どもをつくり、けっして過保護ではなく、手間をかけて育てます。

相性

売りこみ下手でおとなしいせいか、仕事上対立する星、ひきあう星が少ないのが畢宿の特徴のひとつです。そのなかでも、世のために生きようとする正義感の持ち主である⑰**昴宿**の下で働くのがもっともよいでしょう。

結婚は、世の中のためになる仕事をめざす志の高い⑰**昴宿**、㉖**翼宿**とするとよいでしょう。⑲**觜宿**とも合いますが、相手の打算的な面がいやになることもあります。

また、畢宿のまじめさにつけこみ、うまく利用しようとする相手が近づいてくるおそれもあります。

もちろん、そういった相手は一年間ほどの交際期間は猫をかぶっていますので注意が必要です。畢宿の人は、見かけは陽気な④**房宿**、⑮**婁宿**、㉔**星宿**にひかれても、結びつくと利用されるおそれがあります。

㉑**井宿**はまじめすぎて、ともに暮らすと刺激が少なく、おたがいにものたりないといった感じになりがちです。ですから、㉑**井宿**とは何か身近な目標を立てて、ともに協力しあうというような生き方を心がけるのがおすすめです。

⑲ 觜宿 ししゅく

特性 思慮《しりょ》深い豪傑肌

「觜」はくちばしで、弁舌に長《た》けた人物をあらわします。

司会者の徳光和夫《とくみつかずお》さんやフリーアナウンサーの滝川《たきがわ》クリステルさんが、この宿の代表的な人物です。滝川さんのやわらかな語りかけは、多くの人を魅了しました。

この宿の人は、ふだんは無口ですが、じっくりと考えて語るひと言が重みをもちます。『宿曜経』に「心と口は隠密にして、挙動は軽躁《けいそう》たらず」とあります。觜宿の人は、思いたったら率先して働く人間であり、一度発言したことはかならずやりぬくので、年齢を重ねるとともに信用をきずいていきます。

この宿の人は名誉をもっとも重んじ、若いときから人の上にたとうと夢みる生き方をします。そのために多くのことを学ぼうと努め、とくに法律、経済などの勉強にうちこみます。

觜宿の人は野心家ですが、ライバルを蹴落《けお》としてでも出世するというより、自分の仕事が認められて、より重要な役割をまかされることを求めます。

ですから、自力でのしあがるのではなく、よい上役にめぐりあうことによって、実力以上のものを発揮することになります。

この宿の人の本性はまじめな働き者ですが、いったん遊びを知るとのめりこむおそれがあります。とくに、お酒にのめりこむと身をもち崩すことになりかねません。

また、用心深そうにみえて、意外と不注意になりがちですから、事故に注意しながら生きることを、おすすめします。

気持ちは高潔《こうけつ》で、行ないも慎み深いので最終的に認められますが、自信家で無愛想《ぶあいそう》なところもあって、多少けむたがられることもあります。觜宿の人は、**日ごろから親しみやすい雰囲気をつくっておくと、友だちに恵まれて、それが出世の足がかりになるといわれます。**

職業・金銭運　エネルギッシュで指導力のある実力派

「觜宿」の人は、どうすれば目的を達成できるか、落ち着いてものごとを考える習慣をもっています。そして、みずから一生懸命仕事をし、組織を指導して、よい方向にもっていくのが得意です。

觜宿は名誉欲がつよく、よく働くので、さまざまな分野で成功者になります。自営業をはじめてそれを拡大するのもよいですし、組織のなかでも成功する可能性が高いです。

また、実業家や政治家になって、持ち前の統率力を発揮し、思わぬ活躍をする人もいます。実業家には西武グループの指導者 堤《つつみ》康次郎《やすじろう》、政治家にはアメリカ大統領を務めたロナルド・レーガンがいました。

觜宿の人が作家、音楽家、画家、デザイナーとして大成することもあります。作家の故司馬《しば》遼太郎《りょうたろう》、歴史学者の故樋口清之《ひぐちきよゆき》がこの例です。

俳優、タレント、歌手として深田恭子《ふかだきょうこ》さん、嵐の松本潤《まつもとじゅん》さん、くりぃむしちゅーの有田哲平《ありたてっぺい》さん、気象予報士の石原良純《いしはらよしずみ》さん、笑点の司会者だった故先代三遊亭円楽《さんゆうていえんらく》さん、北島三郎《きたじまさぶろう》さん、矢沢永吉《やざわえいきち》さんがいます。ノーベル文学賞を受賞したボブ・ディランもこの宿です。

恋愛・結婚運　自分が主導権を握る関係を好む

実力派の觜宿の人は、相手を徹底的に征服するかたちの交際を望みます。そのため異性の前では話し下手で、ムードづくりもあまり得意ではありません。

そして、いつも恋人に対していばっていなければ気がすみません。外見はつよそうにみえても、意外に気が小さく臆病な面があるのです。

自分から積極的に行動して恋人を得ることは少なく、觜宿の人の仕事ぶりをかう身近な異性と親しくなったり、有力者から条件のよいお見合いの話がきたりして結婚のチャンスをみつけ

ます。

　恋人に対していつも自分が主導するかたちで交際し、まわりが驚くほど早く結婚にまでもっていく場合が多いようです。

　しかし、觜宿はロマンチストではないので、映画のような恋を演出することはできません。

　まわりから見れば、ちょっと無愛想なところもある觜宿は、家族思いになります。

相性

　觜宿は仕事面では、**②亢宿**、**③氐宿**、**⑤心宿**、**⑧斗宿**、**⑨女宿**、**⑱畢宿**、**⑳参宿**、**㉑井宿**、**㉗軫宿**といった宿と相性がよく、たとえば相談相手には**㉗軫宿**、事務的仕事には**㉑井宿**というように人をうまく使いわける知恵を身につけています。

また、話が得意で人に好かれる③**氏宿**か⑨**女宿**の人を上にたてて、自分がその補佐役として実権をにぎるのもよいでしょう。

結婚するなら頭がよく控えめで、支えてくれる㉗**軫宿**か、気の大きい者どうしの⑪**危宿**がおすすめです。自分の理想を熱心に語る⑱**畢宿**、話題の豊富な⑳**参宿**といると楽しいですが、相手がしだいに觜宿のわがままな面に反発します。
②**亢宿**はうまく自分の下において動かせれば頼もしいですが、反抗されると大喧嘩になります。恋人になっても喧嘩別れになるおそれがあります。
⑦**箕宿**、⑯**胃宿**などの自尊心が高い親分肌の人は、人の上にたちたがる自分に似た觜宿に反発します。

⑳参宿《さんしゅく》

特性　いくつもの顔をもつ目立ちたがり屋

「参」は、どこにでも顔をだす社交家の意味です。参宿の人は目立ちたがり屋で、自己主張が大好きで、それでいて、いつのまにかみんなの人気者になっている得な生き方をします。
古舘伊知郎《ふるたちいちろう》さんや、ニュース解説などで知られる池上彰《いけがみあきら》さん、爆笑問題の太田光《おおたひかり》さん、くりぃむしちゅーの上田晋也《うえだしんや》さんが、この宿の代表的な人物です。
かなり多くの面をもつ参宿の人ですが、ひと言でいえば、その場その場でまわりの人に自分のよさを認めさせていれば楽しい性格の持ち主です。

参宿は、つきあい好きですが、他人に使われたり、集団のリーダーになって仲間の面倒をあれこれみるのは大嫌いです。参宿の人は、大事なことはかならず自分でやる生き方をとるので、まわりの人にも「自分のことは自分でやる」という考えを求めるからです。

活動家で新しいもの好き、読書や勉強などでじっとしているのが嫌いなこの宿の人は、おしゃべりから情報を得て、それを自分で体験して十倍にふくらます生き方をします。情報量を生かす知恵者だけに、当たり前の考えを打破しようとするのです。

見かけはおしゃべりな軽い人物とみられがちですが、芯はつよく一本気で、何かにとりくむとけっしてへこたれません。『宿曜経』に「心硬くして事に臨みて怯《おび》えざるに合《がっ》す」とあるように、参宿は自分の考えを批判する者に対しては、相手が誰でも、とことん争います。

しかし、参宿の本性は善で、一度やりあったあとは根にもたないので意外に憎まれず、大喧嘩した相手と親友になることも多々あります。また弱い者に同情する涙もろい面もあります。

まわりからみれば、あるときは頼みごとを気安く断わるくせに、あるときは難事をあっさりひきうける、わからない人とみられるかもしれません。

自分のできることを人に押しつける相手には反発するのに、手助けが必要な人には手をさしのべるのです。

参宿の人は、**自分のもつ情報を人助けに生かして、〝何かのときには頼りになる人物〟と評価されるように心がければ大成します。**

職業・金銭運　革新性と知恵を生かして成功する

気にいった仕事に出会うと全力でとりくむ参宿には、組織にしばられずに自分のアイデアをもちいられる仕事を選ぶことをおすすめします。革新性と知恵を生かして、新たなことをつくりだすのです。

研究者、作家、画家、漫画家、グラフィックデザイナー、コピーライター、エディター、ジャーナリストが参宿の適職です。独自の漫画を描く黒鉄《くろがね》ヒロシさん、一本筋のとおった評論家だった故大宅《おおや》壮一《そういち》はこの宿です。

参宿は俳優、歌手にも適しています。この宿から松嶋《まつしま》菜々子《ななこ》さん、斎藤工《たくみ》さん、泉谷《いずみや》しげるさん、石川さゆりさんがでています。そのほかに、演出家の故蜷川《にながわ》幸雄《ゆきお》さんがいます。

また、脚本家、映画監督、ディレクターになっても個性的な作品で成功する可能性が高いです。歴史上では、木戸孝允、伊藤博文、高杉晋作が参宿です。

参宿の人は、人づきあいやライバルとの争いについ目がいき、財産づくりに関心がうすくなりがちです。

お金を儲ける力はあるのですから、それを有効に運用する方法をみつけることをおすすめします。

恋愛・結婚運

友だちは多いが、結婚相手にめぐまれない

この宿の人は、本来、自由が好きなので、自分が束縛されることを極端に嫌います。

異性を楽しませようとするよりも、どちらかというと自分が楽しむために思考した

り行動したりするのです。しかし、相手からみて、それが元気あふれるさわやかな生き方にみえることもあります。

しかし、一歩間違うと、参宿のひとりよがりが「わがまま」と評価されてしまいます。

そのため、異性の友だちは多いのですが、結婚相手にはあまりめぐまれません。話題が豊富で恋人には不自由しませんが、結婚となると、自己主張の激しさが災いするのか、相手が身を引いてしまいがちです。

しかし、異性の友だちのなかから気の合った恋人を見つけて二、三年ごしの交際をするなどして、じょじょに接近していくかたちをとれば、よい結婚ができます。

また見合いの場合は、自己主張をしすぎて、途中で相手から断わられるといった結果になりやすいので、上手にふるまうよう心がけるとよいでしょう。

相性

組織で大成をねらうなら、人を使うのがうまい⑫**室宿**、⑲**觜宿**の下につくとよいでしょう。また、考え深い㉑**井宿**の友だちをもつと参宿の美点、欠点をよく理解した助言者になります。人をまとめるのがうまい⑫**室宿**、⑲**觜宿**の人を相棒にして、あなたのアイデアを生かせば、よい仕事ができます。

結婚相手は、まじめで参宿の人の話をよく聞く㉑**井宿**がよいでしょう。社交好きな①**角宿**、③**氐宿**、⑫**室宿**、⑲**觜宿**は話し相手としては楽しいのですが、参宿の派手で遊び好きな面に同調しすぎるきらいがあるので、おたがいに抑制がきかなくなってしまうおそれがあります。

また、⑪**危宿**はすてきに見えるでしょうが、喧嘩っぱやく、何かにつけて参宿のいいかげんさに反発します。もっとも始末の悪い相手になるのです。

㉑井宿《せいしゅく》

特性　無口な勤勉家

「井」は底の知れない井戸のような知恵をもつことをあらわしています。この宿の人は一本気で正直な秀才です。口数は少ないのですが、明るくて心やさしく勉強好きで、正義感のつよい働き者です。井宿は清廉《せいれん》で誰からも好意をもたれます。

体を張った取材で知られる戦場カメラマンの渡部《わたなべ》陽一《よういち》さんや、元プロゴルファーの宮里《みやざと》藍《あい》さんが井宿の代表的人物です。宮里さんは、人一倍努力して栄光をつかんだのでしょう。

『宿曜経』に「情《こころ》に声名を愛す」とあるように、井宿の人は名誉欲はつよいのですが、口先で人を動かすだけで名誉を得ることは軽蔑《けいべつ》します。あくまでも、まじめな仕事の成果を認められることを望むのです。

井宿は自分の評判を大切にするので、自分が満足いく仕事をするだけではものたりず、仕事を多くの人に評価されるところまで完璧にやらねば気がおさまりません。

そういう考えの持ち主だけに、井宿は売りこみ下手になりがちです。ですから、ときには実力が認められずになやむといったこともあります。少々ハッタリをいうぐらいの気の大きさが必要です。

売りこみ下手、口下手が災いして、くそまじめで出世欲がつよい奴だと思われたり、口うるさい奴だと思われたりして周囲の妨害を受けることもあります。しかし、この宿の人はそれにもへこたれず仕事に励むので、最終的には一歩一歩着実に出世して成功を勝ちとります。

また、この宿の人は、本性は頑固でも、人の気持ちがわかる明るい性格の持ち主なので、周囲の人から好かれます。

しかし、感情よりも理性が強い性格なので、自分に厳しく、他人にも厳しくといった部分があまりつよすぎると、せっかくの幸運を逃してしまいます。

さらに、井宿の人は、仕事に筋をとおそうとするあまり、上の者に嫌われて損をすることもあります。

この宿の人は、**仕事への情熱を表にださず、謙虚にふるまうようにすると、人の助力でおもしろいように仕事がはかどるようになるといわれています。**

職業・金銭運 信頼される部下になる

仕事をするのがいちばん楽しいまじめ人間で、あれこれ勉強するのが好きな井宿の人は、有力者をみつけてその補佐役として働くのに向いています。

政治家の秘書や大企業の社長秘書がもっとも向いていますが、官僚、ビジネスマンになっても、若いときから上司にかわいがられることが多いようです。まじめさを生かした教師や医者も適職です。

努力家なので、研究者、作家、漫画家、

タレント、俳優、歌手、スポーツ選手としても大成します。

しかし、この宿の人が、埋もれてしまって名を残さないことも多いです。この宿には、キャイ〜ンのウド鈴木さん、俳優の内野聖陽《うちのせいよう》さん、松坂慶子《まつざかけいこ》さん、また、戦場ジャーナリストの山《やま》路徹《じとおる》さんがいます。平和を願うまじめな気持ちが、前にあげた渡部さんや山路さんを危険な中東の戦場におもむかせたのでしょうか。

少し前の人としてはタレントだった故大橋巨泉《おおはしきょせん》さんやプロ野球の野村克也《のむらかつや》さん、海部俊樹《かいふとしき》元首相がいます。歴史上の人物としては、福澤諭吉、太宰治がみられます。

井宿の人は堅実に貯蓄していく生き方をとります。この宿の人が、清貧に甘んじながら、亡くなったときに子どもに思いがけない財産を残していたということもあります。

恋愛・結婚運　理想が高く、気が短い

仕事好きの井宿の人は、人に好かれても恋の対象にされにくいところがあります。若いうちは、恋愛が思うようにすすまずに焦る時期もあります。

理想が高いために、まわりの異性をふるいにかけて落としてしまっているせいです。ですから、ある程度の経験を積めば、自然と理想と現実が合致《がっち》して、よい相手が見つかります。

この場合は、積極的に接近してきた人によって、相手の主導で結婚へといきつくことも多い

です。

ですから、交際期間は相手しだいですが、井宿の人はいったん決めると早めの結婚を望みます。結婚後は、まわりからみるとけっして仲むつまじいといった感じではないのですが、ふたりにとっては深く信頼しあっている、といった夫婦になります。

そして、『宿曜経』に「男女多し」とあるように、子どもにめぐまれて、幸せな家庭をきずきます。また、まじめに子育てをし、子どもに細かい教育をする少々うるさいタイプの親になります。

相性

二十七宿中、**①角宿**、**②亢宿**、**③氏宿**、**④房宿**、**⑤心宿**、**⑪危宿**、**⑫室宿**、**⑬壁宿**、**⑭奎宿**、**⑲觜宿**、**⑳参宿**、**㉒鬼宿**、**㉓柳宿**の十三宿が井宿と仕事で組むとうまくいく運をもっています。まじめな井宿が相手の仕事をけなげに支えるからです。なかでも幅広い視野をもつ善良な**⑭奎宿**と組むと、世の中のためになる立派な仕事をするといわれます。

しかし、組織のなかには、井宿の地味でまじめな部分に反感をもつ人もいます。骨っぽくて負けず嫌いな**⑥尾宿**や、軽い**㉔星宿**とは何かにつけてぶつかりやすくなります。

しかし、その反感は井宿に実力があるから生じたものです。寛大な気持ちで接していれば、少々の対立は深刻な問題にまで発展することはありません。

結婚するなら、話のおもしろい⑳**参宿**か㉒**鬼宿**の人がよいでしょう。まじめな⑬**壁宿**、㉓**柳宿**とは話が合います。まじめな者どうしなので、おたがいに共通の目標をもって生きれば、楽しく充実した日々を送れます。
㉔**星宿**とは、話は楽しくても、結婚すると相手のいいかげんさに腹がたち、喧嘩になるおそれもあります。

㉒鬼宿《きしゅく》

特性 何かにうちこむ一匹狼

「鬼」はあの世の意味です。鬼宿の人は鬼の世界まで通じたもの知り、好奇心のつよい勉強家なのです。この宿の人の多くは、賢すぎるためか、とっつきにくそうにみえますが、その本性は、気がやさしく弱い者を放っておけない性格です。

鬼宿の人は、若いころから気どって生きる習慣を自然に身につけています。『宿曜経』に「心力足り、多聞《たもん》たる合《べ》し」とあるように、正義感がつよくて頭がよい勉強家で、他人とあまり話が合わないのか、ひとりでいることを好みます。

それでいて好奇心のかたまりで、自分だけの実用的な知識を好み、みずから実験したり足で歩いてものを知る人間です。

そして見たもの聞いたもの学んだものがすべて、生きていくのに有益な知恵になり、この宿の人をひとまわりもふたまわりも大きくしていくのです。

話し上手の俳優の船越英一郎《ふなこしえいいちろう》さん、多様な知識をもつタレントのビビる大木《おおき》さん、好奇心のかたまりのようなタレントのマツコ・デラックスさんがこの宿の代表的な人物です。

歴史上では、坂本龍馬《さかもとりょうま》、吉田松陰《よしだしょういん》、大村益次郎《おおむらますじろう》が、この宿の代表的な人物です。いずれも好奇心のかたまりで、時代の先をいく行動をとり、後世に高く評価されました。

鬼宿の人は子どものころから学校の勉強より、自分の好きなことにうちこみ、スポーツより文学、芸術、科学が好きといった生き方をとります。

そうしてそのまま成長して、人より先に新しい学問、芸術の境地をひらくのを最高の生きがいとする人も多くいます。しかし、鬼宿の人びとは常識をふまえたうえでちゃんとした動機のもとに行動しています。

このような鬼宿は、本性がまっすぐで楽しい話ができるので、友だちや目上の人から愛されます。

ところが鬼宿は、思ったことをすぐに実行にうつしたり、何かをやりかけのときにつぎのことに手をだしたり、節操ない人にみられてしまいます。

この宿の人が、行動の前にすこし立ちどまって、事の善悪を判断したあとに考えを実行すると成功をつかめるといわれます。

なんでも広い視点から判断しようとするので、鬼宿の人の主張は、最初は革新的にうつることがあっても、最後は人びとにうけいれられやすいですし、その仕事も最終的にはよい評価をうけます。

職業・金銭運　直観で一気に仕事をすすめる行動派

鬼宿は、発想力、行動力とも旺盛《おうせい》で、地味に時間をかけて仕事をせずに、直観で一気に仕事をすすめます。

鬼宿は発明家をめざす理科系の研究者や、作家、漫画家、画家、写真家、作曲家、作詞家、プロデューサー、コピーライターなどにも向いています。また、独自の手法で商品を売る自営業もよく、ビジネスマンなら自分の独創性を生かせる分野を選ぶとよいでしょう。

何か専門分野を見つければ、この宿の人はかならず成功します。もの知りで勉強好きなこの宿の人は、いつも知恵を使って大きくお金儲けをしようと企《くわだ》てます。

成功者になるには、ふたつの方向があります。ひとつは鬼宿にしかできない好きな道を究《きわ》めること。劇画という世界をひらいたさいとう・たかをさんやノーベル賞を受賞した量子力学の故朝永振一郎《ともながしんいちろう》さん、ネット通販での新たな世界をひらいた楽天の三《み》木《き》谷浩史《たにひろし》さんが、それにあたります。

もうひとつは、社交家の顔を表にだして、人をひきつけることです。この宿から渡辺《わたなべ》謙《けん》さん、黒木華《くろきはる》さんといった人気俳優や、歌手の宇多田《うただ》ヒカルさん、ナインティナインの岡村隆史《おかむらたかし》さんがでています。

鬼宿の人は、お金儲けはしますが、ついつい収入の大半を趣味に使ってしまいます。ですからこの宿の人は、着実に貯蓄する習慣を身につければ成功するといわれます。

恋愛・結婚運　包容力のある相手がベスト

鬼宿は本来、好奇心旺盛で、おしゃれで話し上手なのですが、異性といるときは意外におとなしくしています。そういう照れ屋の感じが、かえって異性をひきつけます。しかし、わがままになりがちなため、心を許せる恋人を得にくいところがあります。

また鬼宿の人は、自分の夢や野心といったものをとても大事にする性格で、そのためには、デートをすっぽかしたり、途中でやめたりといったこともあります。ですから鬼宿の人には、やさしく見守ってくれるような包容力のある相手をおすすめします。

この宿の人は、自分で結婚したいと感じたときに手早く結婚しますが、その相手も多くの恋人のなかのひとりぐらいに考えます。

それでも相手は、「鬼宿の人が好きでたまらない」といった感じで、楽しい家庭をつくっていきます。

相性

仕事のさい、友だちであり、さまざまな知恵の提供者としてもかかわる相手には⑭**奎宿**、⑮**婁宿**の人を探すとよいでしょう。鬼宿の人が独善的になりがちになったときに、それを修正する力をもっています。

好奇心がつよい者どうしで㉔**星宿**と組むのもおもしろいです。しかし、鬼宿は組織のなかにあっても自己流で働こうとしがちですので、親分肌の⑦**箕宿**、⑯**胃宿**の目の敵《かたき》にされることもあります。

結婚相手に最適なのは、まじめな㉑**井宿**です。井宿は無口な性格で、相手が話の聞き手になるかたちで気が合います。

自分の世界をもち、話の楽しい③**氐宿**、⑤**心宿**、⑫**室宿**、㉓**柳宿**、㉔**星宿**の相手と知りあうことが多いのですが、相手は自分の夢をもつので、好奇心のままに華《はな》やかに活動する鬼宿に手助けを求め、その生き方に束縛を加えてしまうおそれもあります。

㉓柳宿　りゅうしゅく

特性　**温和な夢追い人**

「柳」は暴風を「柳に風」とうけながして、長年にわたってたくましく生きぬく柳の木のようなつよい心の持ち主をあらわしています。

柳宿の人は、『宿曜経』に「軟眼《なんがん》（人なつっこい目）にして睡り多し」とあるように、たいへん温厚で、おとなしくみえます。

しかし、柳宿は高い理想をかかえ、内面には激しい気性をかくしもっています。それが、神から与えられたような、すばらしい仕事を成しとげるための原動力になります。

多才なタレントである元ＳＭＡＰの中居正広《なかいまさひろ》さん、ＴＯＫＩＯの城島茂《じょうしましげる》さん、息の長い歌手の小田和正《おだかずまさ》さん、ひたすら技術開発にうちこみ、ノーベル化学賞を受賞した田中耕一《たなかこういち》さん、作家として高い評価を受けている村上春樹《むらかみはるき》さんが柳宿の典型的な人物といえます。いずれも、自分の夢を実現した人びとです。

柳宿の人はふつうの人が考えもつかないほど、独特でとてつもなく大きな理想に出会う運命にあります。そして、それを実現するための苦労はいとわないと考えるのです。

変に世の中と妥協《だきょう》しない柳宿の人は、まわりからみれば正体のわからない変わった人とみえるかもしれません。しかし、理想をつらぬけば、最後にはよさをわかってもらえます。

人なつっこく涙もろい、損得ぬきで弱い者の味方をする柳宿ですが、それでいて本性はひとりのほうが気が楽だと考え、何かにつけて単独行動をしがちです。

また、自分の理想を理解する人には、とことん親しみをこめてつきあいますが、自分の考えがわからない人には徹底的に反発してしまいがちです。

しかし、そうなってしまうと視野が狭くなります。ですからこの宿の人は、**感情をおさえて、冷静な目で多くの人と接しつつ、自分の信じた道を生きると成功をつかむといわれます。**

職業・金銭運

お金に執着せず、人のために生きる

いつも大きな夢をもって人びとのために生き、出世欲や金銭欲のあまりない柳宿の本性をもっとも生かせるのが、社会福祉関係のケースワーカーや養護学校の教師、ホームヘルパー、それに保育士や小学校の教師です。

そうでなければ、ビジネスマンや公務員、堅実な自営業をしつつ、日常生活でいろいろな人のためになることをするのが向いています。

この宿からは個性の強い人が多くでています。司会者の小倉智昭《おぐらともあき》さん、タレントで宮崎県知事も務めた東国原英夫《ひがしこくばるひでお》さん、十一代市川海老蔵さん、ウッチャンナンチャンの南原清隆《なんばらきよたか》さん、ヒロミさん、俳優の宮﨑《みやざき》あおいさんや斉藤由貴《さいとうゆき》さんはその例です。

過去には、ノーベル賞作家の故川端康成《かわばたやすなり》、「奇人」ともいわれた明治の画家・河鍋暁斎《かわなべぎょうさい》がいました。

柳宿の人は頭もよく、個性がつよいので、仕事をしていくなかでまわりの人に理解されず、孤立しがちです。

なるべく多くの人と話しあって、自分の考えを理解してもらい、他人の意見をとりいれていきながら仕事をすすめることが成功につながります。

財産に執着のない柳宿ですが、仕事ぶりがまじめで遊びにむだづかいしないため、それなりの財産をきずきます。

恋愛・結婚運　異性に臆病で、なかなか恋人ができない

人なつっこくて涙もろい面をもつ柳宿ですが、異性とのつきあいはあまり得意なほうではありません。大きな理想にかけるだけに、結婚相手に期待しすぎたり、臆病になったりで、なか

なか恋人ができないことがあります。

しかし、たいていの人は友だちの紹介や見合いで結婚し、相手に尽くして幸福な家庭をつくります。

相性

仕事面では、大衆の気持ちをつかむ③**氐宿**、⑬**壁宿**が同志になると心づよい味方になります。彼らは自己中心的になりがちな柳宿の考え方が、うまくみんなに広まるようにひっぱっていってくれます。

柳宿の人が出世すると⑯**胃宿**、⑰**昴宿**、⑲**觜宿**、⑳**参宿**といった自己主張のつよい相手の攻撃をうけやすくなるので注意してください。

結婚するなら話が楽しく、あれこれ柳宿の理想実現を助ける㉔**星宿**が最適です。好奇心がつよく、自分勝手なところもある星宿ですが、大きな理想をもつ生き方にあこがれていて、柳宿の人の夢に惚れこんでいます。

まじめでさわやかな⑥**尾宿**、⑮**婁宿**、家族思いの㉑**井宿**、活動家ですが正義感のつよい面が柳宿と共通する㉒**鬼宿**は、柳宿の理想実現の力までにはなれませんが、結婚するとそれなりに楽しい家庭をつくってくれます。

まじめな②**亢宿**、自分中心の⑤**心宿**、⑳**参宿**、いばりたがりの⑯**胃宿**、⑲**觜宿**、柳宿と別の理想をもつ⑰**昴宿**は柳宿の理想をけっして理解しません。結婚には避けたほうがいい相手です。

㉔星宿　せいしゅく

特性　奥行きの深い秀才肌

「星」は遠くに輝く美しいものを追い求める人物という意味です。星宿の人は、平凡ななかにも多才でキラリと光る魅力をもち、ふつうの人にはちょっとつかみにくい、遠く美しいものを追い求める奥行きの深さももっています。

『宿曜経』に「名聞《みょうもん》（ものごとを正しく聞き取って）善き知識有り」とあるように、星宿は勉強家で頑張り屋で、たいへんにもの知りで、話し好きです。

それなのに、すこしも気どらず明るい星宿の人は、文句なしにまわりの人に好かれます。とくに困っている人の相談に気軽にのるので、立場の弱い人に慕われます。

歌舞伎で独自の世界をつくった坂東玉三郎《ばんどうたまさぶろう》さんや、ドリフターズの故いかりや長介さんが、この宿の典型的な人物です。

また星宿の人は、社会に迷惑を及ぼす不正をみすごせません。

そこで権力者にとってはもっとも嫌な人物になります。自尊心が高く、正義感がつよい本性から、お金にものをいわせたり、むやみに権力をふるう政治家や上司をまったく信用しない反体制派になるのです。ふだんは温厚な人物にみえる星宿ですが、いったん怒れば怖い部分ももっています。

何かにつけて頼りにされる星宿の人ですが、ひとつの泣きどころがあります。

この宿の人が遠くのものをみつめて奥行き深い知恵を求めるため、考え方の間口《まぐち》が狭くなってしまうおそれがあるのです。

ですから、大きな仕事をしたいと考えつつ、自分で何をしていいのかつかめないうちに一生を終えることになりかねません。

この宿の人は、**聞き上手になって、まわりの人の考えをよく知ったうえで客観的な判断力を身につけると成功するといわれます。**

職業・金銭運　個性的な事業をみつければ成功

この宿の人は、ひじょうに意欲的に勉強や人づきあいや仕事をします。ですからその特性にもっとも合った仕事は、経営者だといわれます。

お金儲けのためでしたら、個性的な事業をみつけて、ひとすじにうちこむことをおすすめします。人づきあいがうまいので、ビジネスマンや官僚としても成功するでしょうが、自分独自のみちをいくほうが成功への近道です。

また、星宿の好奇心がつよく勉強好きな面を生かせば、幅広い視野でものをみる作家や研究者としても大成します。

星宿の人が、勉強熱心な面と話し方の上手な面を生かして、タレント、俳優として成功することもあります。

この分野では故勝新《かつしん》太郎《たろう》、上川《かみかわ》隆也《たかや》さん、泉《いずみ》ピン子さん、ＤＡＩＧＯさん、渡辺《わたなべ》満里奈《まりな》さん、オードリーの春日《かすが》俊彰《としあき》さん、ＩＫＫＯさんがその例です。歴史上では、土方《ひじかた》歳三《としぞう》がいます。

星宿の人はよく働き、要領よくお金儲けをするので、おおむねお金には困りません。しかし、はいった金はすぐ使ってしまうため、財産づくりは苦手だといわれます。

恋愛・結婚運　〃おもしろい人〃で終わってしまう

この宿の人には、積極的に活動するのに、どこか的はずれな面があります。

異性にもあれこれ声をかけるのに、どこか恋愛のツボがわからず、〃おもしろい人〃で終わってしまいがちです。そのうえ、星宿自身も熱しやすく冷めやすい性格です。

たいていの星宿の人は平凡な結婚を望み、そのとおりになりますが、星宿の悪い面がでると、結婚に束縛されるのを嫌い、家庭をあまり大事にしない結果になってしまいます。

相性

星宿の人には移り気な面があるので、責任感がつよくて、言ったことはかならず実行する**③氐宿**、**⑨女宿**、**⑬壁宿**、**⑱畢宿**、**㉑井宿**、**㉗軫宿**とは、仕事上かならず対立します。

大きな組織のなかで生きるなら、そういったうるさ型の目に上手に気をくばらなければなりません。

この宿の人が好奇心のつよい者どうしで

⑧**斗宿**、㉒**鬼宿**と組めば、おたがい広い視野であつめた知恵をだしあって、おもしろい仕事ができることがあります。

なにごとも趣味といった、気楽な考えをもてる⑭**奎宿**とは、似た者夫婦となって楽しく過ごせます。

人の上にたとうとする大きな夢をもつ㉕**張宿**は星宿の才能を生かす知恵をもち、大きな夢に生きる㉓**柳宿**の人と結婚すれば、相手の夢に惚れこんで、結婚生活の主導権をにぎられますが、生きる方向がはっきりします。

⑤**心宿**、⑯**胃宿**、㉒**鬼宿**は話し相手としては楽しいですが、おたがいに遊び好きなので、家庭がバラバラになるかもしれません。

㉕張宿《ちょうしゅく》

特性　なんでもこなす弁舌上手

「張」は自然に人づきあいを拡張できる（増える）、めぐまれた人を意味しています。張宿の人は口数はけっして多くないのに、会話で人をひきつけ、多くの同性からは信頼、異性からは愛を得ます。

『宿曜経』に「語を出だすに人の意に愜《かな》い、甚だ人の愛を得る」とあります。張宿の人は、自然に自分で自分をうまく演出して、人をひきつける雰囲気《ふんいき》をつくりあげるので、風貌《ふうぼう》のよし悪しに関係なく、魅力ある人物になるのです。

また、事業や出世に興味がなく、お金儲けにつながる勉強も好きではないのですが、張宿の人は天性の多才さをもち、なんでもこなすことができます。

さらに、好奇心がつよく、自分が経験しなくても、多くの友だちから吸収する知恵をもっています。そして時には、それを仕事のヒントにして、誰も考えつかない新しいことをします。司会で活躍する恵俊彰《めぐみとしあき》さんや、加藤浩次《かとうこうじ》さんが、張宿の典型的な人物です。

この宿の人で、他人の力を使ってのしあがり、有力者のひき立てをうけて自分の力を何倍にもし、大仕事で成功して、高い地位にのぼりつめる者もいます。安倍晋三首相や小泉進次郎《こいずみしんじろう》議員は、その例とみてよいでしょう。歴史上では、宇多《うだ》天皇に見いだされて右大臣まで出世した菅原道真《すがわらのみちざね》がいます。

勉強して身につけた知識があるわけでもないし、人の気持ちをわかろうと気をつかうわけでもないのに、この宿の人はどこか人に好かれます。自然にふるまって、思ったとおりのことを話していれば、まわりの人に尊敬されるよい性格をもつからです。

張宿の人はまわりの人の長所、短所を知り、それをうまい具合に調整して組織をまとめるのが得意です。まるで指導者になる運を背負っているような人物が、この宿からでています。

張宿の人には、**謙虚にふるまって、人をひきつける特性を最大に生かすことをおすすめします。**傲慢《ごうまん》になると下の者に嫌われ、失敗しかねないからです。

職業・金銭運　上の者のひき立てで出世する運をもつ

張宿は人にあれこれ指示するのは好きですが、人に使われるのは大嫌いです。いつも自分が優位にたつ関係で人とかかわっているとうれしいのです。それでいて、有力者にとりいるのが上手で、自分をひき立ててくれた人にだけはご機嫌とりをする知恵もあるのです。

もっとも合うのがビジネスマンになり、人に先んじて出世して管理職をめざす生き方です。官僚になってもよいでしょう。

また、教師、医師のような、人を指導する職業もよく、自分が創業者になるかたちでなく、安定した地盤をうけつぐかたちでなる実業家、自営業もおすすめです。また、派閥の上の者のひき立てを受けやすいので政治家にも向いています。

張宿の人は、独特の美意識をもち、自分の雰囲気づくりが得意です。ですからこの宿には、田村正和《たむらまさかず》さん、小泉今日子《こいずみきょうこ》さん、春風亭小朝《しゅんぷうていこあさ》さん、西川《にしかわ》きよしさん、志村けんさん、向井理《むかいおさむ》さ

ん、タカアンドトシの三浦敏和《みうらとしかず》さんなど、多くのタレントや俳優がみうけられます。ただし、生まれもった本性そのままをだして成功したのではなく、みなみずからの努力によって自分だけの世界をつくった人だと評価できます。

この宿の美意識をもとにして独自の世界観を完成させた作家に、故江戸川乱歩《えどがわらんぽ》がいます。

恋愛・結婚運　玉の輿《こし》で結婚し、亭主関白・強妻になる

人をおだてるのがうまい張宿は、遊び上手にみえます。そのためいろいろな相手ともうまく合わせていきますが、自分の心は遊び相手には明かしません。本性はまじめでひとりの相手を求めているのです。張宿

の理想は高く、外見も内面もよい相手を求めます。

張宿の男性の多くは、結婚相手とは友だちの紹介や見合いで出会うといわれます。また、この宿の女性は、実力のある男性にプロポーズされる運をもっています。

結婚したら浮気はせず、ひたすら家庭中心に励みますが、張宿には亭主関白や強妻になりやすいところもあります。

相性

人をまとめるのがうまい⑰**昴宿**、㉖**翼宿**が指導する組織の補佐役として、その下で人を使いこなすと、よい仕事ができます。

また、上にたった場合は、働き者の③**氐宿**、⑥**尾宿**、⑭**奎宿**、社交上手の⑤**心宿**、⑧**斗宿**、知恵のある⑨**女宿**、㉗**軫宿**をうまく使いわけるとよいでしょう。ただし、それ以外の宿の持ち主は、少々接しづらいかもしれません。張宿と反対の生き方をする①**角宿**、②**亢宿**とはことごとく対立するので用心が必要です。

結婚面では、世の中のために大仕事をしようとする⑰**昴宿**と㉖**翼宿**とは通じるものがあり、最高の夫婦になります。また、張宿は多才で働き者で勉強好きの㉔**星宿**の人に目的を与えて、才能をうまくひきだす力をもっています。

遊び相手ならば、張宿はかなり多様な相手と合います。しかし、張宿には人を見る目があるため、恋人としてはいい線までいくものの、結婚にはいま一歩ということが多いです。悪い相性の者と結びつかない知恵をもっているからです。

㉖ 翼宿《よくしゅく》

特性 人なつっこい善人

「翼」はツバサの意味。努力なしで出世する翼の持ち主です。もの静かで知恵のある指導者をあらわしています。この宿の人は、自然にふるまうだけで人に好かれて指導者に立てられます。『宿曜経』に「口語穏やかなり」とあるように、この星の人の見かけは人なつっこく、庶民的ですが、心の奥には高潔な意志があります。ですからこの宿の人は、男性なら人が安心して頼れる貫禄《かんろく》をもち、女性なら誰からも好かれる清純な雰囲気をもっています。

多くの人を動員してすぐれた映画をつくった映画監督の故黒澤明《くろさわあきら》や多くの子どもたちを魅了している漫画『ONE PIECE』の作者である尾田栄一郎《おだえいいちろう》さんや、歌手の桑田佳祐《くわたけいすけ》さんが、この宿の代表的な人物です。

いつも天下を見とおして、自分が世の中を動かそうと考えながら生きている翼宿は、多弁ではありませんが、じゅうぶんな知識に裏づけられた、的を射た話で人をひきつけて指導していきます。わずかなことばや行動が、相手を翼宿の人の信奉者《しんぽうしゃ》にする徳をもっているからです。

この宿の人は正直すぎて、舌禍《ぜっか》で身近な有力者と対立したり、がまんづよいので、人前で弱音をはくのを嫌い、厄介ごとをひとりで背負って、自分をおいつめてしまうこともあります。

なにごとも自分で処理しなければ気がすまない完全主義者的なところもあり、ときにそれがワンマンだとまわりから敬遠されることもあります。人の上にたつときには、自分の補佐役を信頼し、かれが少々失敗しても、黙ってその穴うめをするのがよいでしょう。

まわりの人は、何か問題が起きたときとか、大きなことをはじめるときには、翼宿を頼ってきます。そういったときに相手の期待にしっかり応えるとよい評判を得られ、かならず人に好かれます。

正義感がつよい翼宿の人が目先の争いに走ると大局を見失います。**少々気にいらない相手も味方にしてしたがわせる知恵をもてば、成功者へのみちがひらけます。**

職業・金銭運　危機に活躍、ふだんは市井《しせい》の一善人

この宿の人は、天下をみつめる王者の運をもっていますが、たいていの人は市井の一介の善

人で終わります。翼宿は自分の名誉よりも人助けを重んじるため、むやみに出世欲はもちません。そのため売りこみ下手になってしまうのでしょう。

この宿の人は、まわりに乞《こ》われて、世の中が危機を迎えたときの政治家や、ある企業が左前になったときに、それをたてなおす経営者になると成功します。

人なつっこい翼宿は、ビジネスマン、公務員などになってもよいです。

また、芸術好きで、ひとつの道にうちこむ生き方も好むので、研究者、作家、漫画家、画家、写真家、音楽家、タレント、俳優、歌手、スポーツ選手などをめざすのもおすすめです。

サッカーの本《ほん》田《だ》圭佑《けいすけ》さん、サンドウィッ

チマンの富澤《とみざわ》たけしさん、バナナマンの設楽統《したらおさむ》さん、ノンスタイルの井上裕介《いのうえゆうすけ》さん、俳優では故三船敏郎《みふねとしろう》、舘《たち》ひろしさん、真矢《まや》ミキさんなどがこの翼宿です。

歴史上では吉田茂《よしだしげる》元首相、忠臣蔵の大石良雄《よしお》（内蔵助）や明治の実業家で社会福祉でも業績をあげた渋沢栄一《しぶさわえいいち》がいます。いずれも多くの人に支えられて、大望を遂《と》げた人です。

このなかの大石内蔵助は、翼宿の長所をもっともうまく生かした人物だと評価してよいでしょう。幕府を敵にまわして主君の仇討《あだう》ちをするのは容易なことではありません。

しかし「昼行灯《ひるあんどん》」といわれた大石は、自身の考えを押しとおすことを控え、さまざまな立場や考えをもつ赤穂《あこう》の浪人たちと心を通わせて大望を果たしました。

恋愛・結婚運　好きな相手の前では内気に

好きな相手の前では内気になりがちな翼宿は、友だちの紹介や見合いで知りあった相手ととことん話しあい、お互いの気持ちをかよわせて結婚するかたちをとることが多いです。

この宿の人は子ども好きではありませんが、家族を大事にします。

ですから、子どもからみると「お父さんは世の中のためになる仕事をする立派な人で、家族のためにお金を惜しみなく使ってくれるけど、自分には何もいわず自由にさせておく、どこか話していて手ごたえのない冷たい人だ」となりかねないのです。子育てのときには、この宿の人が強引に指導すれば、優秀な子どもが育つといわれます。

相性

仕事上では誰にも好かれるのが、翼宿です。そして、翼宿の人が何か大きな目的をもって立つときに助けるのが、⑦**箕宿**と⑨**女宿**です。

この場合、翼宿の人が、⑦**箕宿**の自尊心の高さや短気な面、⑨**女宿**の正義感のつよい面を理解して、相手に指示を与え、相手がそれをもとに意欲を高めて自分の知恵で何かをやりとげるかたちになります。勉強家で人のよい㉗**軫宿**は、忠実な部下として知恵をかしてくれます。

翼宿の人は、結婚すると相手のよさをひきだします。先にあげた向こう意気のつよい⑦**箕宿**、頭でものを考える⑨**女宿**、㉗**軫宿**の相手は、翼宿に会うことで大きくはばたくので、おすすめです。

ほかに、まじめで多くの人のために地味な努力をする⑱**畢宿**と結びつき、たがいのよさを高めあう生き方もよいですし、㉕**張宿**と結びつくとたがいに人の上にたつ性格ゆえに大きな仕事ができます。以上の相手が最良のところです。

翼宿は人に好かれるので、①**角宿**、④**房宿**、⑥**尾宿**、⑯**胃宿**、㉔**星宿**ともよい家庭をつくります。

27 軫宿　しんしゅく

特性　にぎやかな洒落者《しゃれもの》

「軫」は、にぎやかに栄える人をあらわしています。「軫々」は、中国では多く盛んなさまをあらわすことばとして用いられています。

軫宿の人は、自然なかたちでよい友だちにかこまれて、そばにいるだけであたりを明るくし、にぎやかに楽しく過ごす運勢をもつ、得な性質の持ち主です。おしゃべりではないのですが、人の話を聞くのがうまく、歌や楽器、手品などでその場をもりあげる才能をもっている人もしばしばみられます。

『宿曜経』に「能《よ》く巧徳を立て」とあるように、世話好きで正直者なので、周囲の人たちから好かれます。タレントの有吉弘行《ありよしひろいき》さん、博多大吉《はかただいきち》さんがこの宿の代表的な人物です。ふたりともけっして美男ではないですが、知恵のある話しぶりで、人の注目をあつめます。

この宿の人には少々気取り屋のところもあり、男性は虚勢《きょせい》をはってつよがったり、女性はわざとらしいほどかわいい子ぶったりします。

軫宿は目立つのは嫌いで、存在感はつよくありませんが、まれにこの宿から人にひき立てられて、いつのまにか出世している者がでます。

『宿曜経』に「稟《う》くること（天性）は嫉妬」とあるように、軫宿はライバルに対する競争心はつよいのですが、みずからすすんで争いをしかける度胸がなく、うまく上の者を動かして相手を蹴《け》落《お》としたりします。

そういった策略はあざやかですが、それをあまりやりすぎると有力者にけむたがられます。

他人の短所は見て見ぬふりをして争いを避け、善良な本性を生かしていくことによって、よい人生を送れるといわれます。

職業・金銭運　目立たない生き方を好む

誰かの下にいて、上の者に頼って気楽に生きるようにみえても、軫宿はたいそうな知恵者です。有力者の軍師になれば力を発揮します。大臣を助ける事務次官、政治家の秘書、大企業の開発担当の重役などにもっとも合います。

軫宿は、甘え上手で目上の者に文句なしにかわいがられます。ですから、どちらかといえば、自分から大仕事にとりくんだり、自分で人を組織してひっぱっていくのではなく、誰かの下にいて、気楽に生きるのが好きです。

ビジネスマンや公務員、親の仕事をうけつぐ事業家をしながら、仲よしグループをつくっていくといった生き方がよいでしょう。

また、『宿曜経』に「諸の宝物あるに合《がっ》す」とあるように、軫宿の人は才能にめぐまれています。そのうえ、勉強や修養を楽しみとするので、一芸で身をたてる人も多くみられます。俳優の小泉《こいずみ》孝太郎《こうたろう》さん、天海《あまみ》祐希《ゆうき》さん、上戸《うえと》彩《あや》さん、松雪《まつゆき》泰子《やすこ》さん、藤原《ふじわら》紀香《のりか》さん、歌手の故三波《みなみ》春夫《はるお》さん、タレントの東野《ひがしの》幸治《こうじ》さん、カズレーザーさんがそれにあたります。

もっとも、軫宿の男性のなかに、本性は消極的なのに、幼いときにその裏がえしで、男っぽくふるまう習性を身につけてしまう人もいます。

軫宿の人は努力家の面ももつので、そういった人がスポーツ選手や、男っぽい二枚目の俳優として大成することもあります。プロレスのアントニオ猪木《いのき》さん、俳優の高橋《たかはし》英樹《ひでき》さんがこの例です。

歴史上の人物として、勝海舟《かつかいしゅう》がいます。かれは将軍を支える補佐役の立場で徳川家を守ったといえるでしょう。

軫宿の人は目立たない生き方をしますが、まわりの人にかわいがられてよい仕事をし、財産をきずきます。本性が浪費家でないだけに、堅実に貯金をふやしていくのです。しかし、自分に不相応な地位にのぼると、人との義理からよけいな散財をして苦しむこともあります。

恋愛・結婚運

甘え上手だが、異性に対して用心深い

甘え上手の軫宿の人ですが、用心深いせいで異性については内気な部分があります。学校や職場といった身近なところで、じゅうぶん観察した相手から求愛されるか、信頼できる友だちの紹介か見合いでないと恋人ができない人も多いです。

軫宿はひとりの人を愛し、浮気はしません。恋人ができたら、早めに結婚します。聞き上手で甘え上手のため、たくましい親ではありませんが、友だちのような感じで子どもに好かれる親になります。

相性

軫宿の軍師役を使いこなすのが、⑧**斗宿**、

⑨**女宿**のまとまりと、㉕**張宿**、㉖**翼宿**のまとまりです。前者は社交家で勉強家なので、友だちや勉強仲間のようなかたちで事業にとりくみ、知恵をだしあって成功します。天下をねらう生き方をする後者は、何かの決断のときに、軫宿の判断を頼りにするかたちをとります。

軫宿の人は、なるべく頂上をめざして他者と争わないほうがよいです。大風呂敷を広げる③**氐宿**、考えが狭い⑥**尾宿**、ときとして話すことに誠実味のない㉔**星宿**の相手は、気にいらないと思えることがあるでしょうが、かれらと対立すると痛い目にあいます。

結婚するなら、大物になる⑲**觜宿**と、㉖**翼宿**が文句なしの相手になります。女性なら、軫宿の知恵が⑲**觜宿**の男性の名誉欲や、㉖**翼宿**の男性の天下を動かそうとする姿勢と結びついて大きな力を発揮します。

⑦**箕宿**の相手が、軫宿ののんびりとした気楽な生き方に合わせてくれると、よい夫婦になるのですが、相手が短気な面をだすと、少々苦しむことになるおそれがあります。

軫宿の人は、親分肌の⑯**胃宿**の人にひかれる傾向がありますが、相手は独創的でやや奇抜な発想を重んじ、平凡な考えをもつ軫宿のよさがわかりません。ですから、⑯**胃宿**は結婚相手には避けたほうがよいでしょう。

3章

災いを遠ざけ、幸運をつかむ法則

あなたを破滅へと追いこむ「六害宿」の秘密

「27星宿曜占術」のなかにある「六害宿」占術

人びとの運勢を支配する六つの害

これまでのところで宿のもつ「運命学的な意味」や、「本命宿《ほんめいしゅく》」がどのようなものかは、よくおわかりいただけたと思います。

ところで「本命宿」をあつかう27星宿曜占術では、「六害宿《ろくがいしゅく》」と呼ばれる災厄《さいやく》にあいやすい日がまれにあると説かれています。

「六害宿」の秘密を解明した27星宿曜占術の教典『宿曜経《すくようきょう》』には、

『およそ七曜《しちよう》の天を運《めぐ》りゆきて、人の六宮《ろくきゅう》の宿《しゅく》を犯し著《つ》かば、必ず災厄あり。一は命宿《めいしゅく》、二は事宿《じしゅく》、三は意宿《いしゅく》、四は聚宿《しゅうしゅく》、五は同宿《どうしゅく》、六は克宿《かつしゅく》なり』

とあります。

これは、七曜と呼ばれる天体の動きが乱れる期間に、月が六宮と呼ばれる位置にきたときに災厄が起きると記したものです。六宮の位置は一人ひとり異なるが、その人の「命宿」「事宿」「意宿」「聚宿」「同宿」「克宿」という六か所の泣きどころに月がきたときに、個々の「六害宿」に対応した災厄が起きるというのです。

六害宿がもたらす影響

☆六害宿の日の行動
↓
△思いがけないときに悪い結果がでる

△六害宿以外の日の失敗
↓
☆六害宿の日に手痛い結果がでる
↓
△六害宿以外の日に
六害宿の災厄の影響がでる

△六害宿以外の日の失敗
↓
☆六害宿の災厄
↓
☆前回の六害宿の影響による災厄
↓
△災厄の影響がでる

※☆は六害宿の日をあらわす

「六害宿」の日なのに、あえて行動を起こすことを、「六害宿を犯す」といいます。知らないうちに「六害宿を犯」してしまうと、思いがけない不幸に出会うことがあります。また前に行なった不始末の結果が、六害宿の日にでてくる例も多くみられます。

六害宿でない日の失敗の結果で六害宿の日に災厄にあい、さらにその影響で、そのあと別の不運に見舞われるといった、踏んだり蹴《け》ったりの事態になる場合もあります。

このあとで紹介する、ある政治家は、六害宿でないときに女性に失礼なふるまいをしました。すると六害宿の日に、そのときの女性問題が報じられ、この記事の影響で辞職せざるを得なくなりました（196ページ参照）。

めったにないことですが、六害宿の災厄の影響が別の六害宿の日にでて不運に見舞われ、さらにそれがつぎの不幸につながる。こういった事態もあり得ます。ある失敗の結果が六害宿の日にあらわれ、またその日の災厄が別の六害宿の日の災厄を生み、さらにそれがつぎの六害宿の不幸を呼ぶ。このような六害宿の災厄につぎからつぎへと見舞われてはたまりません。

それゆえ、自分の「六害宿」の「日」を知っているのと知らないのとでは、将来が決定的に違ってくるとされるのです。

六害宿には「六種類の害」があります。それでは、「六害宿」が起こすのは、そもそもどんな害だというのでしょう。『宿曜経』に、つぎのように記されています。

「もし、七曜《しちよう》、命宿《めいしゅく》を犯せば、すなわち銭財《せんざい》を亡失《ぼうしつ》して、必ず災厄多し。
事宿《じしゅく》を犯せば、すなわち殃咎《わざわいとが》を招く。
意宿《いしゅく》を犯せば、すなわち必ず愁苦《しゅうく》多し。
聚宿《しゅうしゅく》を犯せば、すなわち財を亡失して囚閉《しゅうへい》さる。
同宿《どうしゅく》を犯せば、すなわち離坼《りたく》して安からず家口《かこう》を衰耗《すいもう》す。
克宿《こくしゅく》を犯せば、すなわち財を亡《うしな》い官を失い勢力を衰損《すいそん》す」

ここにあるように、「命宿」「事宿」「意宿」「聚宿」「同宿」「克宿」の六つの「害」がそれぞれの日に、それぞれ違ったかたちの災厄をもたらすというのです。一つひとつについては、のちほど実例をあげて説明していきましょう。ここの命宿から克宿までの順番は、その日に起こる災厄の重い順になっています。

運勢の落とし穴が口をあける日

六害宿は七曜が本命宿を犯す「七曜陵逼《しちようりょうひつ》」の期間に起こります。

『宿曜経』では、この「七曜陵逼」とは、月の動きが地球に重大な災厄をもたらす期間だとされています。この期間に、天体の働きがでたらめになるというのです。

これは近代科学にたつ天文学とは無関係のことですが、『宿曜経』は七曜陵逼の影響で、人びとが、ふとしたはずみでとんでもない行動をとる可能性があると説いています。

その結果、「七曜陵逼」という特殊な期間中は、宿と宿との相性がふだんのそれと変わってしまうのです。そして、この「七曜陵逼」中の本命宿と相性の悪い宿の日が「六害宿」の日なのです。

「七曜陵逼」の期間は、定期的にめぐるものではありません。それこそ、突然にやってきます。しかも、その期間を知るためには、複雑な計算式を処理しなければなりません。

この計算をふまえた「七曜陵逼」の期間を次ページに五年分示しました。二〇二一年、二〇二二年のように「七曜陵逼」の期間が少ない年も、二〇二〇年、二〇二三年のようにそれが多

七曜陵逼の期間（2020年～2024年）

2020年	1月	1日～12日　25日～31日
	2月	1日～9日　24日～29日
	3月	1日～8日
	6月	2日～28日
	7月	21日～26日
	12月	8日～31日
2021年	1月	1日～3日
	9月	7日～30日
	10月	1日～3日
2022年	6月	7日～28日
	7月	5日～31日
2023年	1月	10日～21日
	2月	7日～28日
	3月	1日～5日
	5月	2日～19日　30日～31日
	6月	1日～25日
	7月	18日～23日
2024年	1月	1日～28日
	2月	10日～25日
	9月	3日～29日
	10月	3日～27日

い年もあります。

ただし、「七曜陵逼」の期間が短い年が平和な年とはかぎりません。占星術は運命の流れと、運勢の流れのふたつを区別して考えます。六害宿とは、そのなかの運勢の流れの向きを変え、人びとの運命を狂わしていくものなのです。

ですから、本命宿より大きな力が起こした天災・戦争などの運命的な流れから生じた災厄は、「七曜陵逼」にかかわりなく出現します。

「六害宿の日」を前もって知る方法

それでは、この「七曜陵逼」の期間のなかで、「本命宿」と相性の悪い六害宿の日を、どのようにみつけだせばよいのでしょう。まず、本書の巻末にある『宿』の早見表」で、自分が二十七宿のどの宿が支配する日に生まれたのかを調べてください。

「七曜陵逼」の期間には、「本命宿」の六宮の位置が重要になります。六宮とは「本命宿」の泣きどころのことです。つまり、月が「本命宿」の六宮を通るとき、「六害宿」の災厄がおとずれるのです。

これを、わかりやすく宿ごとにしたものが、次ページからはじまるふたつの〈「六害宿」一覧表〉です。

六害宿／本人の宿	**命宿**	**意宿**	**事宿**	**克宿**	**聚宿**	**同宿**
⑭ 奎	⑭奎	⑰昴	㉓柳	㉖翼	②亢	⑥尾
⑮ 婁	⑮婁	⑱畢	㉔星	㉗軫	③氐	⑦箕
⑯ 胃	⑯胃	⑲觜	㉕張	①角	④房	⑧斗
⑰ 昴	⑰昴	⑳参	㉖翼	②亢	⑤心	⑨女
⑱ 畢	⑱畢	㉑井	㉗軫	③氐	⑥尾	⑩虚
⑲ 觜	⑲觜	㉒鬼	①角	④房	⑦箕	⑪危
⑳ 参	⑳参	㉓柳	②亢	⑤心	⑧斗	⑫室
㉑ 井	㉑井	㉔星	③氐	⑥尾	⑨女	⑬壁
㉒ 鬼	㉒鬼	㉕張	④房	⑦箕	⑩虚	⑭奎
㉓ 柳	㉓柳	㉖翼	⑤心	⑧斗	⑪危	⑮婁
㉔ 星	㉔星	㉗軫	⑥尾	⑨女	⑫室	⑯胃
㉕ 張	㉕張	①角	⑦箕	⑩虚	⑬壁	⑰昴
㉖ 翼	㉖翼	②亢	⑧斗	⑪危	⑭奎	⑱畢
㉗ 軫	㉗軫	③氐	⑨女	⑫室	⑮婁	⑲觜

六害宿一覧表

表の見方 ①角宿の人は①角宿、④房宿、⑩虚宿、⑬壁宿、⑯胃宿、⑳参宿の日が「六害宿」となります

六害宿 本人の宿	命宿	意宿	事宿	克宿	聚宿	同宿
① 角	①角	④房	⑩虚	⑬壁	⑯胃	⑳参
② 亢	②亢	⑤心	⑪危	⑭奎	⑰昴	㉑井
③ 氐	③氐	⑥尾	⑫室	⑮婁	⑱畢	㉒鬼
④ 房	④房	⑦箕	⑬壁	⑯胃	⑲觜	㉓柳
⑤ 心	⑤心	⑧斗	⑭奎	⑰昴	⑳参	㉔星
⑥ 尾	⑥尾	⑨女	⑮婁	⑱畢	㉑井	㉕張
⑦ 箕	⑦箕	⑩虚	⑯胃	⑲觜	㉒鬼	㉖翼
⑧ 斗	⑧斗	⑪危	⑰昴	⑳参	㉓柳	㉗軫
⑨ 女	⑨女	⑫室	⑱畢	㉑井	㉔星	①角
⑩ 虚	⑩虚	⑬壁	⑲觜	㉒鬼	㉕張	②亢
⑪ 危	⑪危	⑭奎	⑳参	㉓柳	㉖翼	③氐
⑫ 室	⑫室	⑮婁	㉑井	㉔星	㉗軫	④房
⑬ 壁	⑬壁	⑯胃	㉒鬼	㉕張	①角	⑤心

六害宿に遭う人 日の宿	**命宿**	**意宿**	**事宿**	**克宿**	**聚宿**	**同宿**
⑭ 奎	⑭奎	⑪危	⑤心	②亢	㉖翼	㉒鬼
⑮ 婁	⑮婁	⑫室	⑥尾	③氐	㉗軫	㉓柳
⑯ 胃	⑯胃	⑬壁	⑦箕	④房	①角	㉔星
⑰ 昴	⑰昴	⑭奎	⑧斗	⑤心	②亢	㉕張
⑱ 畢	⑱畢	⑮婁	⑨女	⑥尾	③氐	㉖翼
⑲ 觜	⑲觜	⑯胃	⑩虚	⑦箕	④房	㉗軫
⑳ 参	⑳参	⑰昴	⑪危	⑧斗	⑤心	①角
㉑ 井	㉑井	⑱畢	⑫室	⑨女	⑥尾	②亢
㉒ 鬼	㉒鬼	⑲觜	⑬壁	⑩虚	⑦箕	③氐
㉓ 柳	㉓柳	⑳参	⑭奎	⑪危	⑧斗	④房
㉔ 星	㉔星	㉑井	⑮婁	⑫室	⑨女	⑤心
㉕ 張	㉕張	㉒鬼	⑯胃	⑬壁	⑩虚	⑥尾
㉖ 翼	㉖翼	㉓柳	⑰昴	⑭奎	⑪危	⑦箕
㉗ 軫	㉗軫	㉔星	⑱畢	⑮婁	⑫室	⑧斗

六害宿にあう人

(表の見方) ①角宿の日には、①角宿、㉕張宿、⑲觜宿、⑯胃宿、⑬壁宿、⑨女宿の人が六害宿の害にあうことを示しています

六害宿に遭う人／日の宿	命宿	意宿	事宿	克宿	聚宿	同宿
① 角	①角	㉕張	⑲觜	⑯胃	⑬壁	⑨女
② 亢	②亢	㉖翼	⑳参	⑰昴	⑭奎	⑩虚
③ 氐	③氐	㉗軫	㉑井	⑱畢	⑮婁	⑪危
④ 房	④房	①角	㉒鬼	⑲觜	⑯胃	⑫室
⑤ 心	⑤心	②亢	㉓柳	⑳参	⑰昴	⑬壁
⑥ 尾	⑥尾	③氐	㉔星	㉑井	⑱畢	⑭奎
⑦ 箕	⑦箕	④房	㉕張	㉒鬼	⑲觜	⑮婁
⑧ 斗	⑧斗	⑤心	㉖翼	㉓柳	⑳参	⑯胃
⑨ 女	⑨女	⑥尾	㉗軫	㉔星	㉑井	⑰昴
⑩ 虚	⑩虚	⑦箕	①角	㉕張	㉒鬼	⑱畢
⑪ 危	⑪危	⑧斗	②亢	㉖翼	㉓柳	⑲觜
⑫ 室	⑫室	⑨女	③氐	㉗軫	㉔星	⑳参
⑬ 壁	⑬壁	⑩虚	④房	①角	㉕張	㉑井

六害宿が訪れる順序

命宿（自分の宿と**同じ宿**の日）
←**意宿**（自分の宿の**三個あとの宿**の日）
←**事宿**（自分の宿の**九個あとの宿**の日）
←**克宿**（自分の宿の**十二個あとの宿**の日）
←**聚宿**（自分の宿の**十五個あとの宿**の日）
←**同宿**（自分の宿の**十九個あとの宿**の日）

「本命宿」ごとの六害宿の日の表（182〜183ページ）は、たとえば、「①角宿」を「本命宿」にもつ人は、「七曜陵逼」の期間に角、房、虚、壁、胃、参の宿がめぐってきた日が六害宿となり、「②亢宿」を「本命宿」にもつ人は、亢、心、危、奎、昴、井の宿がめぐってきた日が六害宿となることをあらわします。

この順番は、先に引用した『宿曜経』の「命宿、事宿、意宿、聚宿、同宿、克宿」の順番と異なっています。というのも、教典では六害宿の順番を重大なものから並べているからです。実際には、六害宿は上の表のような順番で襲いかかってくるのです。

それとは別に、日ごとの宿をあげて、その日に六害宿にあう人の一覧表を記しました（184〜185ページ）。これは「①角宿」の日には、角、張、觜、胃、壁、女の「本命宿」をもつ人が、六害宿の災厄にあうことを示したものです。

「六害宿」の災厄と控えるべき行動とは？

六害宿 その一　「命宿《めいしゅく》」を犯すと「命」を失う

「命宿の日は銭財《せんざい》を亡失《ぼうしつ》して必ず災厄多し」とあるように、「命宿」の日には財産を失うような大きな災難に見舞われるといわれます。

この項がいちばん最初にあるのは、「命宿」がほかの六害宿のなかでも、もっとも重大な悪い害を起こしやすいからです。

「銭財」といっても、たんに経済的破滅だけを意味するなら、まだ救われるのですが、人間にとってもっとも大切な財産は生命です。「銭財を亡失」してしまうということのなかには、命宿の災厄は文字どおり「命」にかかわるものだ、という意味が秘められているのです。

命宿にあたる「六害宿」は、もっとも大切なものを奪ってしまう日です。かりに、命までをも失うことにはならなくても、この日に、のちのち大きな後悔をするような失敗の種を、知らず知らずのうちにまいてしまったりします。ですから、命宿を犯したために出会う災難は、命にかかわるものとされるのです。

二〇一三年一二月一九日に、中華料理チェーン「餃子の王将」の社長である大東《おおひがし》隆行《たかゆき》さんが京都市にある本社前で何者かに殺害されるという衝撃的な事件が起きました。

　この日は六害宿が起こる「七曜陵逼」の期間の㉔**星宿**の日で、大東さんは一九四一年三月八日の㉔**星宿**の生まれです。ですから、大東さんは**命宿**の日に命を落としたことになります。通り魔のしわざでしょうか。この事件の真相はいまだ明らかになっていません。

　二〇一九年一二月二〇日の「七曜陵逼」の④**房宿**の日に、森《もり》田《た》健作《けんさく》千葉県知事が重要な会議を休んで私用で東京に出かけたことが発覚しました。

　千葉県はこの年の九月九日、台風15号によって大きな被害を受けましたが、森田知事は九月一一日と一三日にひらかれた「台風による災害対策会議」という重要な会議に姿を見せなかったのです。

　森田知事は一九四九年一二月一六日の④**房宿**生まれで、一二月二〇日が**命宿**になります。これ以前にも知事として災害対策に専念すべき時期に、自分の別荘に滞在していたことが問題になっていました。二度目の不祥事が知られたことが、今後の森田知事に大きな負担をもたらすかもしれません。

　これまで述べてきたように、「命宿」の日は六害宿の災厄のなかでも、人の生死にかかわるもっとも大きな事件の引き金をひく日なのです。この日は、どんなに注意をはらってもじゅうぶんすぎるということはありません。

「命宿」の日は、おおむね、つぎの行動を控えることが、災難を未然に防ぐことになるといわれます。

【「命宿」の日に避けるべき行動】

暴飲暴食、薬物の乱用、火の不始末、乱暴な運転、喧嘩《けんか》、スポーツの試合、入院、病気見舞い、密談、重大事の決定、契約

六害宿その二　「事宿《じしゅく》」を犯すと「地位」を失う

「事宿の日は殃《わざわい》咎《とが》を招く」とあるように「事宿」は「事」を招く、つまり、とがめ（非難）と災厄をもたらすといわれています。

さらに怖いのは、この日は本人にとって身におぼえのないことや、たいしたことのないできごとが大ごとになるという点です。

しかも、この日の非難がもとで、「事宿」を犯した者が地位を失うにいたることがしばしばあるといわれます。そうでなくても、この日の非難が、六害宿の災厄をうける者の信用を大きく傷つけるとされます。事宿はそれを犯した者に、いわれのない非難をもたらす宿なのです。

一九八六年一月二八日、「七曜陵逼」の①**角宿**の日に起こったアメリカのスペースシャトル「チャレンジャー号」爆発事故は、一九一一年二月六日生まれで⑲**觜宿**のロナルド・レーガン米大統領（当時）の**事宿**の日に起きています。

レーガン大統領は、軍事力増強と宇宙開発計画に力をいれていました。そして、一九八四年には、一〇年以内に有人宇宙基地を建設すると約束しました。スペースシャトルの打ち上げは、その重要な一石《いつせき》だったのです。

とくにこのときは、民間人女性を乗せて宇宙開発計画に対する国民の支持をかためようとまでもくろんだのです。レーガン大統領はスペースシャトル打ち上げの日に年頭の一般教書演説を行ない、それに合わせて、打ち上げたスペースシャトルからのテレビ中継もする予定でした。ところが、スペースシャトルの惨事が、テレビを通じて国民の目になまなましく映ってしまったのです。これは宇宙開発担当の技術者のミスから起こったものです。大統領自身は何もしていません。しかし、その事故を根拠に、大統領の宇宙開発計画の失敗を批判する、いわれのない非難が起こりました。

そのため大統領は、大事な一般教書演説を一週間延期し、爆発事故のあった日の夕方、テレビを通じて死亡した七人の乗組員に哀悼《あいとう》の意を述べました。それとともに、今後も民間人の宇宙飛行計画をつづけ、宇宙開発を続行するとの意思を示しました。

このときの演説は、アメリカの人びとに名演説と評価されました。レーガン大統領は、強運の持ち主だったのでしょう。自分の知恵で、思いもよらないかたちでふりかかってきた自分の地位を失うかもしれない危機を乗り切ったのです。

「事宿」の日には、おおむね、つぎの行動を控えることが、災難を未然に防ぐ方策になるといわれます。


【「事宿」の日に避けるべき行動】

贈収賄、横領、陰口、上司批判、政治批判、手紙、電話、出張、交渉ごと、訴訟

六害宿 その三 「意宿《いしゅく》」を犯すと「病い」を背負う

「**意宿の日は必ず愁苦《しゅうく》多し**」とあります。これは「意宿」の日に苦しみや悲しみが多くなることをあらわすものです。「意」は「意見」とか「意中のひと」というように、心を意味します。

意宿の日は東洋医学でいう「気」が弱まる日です。気とは眼に見えないものですが、人間の生命の根源で、「気力」「やる気」の気です。気が弱まると病気にもかかりやすくなります。意宿の日の軽率な行動による失敗が、長年にわたる心労や病い、さらには思いがけないかたちでの死亡につながることになるのはそのためです。

一九八九年の末に、二四年間独裁政治をつづけてきたルーマニアのチャウシェスク大統領夫妻が処刑されるという衝撃的なニュースがありました。

事の起こりは、同年一二月一六日の「七曜陵逼」の㉖**翼宿**の日にルーマニア西部の地方都市ティミショアラで起こった、数万人のマジャール人（ハンガリー人）住民による反政府デモでした。日ごろから「マジャールの文化を守れ」と唱えてきた人びとが、プロテスタントの牧師テケシュ師が教会で警察官になぐられたのをみて、大学生を中心にデモをはじめたのです。たちまち「チャウシェスクを倒せ」という声が町じゅうに広がりました。

政府は一六日から一七日にかけて、軍を動員して発砲させ、数百人の死者をだしてようやくデモを鎮圧《ちんあつ》します。

ところが、二二日になって国軍が大統領に反旗をひるがえして、翌日に大統領の身柄を拘束し、二五日には早々と大量虐殺と反逆罪で大統領夫妻を死刑にしてしまったのです。

チャウシェスク政権を倒すきっかけとなったデモは、一九一八年一月二六日、㉓**柳宿**生まれのチャウシェスク大統領の**意宿**にあたる日に起こりました。

中国共産党中央委員会の総書記まで務めた趙紫陽《ちょうしよう》は、一九八九年の天安門事件によって失脚しました。かれが民衆の動乱を支持したことが非難されたためです。

趙紫陽は一九一九年八月一五日の⑰**昴宿**の生まれで、一九八九年六月四日の天安門事件は「七曜陵逼」の期間の⑳**参宿**という、趙氏の**意宿**に起こっていました。

二〇一九年六月二七日に、お笑いタレントのスリムクラブが、闇《やみ》営業を行なったとして、所属する吉本興業から無期限謹慎を命じられました。この日は「七曜陵逼」の期間のなかの⑰**昴**

宿です。そしてスリムクラブの真栄田賢《まえだけん》さんと内間政成《うちままさなり》さんはともに⑭**奎宿**の生まれで、処分を受けた日はかれらの**意宿**にあたります。

二〇一九年一二月二〇日に、歌手の大黒摩季《おおぐろまき》さんがマスコミに「四月に離婚していた」と発表しました。その日は「七曜陵逼」の④**房宿**で、一九六九年一二月一六日の①**角宿**生まれの大黒さんにとって**意宿**にあたります。六害宿の日に重大な発表をしたことが、今後の運勢の下降につながらなければよいのですが。

このように「意宿」の六害宿が昂《こう》じて大きな災厄をもたらす例が、しばしばみられるといわれます。

「意宿」の日は、おおむね、つぎの行動を控えることが、災難を未然に防ぐ方策になるといわれます。

【「意宿」の日に避けるべき行動】

脱税、闇カルテル、人事異動、転勤、転職、引っ越し、旅行、事業の拡張、開業、建築、サークル設立、留学、受験

六害宿その四　「聚宿《しゅうしゅく》」を犯すと「家族」を失う

「聚宿の日は財を亡失して囚閉《しゅうへい》さる」とあります。『宿曜経』は、「聚宿」の日に財産を失ったり、家族と死別したりする、家族の四散が起こると警告しているのです。

「聚」という字には、そもそも、積みかさなってひとつにまとまるという意味があるのですが、積み木をどんどん重ねていくと、ちょっとしたはずみで、積み木が崩れてバラバラになります。「聚宿」の災厄は、この積み木が崩れるような家庭の崩壊、もしくは、この日の事件がもとになっての家庭の心のつながりの失墜《しっつい》であるというのです。

「六害宿その二」でとりあげたチャレンジャー号爆発事故で死亡した乗組員のひとり、科学飛行士の故ドナルド・E・マクネイアは、**聚宿**の日に事故にあいました。かれは一九五〇年一〇月二二日の⑬**壁宿**の日の生まれで、先にも述べたように、事故は「七曜陵逼」の期間の①**角宿**の日に起こりました。

日本の近代史を見ていくと、太平洋戦争の日本海軍の敗因が、日本の兵力をアメリカイギリス連合の一〇分の三にした、一九二二年二月六日のワシントン海軍軍縮条約締結に行き着くことがわかります。このワシントン海軍軍縮条約は、間の悪いことに「七曜陵逼」の期間の㉑**井宿**の日に結ばれました。

これでもっとも損をしたのは、最後まで対米戦争に反対したのに、心ならずもアメリカと戦わざるをえなかった米内光政《よないみつまさ》、山本五十六《やまもといそろく》、井上茂美《いのうえしげよし》の三人であったことは間違いありません。

そのなかの米内光政は、一八八〇年三月二日、⑥**尾宿**の日の生まれで、㉑**井宿**である条約の調印日は、かれの**聚宿**にあたります。

米内は太平洋戦争中の心労がもとで、一九四八年に心臓病で亡くなりました。

二〇二〇年一月三〇日、「七曜陵逼」の**⑰昴宿**の日に発売された『週刊新潮』に、橋本聖子《はしもとせいこ》五輪担当大臣と高橋はるみ参議院議員が、参議院選挙のさいにウグイス嬢に法外な報酬を支払ったという、公職選挙法違反の疑惑が報じられました。その日は、一九六四年一〇月五日、**③氏宿**生まれの橋本さんの**聚宿**です。ただし、疑惑の真相は、まだ明らかになっていません。

「聚宿」の日に、おおむね、つぎの行動を控えることが、災難を未然に防ぐ方策になるといわれています。

【「聚宿」の日に避けるべき行動】

浮気、夫婦喧嘩、親子喧嘩、デートの申しこみ、ラブレター、見合い、プロポーズ、趣味の集まり、人の紹介、記者会見、出版、計画の変更

六害宿 その五　「同宿《どうしゅく》」を犯すと「愛」を失う

「同宿の日は離坼《りたく》（家の支配）安からず家口《かこう》を衰耗《すいもう》す」とあります。これは「同宿」の日に一族のなかで争いが起こり、財産を消耗し、一族が離散するという警告を記したものです。つまり、もっとも絆《きずな》のつよい愛情や信頼で結ばれている家族が、争いごとによって憎しみあい、離ればなれになってしまいかねない日だという意味です。

「同宿」は、愛情を失う日なのです。愛のなかには、人気や人望といったものも含まれます。

「同宿」は愛情を失う原因がつくられる日です。

一九八九年六月五日、宇野宗佑《うのそうすけ》首相（当時）が「愛人になってください」と、ある女性を口《く》説《ど》いたスキャンダルを暴いた『サンデー毎日』（毎日新聞社）が発売されました。

スキャンダルが公表された六月五日は、「七曜陵逼」の㉑**井宿**で、一九二二年八月二七日、②**亢宿**生まれの宇野首相の**同宿**にあたる日です。かれは「同宿」の日に、日本じゅうの人びとの信頼をすべて失ってしまったのです。

宇野首相は、七月二四日に首相を辞任すると表明し、宇野内閣は八月八日に総辞職しました。ただし、この年の七月二四日も八月八日も「七曜陵逼」の期間にはあたりませんでした。宿曜道の説では、宇野元首相にふりかかった災厄は、それ以上広がらなかったことになります。

二〇二〇年が明けてまもなく、二〇一九年一二月三〇日という「七曜陵逼」の⑭**奎宿**の日に、元日産自動車社長のカルロス・ゴーン氏が日本から密出国したことが明らかになりました。出国した日は、一九五四年三月五日の㉒**鬼宿**生まれであるゴーン氏の**同宿**にあたります。今後のかれの運命が気になります。

二〇二〇年一月六日、「七曜陵逼」の㉑**井宿**の日に発売された『週刊ポスト』（小学館）上で横《よこ》尾《お》忠則《ただのり》氏が、公開されたばかりの『男はつらいよ』の最新作で山《やま》田《だ》洋次《ようじ》監督が自分のアイデアを盗用したと訴えました。

その日は、一九三一年九月一三日、**②亢宿**生まれの山田監督の**同宿**の日です。それでも、これまでに実績をつんできた山田監督の人気は、そのていどのスキャンダルでは衰《おとろ》えていないようです。

「同宿」の日には、おおむね、つぎの行動を控えることが、災難を未然に防ぐ方策になるといわれます。

【「同宿」の日に避けるべき行動】

絶縁、葬式、墓参、寺社詣《もう》で、入学、誕生祝い、祝儀、婚約、結婚、パーティ

六害宿その六　「克宿《こくしゅく》」を犯すと「財産」を失う

「克宿の日は財を亡《うしな》い官を失い勢力を衰損《すいそん》す」とあります。これは「克宿」の日に、財産とともに職を失ったり、勢力を失墜するという警告です。

「克」ということばには、もともと私欲に打ち勝ち、欲得をおさえるという意味があります。

ですからこの日に、投資とか権力、欲得にかかわる活動をすると、かならず手痛い目にあうというのです。

お笑いタレントの田村亮《たむらりょう》さんは、二〇一九年六月二四日、「七曜陵逼」の⑭**奎宿**の日に、反社会勢力の人間の集まりで闇営業を行なったことによって、所属する吉本興業から謹慎を命じられました。その日は、一九七二年一月八日の②**亢宿**生まれである田村さんの**克宿**にあたっています。

元アメリカ大統領、ジョン・F・ケネディが凶弾に倒れたのも、この「克宿」の日です。ケネディがこの日、側近の警告を無視して、テキサス州ダラスへの政治遊説を強行した結果、職も財も一瞬にして失ったのです。

ケネディは一九一七年五月二九日の㉖**翼宿**生まれで、かれが暗殺された一九六三年一一月二二日は、「七曜陵逼」の⑪**危宿**でかれの**克宿**にあたる日です。

「克宿」の日に、おおむね、つぎの行動を控えることで、その日の災難を未然に防げるといわれます。

【「克宿」の日に避けるべき行動】

賭博、投資、預金、金銭貸借、商談、貿易、土地売買、政治折衝、宣伝活動、講演

災厄に見舞われるのは「六害宿」の日だけではない

一年のなかでみれば、六害宿のある「七曜陵逼」の期間はわずかなものですが、六害宿でない日にも、さまざまな災厄が起こっています。

宿曜道のなかの六害宿の考えは、つぎのような想定のうえにつくられたものです。

「宇宙の大きな動きの影響によって、災厄が起こりやすい日が生じる」

これが当たるかどうかは、近代科学にたつ天文学では検証されていません。しかも、宿曜道は月の動きが個人に及ぼす動きを探るだけのものにすぎません。

しかし、天動説の考えにたつ中国の経験科学では、太陽や水星、金星、火星、木星、土星の五惑星の見かけ上の動きも、人間の運命にさまざまな影響を及ぼすとされています。

十二支占いは、「見かけ上の木星と地球との位置関係が人間の運勢に関与する」という立場にたつものです。筆者は六害宿のほかに、十二支と十干《じっかん》とのかかわりからくる「天中殺《てんちゅうさつ》」の日と、十二支と九星とがからむ「本命日破殺《ほんめいにっぱさつ》」の日に注意して生活しています。

十干は木《もっ》、火《か》、土《ど》、金《こん》、水《すい》の五行と陰陽の動きを表現したものです。そして、九星占術とは、自然や人間の運勢の動きが九年単位で一巡《いちじゅん》するという考えにたつ占いです。

しかし、こういった発想は一〇〇パーセント確実なものとはいえません。

「あの日が悪い日（六害宿）だったから、厄介《やっかい》ごとが起こった」

こう考えてしまうと、なんでも六害宿のせいだと思えてくるからです。思いもよらない災厄、つまり六害宿の日に起こった大東隆行さんの殺害事件のような例は、六害宿のせいだといえるのかもしれません。

しかし、六害宿の日に離婚を発表した人が、そのあと不幸に見舞われたときに、それは六害宿のせいだとも、そうでないともいえるのです。

さらに占術に関する本のなかには、このような記述がかなり多くみられます。

「日ごろから正直で清廉《せいれん》で徳を積んでいる人は、悪い日でも運よく災厄を避けたり、厄介ごとが軽いもので済んだりする可能性が高い」

山田洋次監督の六害宿の例が、それにあたるのかもしれません。

実際のところは、よくわかりません。六害宿の原理について解説してみても、

「それは六害宿の災いだったかもしれません。違うかもしれません」

と記すほかないのです。おそらく、六害宿の実体は永遠の謎ということになるのでしょう。

二十七宿の「六害宿」の日　カレンダー

二〇二〇年（令和二）から二〇二四年（令和六）まで、
二十七それぞれの宿の「六害宿」の日を示しました。
数字が日付、漢字が六害宿の種類をあらわします。
カレンダーなどにメモし、その日の行動に
細心の注意を払うことをおすすめします。

①角宿の六害宿

2020年	1月	1聚　5同　26克　29聚
	2月	2同　26聚
	3月	1同
	6月	2命　5意　11事　14克　17聚　21同
	12月	8命　11意　17事　20克　23聚　27同
2021年	9月	7命　10意　16事　19克　22聚　26同
2022年	6月	7命　10意　16事　19克　22聚　26同
	7月	5命　8意　14事　17克　20聚　24同
2023年	1月	10命　13意　19事
	2月	7命　10意　16事　19克　22聚　26同
	5月	2命　5意　11事　14克　17聚　30命
	6月	2意　8事　11克　14聚　18同
2024年	1月	2命　5意　11事　14克　17聚　21同
	2月	11克　14聚　18同
	9月	3命　6意　12事　15克　18聚　22同
	10月	4意　10事　13克　16聚　20同

②亢宿の六害宿

2020年	1月	2聚　6同　27克　30聚
	2月	3同　24克　27聚
	3月	2同
	6月	3命　6意　12事　15克　18聚　21同
	12月	9命　12意　18事　21克　24聚　28同
2021年	9月	8命　11意　17事　20克　23聚　27同
2022年	6月	8命　11意　17事　20克　23聚　27同
	7月	6命　9意　15事　18克　21聚　25同
2023年	1月	11命　14意　20事
	2月	8命　11意　17事　20克　23聚　27同
	5月	3命　6意　12事　15克　18聚　31命
	6月	3意　9事　12克　15聚　19同
2024年	1月	3命　6意　12事　15克　18聚　22同
	2月	12克　15聚　19同
	9月	4命　7意　13事　16克　19聚　23同
	10月	5意　11事　14克　17聚　21同

③氐宿の六害宿

2020年	1月	3聚　7同　25事　28克　31聚
	2月	4同　25克　28聚
	3月	3同
	6月	4命　7意　13事　16克　19聚　22同
	7月	21同
	12月	10命　13意　19事　22克　25聚　29同
2021年	9月	9命　12意　18事　21克　24聚　28同
2022年	6月	9命　12意　18事　21克　24聚　28同
	7月	7命　10意　16事　19克　22聚　26同
2023年	1月	12命　15意　21事
	2月	9命　12意　18事　21克　24聚　28同
	5月	4命　7意　13事　16克　19聚
	6月	1命　4意　10事　13克　16聚　20同
	7月	18同
2024年	1月	4命　7意　13事　16克　19聚　23同
	2月	10事　13克　16聚　20同
	9月	5命　8意　14事　17克　20聚　24同
	10月	3命　6意　12事　15克　18聚　22同

④房宿の六害宿

2020年	1月	1克　4聚　8同　26事　29克
	2月	1聚　5同　26克　29聚
	3月	4同
	6月	5命　8意　14事　17克　20聚　23同
	7月	22同
	12月	11命　14意　20事　23克　26聚　30同
2021年	9月	10命　13意　19事　22克　25聚　29同
2022年	6月	10命　13意　19事　22克　25聚
	7月	8命　11意　17事　20克　23聚　27同
2023年	1月	13命　16意
	2月	10命　13意　19事　22克　25聚
	3月	1同
	5月	5命　8意　14事　17克
	6月	2命　5意　11事　14克　17聚　21同
	7月	19同
2024年	1月	5命　8意　14事　17克　20聚　24同
	2月	11事　14克　17聚　21同
	9月	6命　9意　15事　18克　21聚　25同
	10月	4命　7意　13事　16克　19聚　23同

⑤心宿の六害宿

2020年	1月	2克　5聚　9同　27事　30克
	2月	2聚　6同　24事　27克
	3月	5同
	6月	6命　9意　15事　18克　21聚　24同
	7月	23同
	12月	12命　15意　21事　24克　27聚　31同
2021年	9月	11命　14意　20事　23克　26聚　30同
2022年	6月	11命　14意　20事　23克　26聚
	7月	9命　12意　18事　21克　24聚　28同
2023年	1月	14命　17意
	2月	11命　14意　20事　23克　26聚
	3月	2同
	5月	6命　9意　15事　18克
	6月	3命　6意　12事　15克　18聚　22同
	7月	20同
2024年	1月	6命　9意　15事　18克　21聚　25同
	2月	12事　15克　18聚　22同
	9月	7命　10意　16事　19克　22聚　26同
	10月	5命　8意　14事　17克　20聚　24同

⑥尾宿の六害宿

2020年	1月	3克　6聚　10同　28事　31克
	2月	3聚　7同　25事　28克
	3月	6同
	6月	7命　10意　16事　19克　22聚　25同
	7月	24同
	12月	13命　16意　22事　25克　28聚
2021年	1月	1同
	9月	12命　15意　21事　24克　27聚
	10月	1同
2022年	6月	12命　15意　21事　24克　27聚
	7月	10命　13意　19事　22克　25聚　29同
2023年	1月	15命　18意
	2月	12命　15意　21事　24克　27聚
	3月	3同
	5月	7命　10意　16事　19克
	6月	4命　7意　13事　16克　19聚　23同
	7月	21同
2024年	1月	7命　10意　16事　19克　22聚　26同
	2月	13事　16克　19聚　23同
	9月	8命　11意　17事　20克　23聚　27同
	10月	6命　9意　15事　18克　21聚　25同

⑦箕宿の六害宿

2020年	1月	1事　4克　7聚　11同　29事
	2月	1克　4聚　8同　26事　29克
	3月	7同
	6月	8命　11意　17事　20克　23聚　26同
	7月	21聚　25同
	12月	14命　17意　23事　26克　29聚
2021年	1月	2同
	9月	13命　16意　22事　25克　28聚
	10月	2同
2022年	6月	13命　16意　22事　25克　28聚
	7月	11命　14意　20事　23克　26聚　30同
2023年	1月	16命　19意
	2月	13命　16意　22事　25克　28聚
	3月	4同
	5月	8命　11意　17事
	6月	5命　8意　14事　17克　20聚　24同
	7月	18聚　22同
2024年	1月	8命　11意　17事　20克　23聚　27同
	2月	14事　17克　20聚　24同
	9月	9命　12意　18事　21克　24聚　28同
	10月	7命　10意　16事　19克　22聚　26同

⑧斗宿の六害宿

2020年	1月	2事　5克　8聚　12同　30事
	2月	2克　5聚　9同　27事
	3月	1克　8同
	6月	9命　12意　18事　21克　24聚　27同
	7月	22聚　26同
	12月	15命　18意　24事　27克　30聚
2021年	1月	3同
	9月	14命　17意　23事　26克　29聚
	10月	3同
2022年	6月	14命　17意　23事　26克
	7月	12命　15意　21事　24克　27聚　31同
2023年	1月	17命　20意
	2月	14命　17意　23事　26克
	3月	1聚　5同
	5月	9命　12意　18事
	6月	6命　9意　15事　18克　21聚　25同
	7月	19聚　23同
2024年	1月	9命　12意　18事　21克　24聚　28同
	2月	15事　18克　21聚　25同
	9月	10命　13意　19事　22克　25聚　29同
	10月	8命　11意　17事　20克　23聚　27同

⑨女宿の六害宿

2020年	1月	3事　6克　9聚　25意　31事
	2月	3克　6聚　28事
	3月	2克
	6月	2同　10命　13意　19事　22克　25聚
	7月	23聚
	12月	8同　16命　19意　25事　28克　31聚
2021年	9月	7同　15命　18意　24事　27克　30聚
2022年	6月	7同　15命　18意　24事　27克
	7月	5同　13命　16意　22事　25克　28聚
2023年	1月	10同　18命　21意
	2月	7同　15命　18意　24事　27克
	3月	2聚
	5月	2同　10命　13意　19事　30同
	6月	7命　10意　16事　19克　22聚
	7月	20聚
2024年	1月	2同　10命　13意　19事　22克　25聚
	2月	10意　16事　19克　22聚
	9月	3同　11命　14意　20事　23克　26聚
	10月	9命　12意　18事　21克　24聚

⑩虚宿の六害宿

2020年	1月	4事　7克　10聚　26意
	2月	1事　4克　7聚　29事
	3月	3克
	6月	3同　11命　14意　20事　23克　26聚
	7月	21克　24聚
	12月	9同　17命　20意　26事　29克
2021年	1月	1聚
	9月	8同　16命　19意　25事　28克
	10月	1聚
2022年	6月	8同　16命　19意　25事　28克
	7月	6同　14命　17意　23事　26克　29聚
2023年	1月	11同　19命
	2月	8同　16命　19意　25事　28克
	3月	3聚
	5月	3同　11命　14意　31同
	6月	8命　11意　17事　20克　23聚
	7月	18克　21聚
2024年	1月	3同　11命　14意　20事　23克　26聚
	2月	11意　17事　20克　23聚
	9月	4同　12命　15意　21事　24克　27聚
	10月	10命　13意　19事　22克　25聚

⑪危宿の六害宿

2020年	1月	5事　8克　11聚　27意
	2月	2事　5克　8聚　24意
	3月	1事　4克
	6月	4同　12命　15意　21事　24克　27聚
	7月	22克　25聚
	12月	10同　18命　21意　27事　30克
2021年	1月	2聚
	9月	9同　17命　20意　26事　29克
	10月	2聚
2022年	6月	9同　17命　20意　26事
	7月	7同　15命　18意　24事　27克　30聚
2023年	1月	12同　20命
	2月	9同　17命　20意　26事
	3月	1克　4聚
	5月	4同　12命　15意
	6月	1同　9命　12意　18事　21克　24聚
	7月	19克　22聚
2024年	1月	4同　12命　15意　21事　24克　27聚
	2月	12意　18事　21克　24聚
	9月	5同　13命　16意　22事　25克　28聚
	10月	3同　11命　14意　20事　23克　26聚

⑫室宿の六害宿

2020年	1月	6事　9克　12聚　25命　28意
	2月	3事　6克　9聚　25意
	3月	2事　5克
	6月	5同　13命　16意　22事　25克　28聚
	7月	23克　26聚
	12月	11同　19命　22意　28事　31克
2021年	1月	3聚
	9月	10同　18命　21意　27事　30克
	10月	3聚
2022年	6月	10同　18命　21意　27事
	7月	8同　16命　19意　25事　28克　31聚
2023年	1月	13同　21同
	2月	10同　18命　21意　27事
	3月	2克　5聚
	5月	5同　13命　16意
	6月	2同　10命　13意　19事　22克　25聚
	7月	20克　23聚
2024年	1月	5同　13命　16意　22事　25克　28聚
	2月	10命　13意　19事　22克　25聚
	9月	6同　14命　17意　23事　26克　29聚
	10月	4同　12命　15意　21事　24克　27聚

⑬壁宿の六害宿

2020年	1月	1意 7事 10克 26命 29意
	2月	4事 7克 26意
	3月	3事 6克
	6月	2聚 6同 14命 17意 23事 26克
	7月	21事 24克
	12月	8聚 12同 20命 23意 29事
2021年	1月	1克
	9月	7聚 11同 19命 22意 28事
	10月	1克
2022年	6月	7聚 11同 19命 22意 28事
	7月	5聚 9同 17命 20意 26事 29克
2023年	1月	10聚 14同
	2月	7聚 11同 19命 22意 28事
	3月	3克
	5月	2聚 6同 14命 17意 30聚
	6月	3同 11命 14意 20事 23克
	7月	18事 21克
2024年	1月	2聚 6同 14命 17意 23事 26克
	2月	11命 14意 20事 23克
	9月	3聚 7同 15命 18意 24事 27克
	10月	5同 13命 16意 22事 25克

⑭奎宿の六害宿

2020年	1月	2意 8事 11克 27命 30意
	2月	5事 8克 24命 27意
	3月	4事 7克
	6月	3聚 7同 15命 18意 24事 27克
	7月	22事 25克
	12月	9聚 13同 21命 24意 30事
2021年	1月	2克
	9月	8聚 12同 20命 23意 29事
	10月	2克
2022年	6月	8聚 12同 20命 23意
	7月	6聚 10同 18命 21意 27事 30克
2023年	1月	11聚 15同
	2月	8聚 12同 20命 23意
	3月	1事 4克
	5月	3聚 7同 15命 18意 31聚
	6月	4同 12命 15意 21事 24克
	7月	19事 22克
2024年	1月	3聚 7同 15命 18意 24事 27克
	2月	12命 15意 21事 24克
	9月	4聚 8同 16命 19意 25事 28克
	10月	6同 14命 17意 23事 26克

⑮婁宿の六害宿

2020年	1月	3意　9事　12克　28命　31意
	2月	6事　9克　25命　28意
	3月	5事　8克
	6月	4聚　8同　16命　19意　25事　28克
	7月	23事　26克
	12月	10聚　14同　22命　25意　31事
2021年	1月	3克
	9月	9聚　13同　21命　24意　30事
	10月	3克
2022年	6月	9聚　13同　21命　24意
	7月	7聚　11同　19命　22意　28事　31克
2023年	1月	12聚　16同
	2月	9聚　13同　21命　24意
	3月	2事　5克
	5月	4聚　8同　16命　19意
	6月	1聚　5同　13命　16意　22事　25克
	7月	20事　23克
2024年	1月	4聚　8同　16命　19意　25事　28克
	2月	13命　16意　22事　25克
	9月	5聚　9同　17命　20意　26事　29克
	10月	3聚　7同　15命　18意　24事　27克

⑯胃宿の六害宿

2020年	1月	1命　4意　10事　29命
	2月	1意　7事　26命　29意
	3月	4事
	6月	2克　5聚　9同　17命　20意　26事
	7月	24事
	12月	8克　11聚　15同　23命　26意
2021年	1月	1事
	9月	7克　10聚　14同　22命　25意
	10月	1事
2022年	6月	7克　10聚　14同　22命　25意
	7月	5克　8聚　12同　20命　23意　29事
2023年	1月	10克　13聚　17同
	2月	7克　10聚　14同　22命　25意
	3月	3事
	5月	2克　5聚　9同　17命　30克
	6月	2聚　6同　14命　17意　23事
	7月	21事
2024年	1月	2克　5聚　9同　17命　20意　26事
	2月	14命　17意　23事
	9月	3克　6聚　10同　18命　21意　27事
	10月	4聚　8同　16命　19意　25事

⑰昴宿の六害宿

2020年	1月	2命　5意　11事　30命
	2月	2意　8事　27命
	3月	1意　5事
	6月	3克　6聚　10同　18命　21意　27事
	7月	25事
	12月	9克　12聚　16同　24命　27意
2021年	1月	2事
	9月	8克　11聚　15同　23命　26意
	10月	2事
2022年	6月	8克　11聚　15同　23命　26意
	7月	6克　9聚　13同　21命　24意　30事
2023年	1月	11克　14聚　18同
	2月	8克　11聚　15同　23命　26意
	3月	4事
	5月	3克　6聚　10同　18命　31克
	6月	3聚　7同　15命　18意　24事
	7月	22事
2024年	1月	3克　6聚　10同　18命　21意　27事
	2月	15命　18意　24事
	9月	4克　7聚　11同　19命　22意　28事
	10月	5聚　9同　17命　20意　26事

⑱畢宿の六害宿

2020年	1月	3命　6意　12事　31命
	2月	3意　9事　28命
	3月	2意　6事
	6月	4克　7聚　11同　19命　22意　28事
	7月	26事
	12月	10克　13聚　17同　25命　28意
2021年	1月	3事
	9月	9克　12聚　16同　24命　27意
	10月	3事
2022年	6月	9克　12聚　16同　24命　27意
	7月	7克　10聚　14同　22命　25意　31事
2023年	1月	12克　15聚　19同
	2月	9克　12聚　16同　24命　27意
	3月	5事
	5月	4克　7聚　11同　19命
	6月	1克　4聚　8同　16命　19意　25事
	7月	23事
2024年	1月	4克　7聚　11同　19命　22意　28事
	2月	16命　19意　25事
	9月	5克　8聚　12同　20命　23意　29事
	10月	3克　6聚　10同　18命　21意　27事

⑲觜宿の六害宿

2020年	1月	4命 7意
	2月	1命 4意 29命
	3月	3意 7事
	6月	2事 5克 8聚 12同 20命 23意
	7月	21意
	12月	8事 11克 14聚 18同 26命 29意
2021年	9月	7事 10克 13聚 17同 25命 28意
2022年	6月	7事 10克 13聚 17同 25命 28意
	7月	5事 8克 11聚 15同 23命 26意
2023年	1月	10事 13克 16聚 20同
	2月	7事 10克 13聚 17同 25命 28意
	5月	2事 5克 8聚 12同 30事
	6月	2克 5聚 9同 17命 20意
	7月	18意
2024年	1月	2事 5克 8聚 12同 20命 23意
	2月	17命 20意
	9月	3事 6克 9聚 13同 21命 24意
	10月	4克 7聚 11同 19命 22意

⑳参宿の六害宿

2020年	1月	5命 8意 25同
	2月	2命 5意
	3月	1命 4意 8事
	6月	3事 6克 9聚 13同 21命 24意
	7月	22意
	12月	9事 12克 15聚 19同 27命 30意
2021年	9月	8事 11克 14聚 18同 26命 29意
2022年	6月	8事 11克 14聚 18同 26命
	7月	6事 9克 12聚 16同 24命 27意
2023年	1月	11事 14克 17聚 21同
	2月	8事 11克 14聚 18同 26命
	3月	1意
	5月	3事 6克 9聚 13同 31事
	6月	3克 6聚 10同 18命 21意
	7月	19意
2024年	1月	3事 6克 9聚 13同 21命 24意
	2月	10同 18命 21意
	9月	4事 7克 10聚 14同 22命 25意
	10月	5克 8聚 12同 20命 23意

㉑井宿の六害宿

2020年	1月	6命　9意　26同
	2月	3命　6意
	3月	2命　5意
	6月	4事　7克　10聚　14同　22命　25意
	7月	23意
	12月	10事　13克　16聚　20同　28命　31意
2021年	9月	9事　12克　15聚　19同　27命　30意
2022年	6月	9事　12克　15聚　19同　27命
	7月	7事　10克　13聚　17同　25命　28意
2023年	1月	12事　15克　18聚
	2月	9事　12克　15聚　19同　27命
	3月	2意
	5月	4事　7克　10聚　14同
	6月	1事　4克　7聚　11同　19命　22意
	7月	20意
2024年	1月	4事　7克　10聚　14同　22命　25意
	2月	11同　19命　22意
	9月	5事　8克　11聚　15同　23命　26意
	10月	3事　6克　9聚　13同　21命　24意

㉒鬼宿の六害宿

2020年	1月	7命　10意　27同
	2月	4命　7意　24同
	3月	3命　6意
	6月	5事　8克　11聚　15同　23命　26意
	7月	21命　24意
	12月	11事　14克　17聚　21同　29命
2021年	1月	1意
	9月	10事　13克　16聚　20同　28命
	10月	1意
2022年	6月	10事　13克　16聚　20同　28命
	7月	8事　11克　14聚　18同　26命　29意
2023年	1月	13事　16克　19聚
	2月	10事　13克　16聚　20同　28命
	3月	3意
	5月	5事　8克　11聚　15同
	6月	2事　5克　8聚　12同　20命　23意
	7月	18命　21意
2024年	1月	5事　8克　11聚　15同　23命　26意
	2月	12同　20命　23意
	9月	6事　9克　12聚　16同　24命　27意
	10月	4事　7克　10聚　14同　22命　25意

㉓柳宿の六害宿

2020年	1月	8命　11意　28同
	2月	5命　8意　25同
	3月	4命　7意
	6月	6事　9克　12聚　16同　24命　27意
	7月	22命　25意
	12月	12事　15克　18聚　22同　30命
2021年	1月	2意
	9月	11事　14克　17聚　21同　29命
	10月	2意
2022年	6月	11事　14克　17聚　21同
	7月	9事　12克　15聚　19同　27命　30意
2023年	1月	14事　17克　20聚
	2月	11事　14克　17聚　21同
	3月	1命　4意
	5月	6事　9克　12聚　16同
	6月	3事　6克　9聚　13同　21命　24意
	7月	19命　22意
2024年	1月	6事　9克　12聚　16同　24命　27意
	2月	13同　21命　24意
	9月	7事　10克　13聚　17同　25命　28意
	10月	5事　8克　11聚　15同　23命　26意

㉔星宿の六害宿

2020年	1月	1同　9命　12意　25聚　29同
	2月	6命　9意　26同
	3月	3命　8意
	6月	7事　10克　13聚　17同　25命　28意
	7月	23命　26意
	12月	13事　16克　19聚　23同　31命
2021年	1月	3意
	9月	12事　15克　18聚　22同　30命
	10月	3意
2022年	6月	12事　15克　18聚　22同
	7月	10事　13克　16聚　20同　28命　31意
2023年	1月	15事　18克　21聚
	2月	12事　15克　18聚　22同
	3月	2命　5意
	5月	7事　10克　13聚　17同
	6月	4事　7克　10聚　14同　22命　25意
	7月	20命　23意
2024年	1月	7事　10克　13聚　17同　25命　28意
	2月	10聚　14同　22命　25意
	9月	8事　11克　14聚　18同　26命　29意
	10月	6事　9克　12聚　16同　24命　27意

㉕張宿の六害宿

2020年	1月	2同　10命　26聚　30同
	2月	7命　27同
	3月	4命
	6月	2意　8事　11克　14聚　18同　26命
	7月	24命
	12月	8意　14事　17克　20聚　24同
2021年	1月	1命
	9月	7意　13事　16克　19聚　23同
	10月	1命
2022年	6月	7意　13事　16克　19聚　23同
	7月	5意　11事　14克　17聚　21同　29命
2023年	1月	10意　16事　19克
	2月	7意　13事　16克　19聚　23同
	3月	3命
	5月	2意　8事　11克　14聚　18同　30意
	6月	5事　8克　11聚　15同　23命
	7月	21命
2024年	1月	2意　8事　11克　14聚　18同　26命
	2月	11聚　15同　23命
	9月	3意　9事　12克　15聚　19同　27命
	10月	7事　10克　13聚　17同　25命

㉖翼宿の六害宿

2020年	1月	3同　11命　27聚　31同
	2月	8命　24聚　28同
	3月	5命
	6月	3意　9事　12克　15聚　19同　27命
	7月	25命
	12月	9意　15事　18克　21聚　25同
2021年	1月	2命
	9月	8意　14事　17克　20聚　24同
	10月	2命
2022年	6月	8意　14事　17克　20聚　24同
	7月	6意　12事　15克　18聚　22同　30命
2023年	1月	11意　17事　20克
	2月	8意　14事　17克　20聚　24同
	3月	4命
	5月	3意　9事　12克　15聚　19同　31意
	6月	6事　9克　12聚　16同　24命
	7月	22命
2024年	1月	3意　9事　12克　15聚　19同　27命
	2月	12聚　16同　24命
	9月	4意　10事　13克　16聚　20同　28命
	10月	8事　11克　14聚　18同　26命

㉗軫宿の六害宿

2020年	1月	4同　12命　25克　28聚
	2月	1同　9命　25聚　29同
	3月	6命
	6月	4意　10事　13克　16聚　20同　28命
	7月	26命
	12月	10意　16事　19克　22聚　26同
2021年	1月	3命
	9月	9意　15事　18克　21聚　25同
	10月	3命
2022年	6月	9意　15事　18克　21聚　25同
	7月	7意　13事　16克　19聚　23同　31命
2023年	1月	12意　18事　21克
	2月	9意　15事　18克　21聚　25同
	3月	5命
	5月	4意　10事　13克　16聚
	6月	1意　7事　10克　13聚　17同　25命
	7月	23命
2024年	1月	4意　10事　13克　16聚　20同　28命
	2月	10克　13聚　17同　25命
	9月	5意　11事　14克　17聚　21同　29命
	10月	3意　9事　12克　15聚　19同　27命

【万年暦】――「宿」の早見表

あなたの宿は生年月日によって決まります。表の横軸が「月」、縦《たて》軸が「日」となります。月と日が交差した箇所の番号を下の表と照らし合わせて、宿を割りだしてください。また、一九二六年（大正一五／昭和元）までさかのぼることができるので、ご両親、ご祖父、ご祖母の「宿」も割りだすことができます。

番号と「宿」の対応表

1→角宿	2→亢宿	3→氐宿	4→房宿	5→心宿
6→尾宿	7→箕宿	8→斗宿	9→女宿	10→虚宿
11→危宿	12→室宿	13→壁宿	14→奎宿	15→婁宿
16→胃宿	17→昴宿	18→畢宿	19→觜宿	20→参宿
21→井宿	22→鬼宿	23→柳宿	24→星宿	25→張宿
26→翼宿	27→軫宿			

1926年（大正15年／昭和元年）

日＼月	1	2	3	4	5	6	7	8	9	10	11	12
1	24	1	1	5	8	11	14	17	22	25	1	4
2	25	2	2	6	9	12	15	18	23	26	2	5
3	26	3	3	7	10	13	16	19	24	27	3	6
4	27	4	4	8	11	14	17	20	25	1	4	7
5	1	5	5	9	12	15	18	21	26	2	5	8
6	2	6	6	10	13	16	19	22	27	3	6	9
7	3	7	7	11	14	17	20	23	1	3	7	10
8	4	8	8	12	15	18	21	25	2	4	8	11
9	5	9	9	13	16	19	22	26	3	5	9	12
10	6	10	10	14	17	20	22	27	4	6	10	13
11	7	11	11	15	18	21	23	1	5	7	11	14
12	8	12	12	16	18	22	24	2	6	8	12	15
13	9	12	13	17	19	23	25	3	7	9	13	16
14	10	13	14	18	20	24	26	4	8	10	14	17
15	11	14	15	19	21	25	27	5	9	11	15	18
16	12	15	16	20	22	26	1	6	10	12	16	19
17	13	16	17	21	23	27	2	7	11	13	17	20
18	14	17	18	22	24	1	3	8	12	14	18	21
19	15	18	19	23	25	2	4	9	13	15	19	22
20	16	19	20	24	26	3	5	10	14	16	20	23
21	17	20	21	25	27	4	6	11	15	17	21	24
22	18	21	22	26	1	5	7	12	16	18	22	25
23	19	22	23	27	2	6	8	13	17	19	23	26
24	20	23	24	1	3	7	9	14	18	20	24	27
25	21	24	25	2	4	8	10	15	19	21	25	1
26	22	25	26	3	5	9	11	16	20	22	26	2
27	23	26	27	4	6	10	12	17	21	23	27	3
28	24	27	1	5	7	11	13	18	22	24	1	4
29	25		2	6	8	12	14	19	23	25	2	5
30	26		3	7	9	13	15	20	24	26	3	6
31	27		4		10		16	21		27		7

1927年（昭和2年）

日＼月	1	2	3	4	5	6	7	8	9	10	11	12
1	8	11	12	15	18	21	24	1	6	8	11	15
2	9	12	13	16	19	22	25	2	7	9	12	16
3	10	13	14	17	20	23	26	3	8	10	13	17
4	10	14	14	18	21	24	27	4	9	11	14	18
5	11	15	15	19	22	25	1	5	10	12	15	19
6	12	16	16	20	23	26	2	6	11	13	16	20
7	13	17	17	21	24	27	3	7	12	14	17	21
8	14	18	18	22	25	1	4	8	13	15	18	22
9	15	19	19	23	26	2	5	9	14	16	19	23
10	16	20	20	24	27	3	6	10	15	17	20	24
11	17	21	21	25	1	4	7	11	16	18	21	25
12	18	22	22	26	2	5	8	12	17	19	22	26
13	19	23	23	27	3	6	9	13	18	20	23	27
14	20	24	24	1	4	7	10	14	19	21	24	1
15	21	25	25	2	5	8	11	15	20	22	25	2
16	22	26	26	3	6	9	12	16	21	23	26	3
17	23	27	27	4	7	10	13	17	22	24	27	4
18	24	1	1	5	8	11	14	18	23	25	1	5
19	25	2	2	6	9	12	15	19	24	26	2	6
20	26	3	3	7	10	13	16	20	25	27	3	7
21	27	4	4	8	11	14	17	21	26	1	4	8
22	1	5	5	9	12	15	18	22	27	2	5	9
23	2	6	6	10	13	16	19	23	1	3	6	10
24	3	7	7	11	14	17	20	24	2	4	8	10
25	4	8	8	12	15	18	21	25	3	5	9	11
26	5	9	9	13	16	19	22	26	3	5	10	12
27	6	10	10	14	17	20	23	1	4	6	11	13
28	7	11	11	15	18	21	24	2	5	7	12	14
29	8		12	16	19	22	25	3	6	8	13	15
30	9		13	17	20	23	26	4	7	9	14	16
31	10		14		20		27	5		10		17

1928年（昭和3年）

日＼月	1	2	3	4	5	6	7	8	9	10	11	12
1	18	21	23	24	27	4	6	10	15	18	21	24
2	19	22	24	25	1	5	7	11	16	19	22	25
3	20	23	25	26	2	6	8	12	17	20	23	26
4	21	24	26	27	3	7	9	13	18	21	24	27
5	22	25	27	1	4	8	10	14	19	22	25	1
6	23	26	1	2	5	9	11	15	20	23	26	2
7	24	27	2	3	6	10	12	16	21	24	27	3
8	25	1	3	4	7	11	13	17	22	25	1	4
9	26	2	4	5	8	12	14	18	23	26	2	5
10	27	3	5	6	9	13	15	19	24	27	3	6
11	1	4	6	7	10	14	16	20	25	1	4	7
12	2	5	7	8	11	15	17	21	26	2	5	8
13	3	6	8	9	12	16	18	22	27	3	6	9
14	4	7	9	10	13	17	19	23	1	3	7	10
15	5	8	10	11	14	18	20	25	2	4	8	11
16	6	9	11	12	15	19	21	26	3	5	9	12
17	7	10	12	13	16	20	22	27	4	6	10	13
18	8	11	13	14	17	20	23	1	5	7	11	14
19	9	12	14	15	18	21	24	2	6	8	12	15
20	10	13	15	16	19	22	25	3	7	9	13	16
21	11	14	16	17	20	23	26	4	8	10	14	17
22	12	15	14	18	21	24	27	5	9	11	15	18
23	12	16	15	19	22	25	1	6	10	12	16	19
24	13	17	16	20	23	26	2	7	11	13	17	20
25	14	18	17	21	24	27	3	8	12	14	18	21
26	15	19	18	22	25	1	4	9	13	15	19	22
27	16	20	19	23	26	2	5	10	14	16	20	23
28	17	21	20	24	27	3	6	11	15	17	21	24
29	18	22	21	25	1	4	7	12	16	18	22	25
30	19		22	26	2	5	8	13	17	19	23	26
31	20		23		3		9	14		20		27

1929年（昭和4年）

日＼月	1	2	3	4	5	6	7	8	9	10	11	12
1	1	4	4	8	10	14	17	20	25	2	5	8
2	2	5	5	9	11	15	18	21	26	3	6	9
3	3	6	6	10	12	16	19	22	1	3	7	10
4	4	7	7	11	13	17	20	23	2	4	8	11
5	5	8	8	12	14	18	21	25	3	5	9	12
6	6	9	9	13	15	19	22	26	4	6	10	13
7	7	10	10	14	16	20	22	27	5	7	11	14
8	8	11	11	15	17	21	23	1	6	8	12	15
9	9	12	12	16	18	22	24	2	7	9	13	16
10	10	12	13	16	19	23	25	3	8	10	14	17
11	10	13	14	17	20	24	26	4	9	11	15	18
12	11	14	15	18	21	25	27	5	10	12	16	19
13	12	15	16	19	22	26	1	6	11	13	17	20
14	13	16	17	20	23	27	2	7	12	14	18	21
15	14	17	18	21	24	1	3	8	13	15	19	22
16	15	18	19	22	25	2	4	9	14	16	20	23
17	16	19	20	23	26	3	5	10	15	17	21	24
18	17	20	21	24	27	4	6	11	16	18	22	25
19	18	21	22	25	1	5	7	12	17	19	23	26
20	19	22	23	26	2	6	8	13	18	20	24	27
21	20	23	24	27	3	7	9	14	19	21	25	1
22	21	24	25	1	4	8	10	15	20	22	26	2
23	22	25	26	2	5	9	11	16	21	23	27	3
24	23	26	27	3	6	10	12	17	22	24	1	4
25	24	27	1	4	7	11	13	18	23	25	2	5
26	25	1	2	5	8	12	14	19	24	26	3	6
27	26	2	3	6	9	13	15	20	25	27	4	7
28	27	3	4	7	10	14	16	21	26	1	5	8
29	1		5	8	11	15	17	22	27	2	6	9
30	2		6	9	12	16	18	23	1	3	7	10
31	3		7		13		19	24		4		10

1930年（昭和5年）

日＼月	1	2	3	4	5	6	7	8	9	10	11	12
1	11	14	15	18	20	24	27	1	6	10	13	16
2	12	15	16	19	21	25	1	2	7	11	14	17
3	13	16	17	20	22	26	2	3	8	12	15	18
4	14	17	18	21	23	27	3	4	9	13	16	19
5	15	18	19	22	24	1	4	5	10	14	17	20
6	16	19	20	23	25	2	5	6	11	15	18	21
7	17	20	21	24	26	3	6	7	12	16	19	22
8	18	21	22	25	27	4	7	8	13	17	20	23
9	19	22	23	26	1	5	8	9	14	18	21	24
10	20	23	24	27	2	6	9	10	15	19	22	25
11	21	24	25	1	3	7	10	11	16	20	23	26
12	22	25	26	2	4	8	11	12	17	21	24	27
13	23	26	27	3	5	9	12	13	18	22	25	1
14	24	27	1	4	6	10	13	14	19	23	26	2
15	25	1	2	5	7	11	14	15	20	24	27	3
16	26	2	3	6	8	12	15	16	21	25	1	4
17	27	3	4	7	9	13	16	17	22	26	2	5
18	1	4	5	8	10	14	17	18	23	27	3	6
19	2	5	6	9	11	15	18	19	24	1	4	7
20	3	6	7	10	12	16	19	20	25	2	5	8
21	4	7	8	11	13	17	20	21	26	3	6	9
22	5	8	9	12	14	18	21	22	1	3	7	10
23	6	9	10	13	15	19	22	23	2	4	8	11
24	7	10	11	14	16	20	23	25	3	5	9	12
25	8	11	12	15	17	21	24	26	4	6	10	13
26	9	12	13	16	18	22	22	27	5	7	11	14
27	10	13	14	17	19	23	23	1	6	8	12	15
28	11	14	15	18	20	24	24	2	7	9	13	16
29	12		16	18	21	25	25	3	8	10	14	17
30	12		16	19	22	26	26	4	9	11	15	18
31	13		17		23		27	5		12		19

1931年（昭和6年）

日＼月	1	2	3	4	5	6	7	8	9	10	11	12
1	20	23	24	27	2	5	8	12	16	20	24	26
2	21	24	25	1	3	6	9	13	17	21	25	27
3	22	25	26	2	4	7	10	14	18	22	26	1
4	23	26	27	3	5	8	11	15	19	23	27	2
5	24	27	1	4	6	9	12	16	20	24	1	3
6	25	1	2	5	7	10	13	17	21	25	2	4
7	26	2	3	6	8	11	14	18	22	26	3	5
8	27	3	4	7	9	12	15	19	23	27	4	6
9	1	4	5	8	10	13	16	20	24	1	5	8
10	2	5	6	9	11	14	17	21	25	2	5	9
11	3	6	7	10	12	15	18	22	26	3	6	10
12	4	7	8	11	13	16	19	23	1	4	7	11
13	5	8	9	12	14	17	20	24	2	5	8	12
14	6	9	10	13	15	18	21	25	3	6	9	13
15	7	10	11	14	16	19	22	26	4	7	10	14
16	8	11	12	15	17	20	23	27	5	8	11	15
17	9	12	13	16	18	21	24	1	6	9	12	16
18	10	13	14	16	18	22	25	2	7	10	13	17
19	10	14	14	17	19	23	26	3	8	11	14	18
20	11	15	15	18	20	24	27	4	9	12	15	19
21	12	16	16	19	21	25	1	5	10	13	16	20
22	13	17	17	20	22	26	2	6	11	14	17	21
23	14	18	18	21	23	27	3	7	12	15	18	22
24	15	19	19	22	24	1	4	8	13	16	19	23
25	16	20	20	23	25	2	5	9	14	17	20	24
26	17	21	21	24	26	3	6	10	15	18	21	25
27	18	22	22	25	27	4	7	11	16	19	22	26
28	19	23	23	26	1	5	8	12	17	20	23	27
29	20		24	27	2	6	9	13	18	21	24	1
30	21		25	1	3	7	10	14	19	22	25	2
31	22		26		4		11	15		23		3

1932年（昭和7年）

日＼月	1	2	3	4	5	6	7	8	9	10	11	12
1	4	7	9	12	14	17	20	23	1	4	8	11
2	5	8	10	13	15	18	21	25	2	5	9	12
3	6	9	11	14	16	19	22	26	3	6	10	13
4	7	10	12	15	17	20	22	27	4	7	11	14
5	8	11	13	16	18	21	23	1	5	8	12	15
6	9	12	14	16	18	22	24	2	6	9	13	16
7	10	13	14	17	19	23	25	3	7	10	14	17
8	10	14	15	18	20	24	26	4	8	11	15	18
9	11	15	16	19	21	25	27	5	9	12	16	19
10	12	16	17	20	22	26	1	6	10	13	17	20
11	13	17	18	21	23	27	2	7	11	14	18	21
12	14	18	19	22	24	1	3	8	12	15	19	22
13	15	19	20	23	25	2	4	9	13	16	20	23
14	16	20	21	24	26	3	5	10	14	17	21	24
15	17	21	22	25	27	4	6	11	15	18	22	25
16	18	22	23	26	1	5	7	12	16	19	23	26
17	19	23	24	27	2	6	8	13	17	20	24	27
18	20	24	25	1	3	7	9	14	18	21	25	1
19	21	25	26	2	4	8	10	15	19	22	26	2
20	22	26	27	3	5	9	11	16	20	23	27	3
21	23	27	1	4	6	10	12	17	21	24	1	4
22	24	1	2	5	7	11	13	18	22	25	2	5
23	25	2	3	6	8	12	14	19	23	26	3	6
24	26	3	4	7	9	13	15	20	24	27	4	7
25	27	4	5	8	10	14	16	21	25	1	5	8
26	1	5	6	9	11	15	17	22	26	2	6	9
27	2	6	7	10	12	16	18	23	27	3	7	10
28	3	7	8	11	13	17	19	24	1	4	8	11
29	4	8	9	12	14	18	20	25	2	5	9	12
30	5		10	13	15	19	21	26	3	6	10	13
31	6		11		16		22	27		7		14

1933年（昭和8年）

日＼月	1	2	3	4	5	6	7	8	9	10	11	12
1	15	18	19	22	24	1	1	4	9	12	16	18
2	16	19	20	23	25	2	2	5	10	13	17	19
3	17	20	21	24	26	3	3	6	11	14	18	20
4	18	21	22	25	27	4	4	7	12	15	19	21
5	19	22	23	26	1	5	5	8	13	16	20	22
6	20	23	24	27	2	6	6	9	14	17	21	23
7	21	24	25	1	3	7	7	10	15	18	22	24
8	22	25	26	2	4	8	8	11	16	19	23	25
9	23	26	27	3	5	9	9	12	17	20	24	26
10	24	27	1	4	6	10	10	13	18	21	25	27
11	25	1	2	5	7	11	11	14	19	22	26	1
12	26	2	3	6	8	12	12	15	20	23	27	2
13	27	3	4	7	9	13	13	16	21	24	1	3
14	1	4	5	8	10	14	14	17	22	25	2	4
15	2	5	6	9	11	15	15	18	23	26	3	5
16	3	6	7	10	12	16	16	19	24	27	4	6
17	4	7	8	11	13	17	17	20	25	1	5	8
18	5	8	9	12	14	18	18	21	26	2	5	9
19	6	9	10	13	15	19	19	22	27	3	6	10
20	7	10	11	14	16	20	20	23	1	4	7	11
21	8	11	12	15	17	21	21	25	2	5	8	12
22	9	12	13	16	18	22	22	26	3	6	9	13
23	10	13	14	17	19	20	22	27	4	7	10	14
24	11	14	15	18	20	21	23	1	5	8	11	15
25	12	15	16	18	21	22	24	2	6	9	12	16
26	12	16	16	19	22	23	25	3	7	10	13	17
27	13	17	17	20	23	24	26	4	8	11	14	18
28	14	18	18	21	24	25	27	5	9	12	15	19
29	15		19	22	25	26	1	6	10	13	16	20
30	16		20	23	26	27	2	7	11	14	17	21
31	17		21		27		3	8		15		22

1934年（昭和9年）

日＼月	1	2	3	4	5	6	7	8	9	10	11	12
1	23	27	27	4	6	10	12	15	20	23	26	2
2	24	1	1	5	7	11	13	16	21	24	27	3
3	25	2	2	6	8	12	14	17	22	25	1	4
4	26	3	3	7	9	13	15	18	23	26	2	5
5	27	4	4	8	10	14	16	19	24	27	3	6
6	1	5	5	9	11	15	17	20	25	1	4	7
7	2	6	6	10	12	16	18	21	26	2	5	8
8	3	7	7	11	13	17	19	22	27	3	6	9
9	4	8	8	12	14	18	20	23	1	3	7	10
10	5	9	9	13	15	19	21	25	2	4	8	11
11	6	10	10	14	16	20	22	26	3	5	9	12
12	7	11	11	15	17	20	22	27	4	6	10	13
13	8	12	12	16	18	21	23	1	5	7	11	14
14	9	12	13	16	19	22	24	2	6	8	12	15
15	10	13	14	17	20	23	25	3	7	9	13	16
16	11	14	15	18	21	24	26	4	8	10	14	17
17	12	15	16	19	22	25	27	5	9	11	15	18
18	13	16	17	20	23	26	1	6	10	12	16	19
19	14	17	18	21	24	27	2	7	11	13	17	20
20	15	18	19	22	25	1	3	8	12	14	18	21
21	16	19	20	23	26	2	4	9	13	15	19	22
22	17	20	21	24	27	3	5	10	14	16	20	23
23	18	21	22	25	1	4	6	11	15	17	21	24
24	19	22	23	26	2	5	7	12	16	18	22	25
25	20	23	24	27	3	6	8	13	17	19	23	26
26	21	24	25	1	4	7	9	14	18	20	24	27
27	22	25	26	2	5	8	10	15	19	21	25	1
28	23	26	27	3	6	9	11	16	20	22	26	2
29	24		1	4	7	10	12	17	21	23	27	3
30	25		2	5	8	11	13	18	22	24	1	4
31	26		3		9		14	19		25		5

1935年（昭和10年）

日＼月	1	2	3	4	5	6	7	8	9	10	11	12
1	6	10	10	14	17	20	22	27	4	6	10	13
2	7	11	11	15	18	21	23	1	5	7	11	14
3	8	12	12	16	18	22	24	2	6	8	12	15
4	9	12	13	17	19	23	25	3	7	9	13	16
5	10	13	14	18	20	24	26	4	8	10	14	17
6	11	14	15	19	21	25	27	5	9	11	15	18
7	12	15	16	20	22	26	1	6	10	12	16	19
8	13	16	17	21	23	27	2	7	11	13	17	20
9	14	17	18	22	24	1	3	8	12	14	18	21
10	15	18	19	23	25	2	4	9	13	15	19	22
11	16	19	20	24	26	3	5	10	14	16	20	23
12	17	20	21	25	27	4	6	11	15	17	21	24
13	18	21	22	26	1	5	7	12	16	18	22	25
14	19	22	23	27	2	6	8	13	17	19	23	26
15	20	23	24	1	3	7	9	14	18	20	24	27
16	21	24	25	2	4	8	10	15	19	21	25	1
17	22	25	26	3	5	9	11	16	20	22	26	2
18	23	26	27	4	6	10	12	17	21	23	27	3
19	24	27	1	5	7	11	13	18	22	24	1	4
20	25	1	2	6	8	12	14	19	23	25	2	5
21	26	2	3	7	9	13	15	20	24	26	3	6
22	27	3	4	8	10	14	16	21	25	27	4	7
23	1	4	5	9	11	15	17	22	26	1	5	8
24	2	5	6	10	12	16	18	23	27	2	6	9
25	3	6	7	11	13	17	19	24	1	3	7	10
26	4	7	8	12	14	18	20	25	2	4	8	10
27	5	8	9	13	15	19	21	26	3	5	9	11
28	6	9	10	14	16	20	22	27	3	6	10	12
29	7		11	15	17	21	23	1	4	7	11	13
30	8		12	16	18	22	25	2	5	8	12	14
31	9		13		19		26	3		9		15

1936年（昭和11年）

日＼月	1	2	3	4	5	6	7	8	9	10	11	12
1	16	20	21	25	26	2	5	8	13	16	20	22
2	17	21	22	26	27	3	6	9	14	17	21	23
3	18	22	23	27	1	4	7	10	15	18	22	24
4	19	23	24	1	2	5	8	11	16	19	23	25
5	20	24	25	2	3	6	9	12	17	20	24	26
6	21	25	26	3	4	7	10	13	18	21	25	27
7	22	26	27	4	5	8	11	14	19	22	26	1
8	23	27	1	5	6	9	12	15	20	23	27	2
9	24	1	2	6	7	10	13	16	21	24	1	3
10	25	2	3	7	8	11	14	17	22	25	2	4
11	26	3	4	8	9	12	15	18	23	26	3	5
12	27	4	5	9	10	13	16	19	24	27	4	6
13	1	5	6	10	11	14	17	20	25	1	5	7
14	2	6	7	11	12	15	18	21	26	2	5	8
15	3	7	8	12	13	16	19	22	27	3	6	9
16	4	8	9	13	14	17	20	23	1	4	7	10
17	5	9	10	14	15	18	21	25	2	5	8	11
18	6	10	11	15	16	19	22	26	3	6	9	12
19	7	11	12	16	17	20	22	27	4	7	10	13
20	8	12	13	17	18	21	23	1	5	8	11	14
21	9	13	14	16	18	22	24	2	6	9	12	15
22	10	14	15	17	19	23	25	3	7	10	13	16
23	11	14	16	18	20	24	26	4	8	11	14	17
24	12	15	17	19	21	25	27	5	9	12	15	18
25	13	16	18	20	22	26	1	6	10	13	16	19
26	14	17	19	21	23	27	2	7	11	14	17	20
27	15	18	20	22	24	1	3	8	12	15	18	21
28	16	19	21	23	25	2	4	9	13	16	19	22
29	17	20	22	24	26	3	5	10	14	17	20	23
30	18		23	25	27	4	6	11	15	18	21	24
31	19		24		1		7	12		19		25

1937年（昭和12年）

日＼月	1	2	3	4	5	6	7	8	9	10	11	12
1	26	2	3	6	9	13	15	19	24	27	4	6
2	27	3	4	7	10	14	16	20	25	1	5	7
3	1	4	5	8	11	15	17	21	26	2	5	8
4	2	5	6	9	12	16	18	22	27	3	6	9
5	3	6	7	10	13	17	19	23	1	4	7	10
6	4	7	8	11	14	18	20	25	2	5	8	11
7	5	8	9	12	15	19	21	26	3	6	9	12
8	6	9	10	13	16	20	22	27	4	7	10	13
9	7	10	11	14	17	20	23	1	5	8	11	14
10	8	11	12	15	18	21	24	2	6	9	12	15
11	9	12	13	16	19	22	25	3	7	10	13	16
12	10	13	14	17	20	23	26	4	8	11	14	17
13	10	14	14	18	21	24	27	5	9	12	15	18
14	11	15	15	19	22	25	1	6	10	13	16	19
15	12	16	16	20	23	26	2	7	11	14	17	20
16	13	17	17	21	24	27	3	8	12	15	18	21
17	14	18	18	22	25	1	4	9	13	16	19	22
18	15	19	19	23	26	2	5	10	14	17	20	23
19	16	20	20	24	27	3	6	11	15	18	21	24
20	17	21	21	25	1	4	7	12	16	19	22	25
21	18	22	22	26	2	5	8	13	17	20	23	26
22	19	23	23	27	3	6	9	14	18	21	24	27
23	20	24	24	1	4	7	10	15	19	22	25	1
24	21	25	25	2	5	8	11	16	20	23	26	2
25	22	26	26	3	6	9	12	17	21	24	27	3
26	23	27	27	4	7	10	13	18	22	25	1	4
27	24	1	1	5	8	11	14	19	23	26	2	5
28	25	2	2	6	9	12	15	20	24	27	3	6
29	26		3	7	10	13	16	21	25	1	4	7
30	27		4	8	11	14	17	22	26	2	5	8
31	1		5		12		18	23		3		9

1938年（昭和13年）

日＼月	1	2	3	4	5	6	7	8	9	10	11	12
1	10	13	14	16	19	23	25	3	5	8	12	14
2	10	14	14	17	20	24	26	4	6	9	13	15
3	11	15	15	18	21	25	27	5	7	10	14	16
4	12	16	16	19	22	26	1	6	8	11	15	17
5	13	17	17	20	23	27	2	7	9	12	16	18
6	14	18	18	21	24	1	3	8	10	13	17	19
7	15	19	19	22	25	2	4	9	11	14	18	20
8	16	20	20	23	26	3	5	10	12	15	19	21
9	17	21	21	24	27	4	6	11	13	16	20	22
10	18	22	22	25	1	5	7	12	14	17	21	23
11	19	23	23	26	2	6	8	13	15	18	22	24
12	20	24	24	27	3	7	9	14	16	19	23	25
13	21	25	25	1	4	8	10	15	17	20	24	26
14	22	26	26	2	5	9	11	16	18	21	25	27
15	23	27	27	3	6	10	12	17	19	22	26	1
16	24	1	1	4	7	11	13	18	20	23	27	2
17	25	2	2	5	8	12	14	19	21	24	1	3
18	26	3	3	6	9	13	15	20	22	25	2	4
19	27	4	4	7	10	14	16	21	23	26	3	5
20	1	5	5	8	11	15	17	22	24	27	4	6
21	2	6	6	9	12	16	18	23	25	1	5	7
22	3	7	7	10	13	17	19	24	26	2	5	8
23	4	8	8	11	14	18	20	25	27	3	6	9
24	5	9	9	12	15	19	21	26	1	4	7	10
25	6	10	10	13	16	20	22	25	2	5	8	11
26	7	11	11	14	17	21	23	26	3	6	9	12
27	8	12	12	15	18	22	25	27	4	7	10	13
28	9	13	13	16	19	22	26	1	5	8	11	14
29	10	×	14	17	20	23	27	2	6	9	12	15
30	11	×	15	18	21	24	1	3	7	10	13	16
31	12	×	16	×	22	×	2	4	×	11	×	17

1939年（昭和14年）

日＼月	1	2	3	4	5	6	7	8	9	10	11	12
1	18	22	22	25	27	4	7	10	15	19	22	25
2	19	23	23	26	1	5	8	11	16	20	23	26
3	20	24	24	27	2	6	9	12	17	21	24	27
4	21	25	25	1	3	7	10	13	18	22	25	1
5	22	26	26	2	4	8	11	14	19	23	26	2
6	23	27	27	3	5	9	12	15	20	24	27	3
7	24	1	1	4	6	10	13	16	21	25	1	4
8	25	2	2	5	7	11	14	17	22	26	2	5
9	26	3	3	6	8	12	15	18	23	27	3	6
10	27	4	4	7	9	13	16	19	24	1	4	7
11	1	5	5	8	10	14	17	20	25	2	5	8
12	2	6	6	9	11	15	18	21	26	3	6	9
13	3	7	7	10	12	16	19	22	1	3	7	10
14	4	8	8	11	13	17	20	23	2	4	8	11
15	5	9	9	12	14	18	21	25	3	5	9	12
16	6	10	10	13	15	19	22	26	4	6	10	13
17	7	11	11	14	16	20	22	27	5	7	11	14
18	8	12	12	15	17	21	23	1	6	8	12	15
19	9	12	13	16	18	22	24	2	7	9	13	16
20	10	13	14	16	19	23	25	3	8	10	14	17
21	11	14	14	17	20	24	26	4	9	11	15	18
22	12	15	15	18	21	25	27	5	10	12	16	19
23	13	16	16	19	22	26	1	6	11	13	17	20
24	14	17	17	20	23	27	2	7	12	14	18	21
25	15	18	18	21	24	1	3	8	13	15	19	22
26	16	19	19	22	25	2	4	9	14	16	20	23
27	17	20	20	23	26	3	5	10	15	17	21	24
28	18	21	21	24	27	4	6	11	16	18	22	25
29	19		22	25	1	5	7	12	17	19	23	26
30	20		23	26	2	6	8	13	18	20	24	27
31	21		24		3		9	14		21		1

1940年（昭和15年）

日＼月	1	2	3	4	5	6	7	8	9	10	11	12
1	2	6	7	10	12	16	18	22	26	3	6	10
2	3	7	8	11	13	17	19	23	1	4	7	11
3	4	8	9	12	14	18	20	24	2	5	8	12
4	5	9	10	13	15	19	21	25	3	6	9	13
5	6	10	11	14	16	20	22	26	4	7	10	14
6	7	11	12	15	17	20	23	27	5	8	11	15
7	8	12	13	16	18	21	24	1	6	9	12	16
8	9	12	14	16	19	22	25	2	7	10	13	17
9	10	13	14	17	20	23	26	3	8	11	14	18
10	11	14	15	18	21	24	27	4	9	12	15	19
11	12	15	16	19	22	25	1	5	10	13	16	20
12	13	16	17	20	23	26	2	6	11	14	17	21
13	14	17	18	21	24	27	3	7	12	15	18	22
14	15	18	19	22	25	1	4	8	13	16	19	23
15	16	19	20	23	26	2	5	9	14	17	20	24
16	17	20	21	24	27	3	6	10	15	18	21	25
17	18	21	22	25	1	4	7	11	16	19	22	26
18	19	22	23	26	2	5	8	12	17	20	23	27
19	20	23	24	27	3	6	9	13	18	21	24	1
20	21	24	25	1	4	7	10	14	19	22	25	2
21	22	25	26	2	5	8	11	15	20	23	26	3
22	23	26	27	3	6	9	12	16	21	24	27	4
23	24	27	1	4	7	10	13	17	22	25	1	5
24	25	1	2	5	8	11	14	18	23	26	2	6
25	26	2	3	6	9	12	15	19	24	27	3	7
26	27	3	4	7	10	13	16	20	25	1	4	8
27	1	4	5	8	11	14	17	21	26	2	5	9
28	2	5	6	9	12	15	18	22	27	3	6	10
29	3	6	7	10	13	16	19	23	1	4	8	10
30	4		8	11	14	17	20	24	2	5	9	11
31	5		9		15		21	25		5		12

1941年（昭和16年）

日＼月	1	2	3	4	5	6	7	8	9	10	11	12
1	13	17	17	20	23	26	1	3	7	11	15	17
2	14	18	18	21	24	27	2	4	8	12	16	18
3	15	19	19	22	25	1	3	5	9	13	17	19
4	16	20	20	23	26	2	4	6	10	14	18	20
5	17	21	21	24	27	3	5	7	11	15	19	21
6	18	22	22	25	1	4	6	8	12	16	20	22
7	19	23	23	26	2	5	7	9	13	17	21	23
8	20	24	24	27	3	6	8	10	14	18	22	24
9	21	25	25	1	4	7	9	11	15	19	23	25
10	22	26	26	2	5	8	10	12	16	20	24	26
11	23	27	27	3	6	9	11	13	17	21	25	27
12	24	1	1	4	7	10	12	14	18	22	26	1
13	25	2	2	5	8	11	13	15	19	23	27	2
14	26	3	3	6	9	12	14	16	20	24	1	3
15	27	4	4	7	10	13	15	17	21	25	2	4
16	1	5	5	8	11	14	16	18	22	26	3	5
17	2	6	6	9	12	15	17	19	23	27	4	6
18	3	7	7	10	13	16	18	20	24	1	5	8
19	4	8	8	11	14	17	19	21	25	2	5	9
20	5	9	9	12	15	18	20	22	26	3	6	10
21	6	10	10	13	16	19	21	23	1	4	7	11
22	7	11	11	14	17	20	22	24	2	5	8	12
23	8	12	12	15	18	21	23	25	3	6	9	13
24	9	13	13	16	19	22	22	26	4	7	10	14
25	10	14	14	17	20	22	23	27	5	8	11	15
26	11	14	15	18	20	23	24	1	6	9	12	16
27	12	15	16	19	21	24	25	2	7	10	13	17
28	13	16	16	20	22	25	26	3	8	11	14	18
29	14		17	21	23	26	27	4	9	12	15	19
30	15		18	22	24	27	1	5	10	13	16	20
31	16		19		25		2	6		14		21

1942年（昭和17年）

日＼月	1	2	3	4	5	6	7	8	9	10	11	12
1	22	25	26	2	5	8	10	14	18	21	25	27
2	23	26	27	3	6	9	11	15	19	22	26	1
3	24	27	1	4	7	10	12	16	20	23	27	2
4	25	1	2	5	8	11	13	17	21	24	1	3
5	26	2	3	6	9	12	14	18	22	25	2	4
6	27	3	4	7	10	13	15	19	23	26	3	5
7	1	4	5	8	11	14	16	20	24	27	4	6
8	2	5	6	9	12	15	17	21	25	1	5	8
9	3	6	7	10	13	16	18	22	26	2	5	9
10	4	7	8	11	14	17	19	23	27	3	6	10
11	5	8	9	12	15	18	20	24	1	4	7	11
12	6	9	10	13	16	19	21	25	2	5	8	12
13	7	10	11	14	17	20	22	26	3	6	9	13
14	8	11	12	15	18	20	23	27	4	7	10	14
15	9	12	13	16	18	21	24	1	5	8	11	15
16	10	13	14	17	19	22	25	2	6	9	12	16
17	10	14	14	18	20	23	26	3	7	10	13	17
18	11	15	15	19	21	24	27	4	8	11	14	18
19	12	16	16	20	22	25	1	5	9	12	15	19
20	13	17	17	21	23	26	2	6	10	13	16	20
21	14	18	18	22	24	27	3	7	11	14	17	21
22	15	19	19	23	25	1	4	8	12	15	18	22
23	16	20	20	24	26	2	5	9	13	16	19	23
24	17	21	21	25	27	3	6	10	14	17	20	24
25	18	22	22	26	1	4	7	11	15	18	21	25
26	19	23	23	27	2	5	8	12	16	19	22	26
27	20	24	24	1	3	6	9	13	17	20	23	27
28	21	25	25	2	4	7	10	14	18	21	24	1
29	22		26	3	5	8	11	15	19	22	25	2
30	23		27	4	6	9	12	16	20	23	26	3
31	24		1		7		13	17		24		4

1943年（昭和18年）

日＼月	1	2	3	4	5	6	7	8	9	10	11	12
1	5	9	9	13	15	19	21	25	2	5	8	11
2	6	10	10	14	16	20	22	26	3	6	9	12
3	7	11	11	15	17	20	23	27	4	7	10	13
4	8	12	12	16	18	21	24	1	5	8	11	14
5	9	12	13	16	19	22	25	2	6	9	12	15
6	10	13	14	17	20	23	26	3	7	10	13	16
7	11	14	15	18	21	24	27	4	8	11	14	17
8	12	15	16	19	22	25	1	5	9	12	15	18
9	13	16	17	20	23	26	2	6	10	13	16	19
10	14	17	18	21	24	27	3	7	11	14	17	20
11	15	18	19	22	25	1	4	8	12	15	18	21
12	16	19	20	23	26	2	5	9	13	16	19	22
13	17	20	21	24	27	3	6	10	14	17	20	23
14	18	21	22	25	1	4	7	11	15	18	21	24
15	19	22	23	26	2	5	8	12	16	19	22	25
16	20	23	24	27	3	6	9	13	17	20	23	26
17	21	24	25	1	4	7	10	14	18	21	24	27
18	22	25	26	2	5	8	11	15	19	22	25	1
19	23	26	27	3	6	9	12	16	20	23	26	2
20	24	27	1	4	7	10	13	17	21	24	27	3
21	25	1	2	5	8	11	14	18	22	25	1	4
22	26	2	3	6	9	12	15	19	23	26	2	5
23	27	3	4	7	10	13	16	20	24	27	3	6
24	1	4	5	8	11	14	17	21	25	1	4	7
25	2	5	6	9	12	15	18	22	26	2	5	8
26	3	6	7	10	13	16	19	23	27	3	6	9
27	4	7	8	11	14	17	20	24	1	4	7	10
28	5	8	9	12	15	18	21	25	2	5	8	11
29	6		10	13	16	19	22	26	3	5	9	12
30	7		11	14	17	20	23	27	4	6	10	13
31	8		12		18		24	1		7		14

1944年（昭和19年）

日＼月	1	2	3	4	5	6	7	8	9	10	11	12
1	15	18	20	24	26	1	3	7	11	15	18	20
2	16	19	21	25	27	2	4	8	12	16	19	21
3	17	20	22	26	1	3	5	9	13	17	20	22
4	18	21	23	27	2	4	6	10	14	18	21	23
5	19	22	24	1	3	5	7	11	15	19	22	24
6	20	23	25	2	4	6	8	12	16	20	23	25
7	21	24	26	3	5	7	9	13	17	21	24	26
8	22	25	27	4	6	8	10	14	18	22	25	27
9	23	26	1	5	7	9	11	15	19	23	26	1
10	24	27	2	6	8	10	12	16	20	24	27	2
11	25	1	3	7	9	11	13	17	21	25	1	3
12	26	2	4	8	10	12	14	18	22	26	2	4
13	27	3	5	9	11	13	15	19	23	27	3	5
14	1	4	6	10	12	14	16	20	24	1	4	6
15	2	5	7	11	13	15	17	21	25	2	5	8
16	3	6	8	12	14	16	18	22	26	3	5	9
17	4	7	9	13	15	17	19	23	1	3	6	10
18	5	8	10	14	16	18	20	24	2	4	7	11
19	6	9	11	15	17	19	21	25	3	5	8	12
20	7	10	12	16	18	20	22	26	4	6	9	13
21	8	11	13	17	19	20	23	27	5	7	10	14
22	9	12	14	18	18	21	24	1	6	8	11	15
23	10	13	15	18	19	22	25	2	7	9	12	16
24	11	14	16	19	20	23	26	3	8	10	13	17
25	12	15	17	20	21	24	27	4	9	11	14	18
26	12	16	18	21	22	25	1	5	10	12	15	19
27	13	17	19	22	23	26	2	6	11	13	16	20
28	14	18	20	23	24	27	3	7	12	14	17	21
29	15	19	21	24	25	1	4	8	13	15	18	22
30	16		22	25	26	2	5	9	14	16	19	23
31	17		23		27		6	10		17		24

1945年（昭和20年）

日＼月	1	2	3	4	5	6	7	8	9	10	11	12
1	25	1	1	5	8	11	14	18	22	26	2	4
2	26	2	2	6	9	12	15	19	23	27	3	5
3	27	3	3	7	10	13	16	20	24	1	4	6
4	1	4	4	8	11	14	17	21	25	2	5	7
5	2	5	5	9	12	15	18	22	26	3	5	8
6	3	6	6	10	13	16	19	23	1	3	6	9
7	4	7	7	11	14	17	20	24	2	4	7	10
8	5	8	8	12	15	18	21	25	3	5	8	11
9	6	9	9	13	16	19	22	26	4	6	9	12
10	7	10	10	14	17	20	23	27	5	7	10	13
11	8	11	11	15	18	21	24	1	6	8	11	14
12	9	12	12	16	18	22	25	2	7	9	12	15
13	10	12	13	17	19	23	26	3	8	10	13	16
14	10	13	14	18	20	24	27	4	9	11	14	17
15	11	14	15	19	21	25	1	5	10	12	15	18
16	12	15	16	20	22	26	2	6	11	13	16	19
17	13	16	17	21	23	27	3	7	12	14	17	20
18	14	17	18	22	24	1	4	8	13	15	18	21
19	15	18	19	23	25	2	5	9	14	16	19	22
20	16	19	20	24	26	3	6	10	15	17	20	23
21	17	20	21	25	27	4	7	11	16	18	21	24
22	18	21	22	26	1	5	8	12	17	19	22	25
23	19	22	23	27	2	6	9	13	18	20	23	26
24	20	23	24	1	3	7	10	14	19	21	24	27
25	21	24	25	2	4	8	11	15	20	22	25	1
26	22	25	26	3	5	9	12	16	21	23	26	2
27	23	26	27	4	6	10	13	17	22	24	27	3
28	24	27	1	5	7	11	14	18	23	25	1	4
29	25	×	2	6	8	12	15	19	24	26	2	5
30	26	×	3	7	9	13	16	20	25	27	3	6
31	27	×	4	×	10	×	17	21	×	1	×	7

1946年（昭和21年）

日＼月	1	2	3	4	5	6	7	8	9	10	11	12
1	8	12	12	15	18	21	24	2	6	9	12	15
2	9	12	13	16	19	22	25	3	7	10	13	16
3	10	13	14	17	20	23	26	4	8	11	14	17
4	11	14	14	18	21	24	27	5	9	12	15	18
5	12	15	15	19	22	25	1	6	10	13	16	19
6	13	16	16	20	23	26	2	7	11	14	17	20
7	14	17	17	21	24	27	3	8	12	15	18	21
8	15	18	18	22	25	1	4	9	13	16	19	22
9	16	19	19	23	26	2	5	10	14	17	20	23
10	17	20	20	24	27	3	6	11	15	18	21	24
11	18	21	21	25	1	4	7	12	16	19	22	25
12	19	22	22	26	2	5	8	13	17	20	23	26
13	20	23	23	27	3	6	9	14	18	21	24	27
14	21	24	24	1	4	7	10	15	19	22	25	1
15	22	25	25	2	5	8	11	16	20	23	26	2
16	23	26	26	3	6	9	12	17	21	24	27	3
17	24	27	27	4	7	10	13	18	22	25	1	4
18	25	1	1	5	8	11	14	19	23	26	2	5
19	26	2	2	6	9	12	15	20	24	27	3	6
20	27	3	3	7	10	13	16	21	25	1	4	7
21	1	4	4	8	11	14	17	22	26	2	5	8
22	2	5	5	9	12	15	18	23	27	3	6	9
23	3	6	6	10	13	16	19	24	1	4	7	10
24	4	7	7	11	14	17	20	25	2	5	8	11
25	5	8	8	12	15	18	21	26	3	5	9	12
26	6	9	9	13	16	19	22	27	4	6	10	13
27	7	10	10	14	17	20	23	1	5	7	11	14
28	8	11	11	15	18	21	25	2	6	8	12	15
29	9		12	16	19	22	26	3	7	9	13	16
30	10		13	17	20	23	27	4	8	10	14	17
31	11		14		20		1	5		11		18

1947年（昭和22年）

日＼月	1	2	3	4	5	6	7	8	9	10	11	12
1	19	22	22	23	26	3	5	9	14	17	21	23
2	20	23	23	24	27	4	6	10	15	18	22	24
3	21	24	24	25	1	5	7	11	16	19	23	25
4	22	25	25	26	2	6	8	12	17	20	24	26
5	23	26	26	27	3	7	9	13	18	21	25	27
6	24	27	27	1	4	8	10	14	19	22	26	1
7	25	1	1	2	5	9	11	15	20	23	27	2
8	26	2	2	3	6	10	12	16	21	24	1	3
9	27	3	3	4	7	11	13	17	22	25	2	4
10	1	4	4	5	8	12	14	18	23	26	3	5
11	2	5	5	6	9	13	15	19	24	27	4	6
12	3	6	6	7	10	14	16	20	25	1	5	8
13	4	7	7	8	11	15	17	21	26	2	5	9
14	5	8	8	9	12	16	18	22	27	3	6	10
15	6	9	9	10	13	17	19	23	1	4	7	11
16	7	10	10	11	14	18	20	25	2	5	8	12
17	8	11	11	12	15	19	21	26	3	6	9	13
18	9	12	12	13	16	20	22	27	4	7	10	14
19	10	13	13	14	17	20	23	1	5	8	11	15
20	11	14	14	15	18	21	24	2	6	9	12	16
21	12	14	15	16	19	22	25	3	7	10	13	17
22	12	15	16	17	20	23	26	4	8	11	14	18
23	13	16	14	18	21	24	27	5	9	12	15	19
24	14	17	15	19	22	25	1	6	10	13	16	20
25	15	18	16	20	23	26	2	7	11	14	17	21
26	16	19	17	21	24	27	3	8	12	15	18	22
27	17	20	18	22	25	1	4	9	13	16	19	23
28	18	21	19	23	26	2	5	10	14	17	20	24
29	19		20	24	27	3	6	11	15	18	21	25
30	20		21	25	1	4	7	12	16	19	22	26
31	21		22		2		8	13		20		27

1948年（昭和23年）

日＼月	1	2	3	4	5	6	7	8	9	10	11	12
1	1	4	5	8	11	14	17	20	25	2	5	8
2	2	5	6	9	12	15	18	21	26	3	6	9
3	3	6	7	10	13	16	19	22	1	3	7	10
4	4	7	8	11	14	17	20	23	2	4	8	11
5	5	8	9	12	15	18	21	25	3	5	9	12
6	6	9	10	13	16	19	22	26	4	6	10	13
7	7	10	11	14	17	20	22	27	5	7	11	14
8	8	11	12	15	18	21	23	1	6	8	12	15
9	9	12	13	16	18	22	24	2	7	9	13	16
10	10	12	14	17	19	23	25	3	8	10	14	17
11	10	13	14	18	20	24	26	4	9	11	15	18
12	11	14	15	19	21	25	27	5	10	12	16	19
13	12	15	16	20	22	26	1	6	11	13	17	20
14	13	16	17	21	23	27	2	7	12	14	18	21
15	14	17	18	22	24	1	3	8	13	15	19	22
16	15	18	19	23	25	2	4	9	14	16	20	23
17	16	19	20	24	26	3	5	10	15	17	21	24
18	17	20	21	25	27	4	6	11	16	18	22	25
19	18	21	22	26	1	5	7	12	17	19	23	26
20	19	22	23	27	2	6	8	13	18	20	24	27
21	20	23	24	1	3	7	9	14	19	21	25	1
22	21	24	25	2	4	8	10	15	20	22	26	2
23	22	25	26	3	5	9	11	16	21	23	27	3
24	23	26	27	4	6	10	12	17	22	24	1	4
25	24	27	1	5	7	11	13	18	23	25	2	5
26	25	1	2	6	8	12	14	19	24	26	3	6
27	26	2	3	7	9	13	15	20	25	27	4	7
28	27	3	4	8	10	14	16	21	26	1	5	8
29	1	4	5	9	11	15	17	22	27	2	6	9
30	2		6	10	12	16	18	23	1	3	7	10
31	3		7		13		19	24		4		11

1949年（昭和24年）

日＼月	1	2	3	4	5	6	7	8	9	10	11	12
1	12	15	15	18	21	24	27	4	6	10	13	16
2	13	16	16	19	22	25	1	5	7	11	14	17
3	14	17	17	20	23	26	2	6	8	12	15	18
4	15	18	18	21	24	27	3	7	9	13	16	19
5	16	19	19	22	25	1	4	8	10	14	17	20
6	17	20	20	23	26	2	5	9	11	15	18	21
7	18	21	21	24	27	3	6	10	12	16	19	22
8	19	22	22	25	1	4	7	11	13	17	20	23
9	20	23	23	26	2	5	8	12	14	18	21	24
10	21	24	24	27	3	6	9	13	15	19	22	25
11	22	25	25	1	4	7	10	14	16	20	23	26
12	23	26	26	2	5	8	11	15	17	21	24	27
13	24	27	27	3	6	9	12	16	18	22	25	1
14	25	1	1	4	7	10	13	17	19	23	26	2
15	26	2	2	5	8	11	14	18	20	24	27	3
16	27	3	3	6	9	12	15	19	21	25	1	4
17	1	4	4	7	10	13	16	20	22	26	2	5
18	2	5	5	8	11	14	17	21	23	27	3	6
19	3	6	6	9	12	15	18	22	24	1	4	7
20	4	7	7	10	13	16	19	23	25	2	5	8
21	5	8	8	11	14	17	20	24	26	3	6	9
22	6	9	9	12	15	18	21	25	1	3	7	10
23	7	10	10	13	16	19	22	26	2	4	8	11
24	8	11	11	14	17	20	23	25	3	5	9	12
25	9	12	12	15	18	21	24	26	4	6	10	13
26	10	13	13	16	19	22	25	27	5	7	11	14
27	11	14	14	17	20	23	26	1	6	8	12	15
28	12	14	15	18	20	24	27	2	7	9	13	16
29	12		16	19	21	25	1	3	8	10	14	17
30	13		16	20	22	26	2	4	9	11	15	18
31	14		17		23		3	5		12		19

1950年（昭和25年）

日＼月	1	2	3	4	5	6	7	8	9	10	11	12
1	20	24	24	27	3	6	8	12	16	20	24	26
2	21	25	25	1	4	7	9	13	17	21	25	27
3	22	26	26	2	5	8	10	14	18	22	26	1
4	23	27	27	3	6	9	11	15	19	23	27	2
5	24	1	1	4	7	10	12	16	20	24	1	3
6	25	2	2	5	8	11	13	17	21	25	2	4
7	26	3	3	6	9	12	14	18	22	26	3	5
8	27	4	4	7	10	13	15	19	23	27	4	6
9	1	5	5	8	11	14	16	20	24	1	5	8
10	2	6	6	9	12	15	17	21	25	2	5	9
11	3	7	7	10	13	16	18	22	26	3	6	10
12	4	8	8	11	14	17	19	23	1	4	7	11
13	5	9	9	12	15	18	20	24	2	5	8	12
14	6	10	10	13	16	19	21	25	3	6	9	13
15	7	11	11	14	17	20	22	26	4	7	10	14
16	8	12	12	15	18	20	23	27	5	8	11	15
17	9	12	13	16	18	21	24	1	6	9	12	16
18	10	13	14	17	19	22	25	2	7	10	13	17
19	11	14	14	18	20	23	26	3	8	11	14	18
20	12	15	15	19	21	24	27	4	9	12	15	19
21	13	16	16	20	22	25	1	5	10	13	16	20
22	14	17	17	21	23	26	2	6	11	14	17	21
23	15	18	18	22	24	27	3	7	12	15	18	22
24	16	19	19	23	25	1	4	8	13	16	19	23
25	17	20	20	24	26	2	5	9	14	17	20	24
26	18	21	21	25	27	3	6	10	15	18	21	25
27	19	22	22	26	1	4	7	11	16	19	22	26
28	20	23	23	27	2	5	8	12	17	20	23	27
29	21		24	1	3	6	9	13	18	21	24	1
30	22		25	2	4	7	10	14	19	22	25	2
31	23		26		5		11	15		23		3

1951年（昭和26年）

日＼月	1	2	3	4	5	6	7	8	9	10	11	12
1	4	7	8	11	14	17	19	23	1	3	7	10
2	5	8	9	12	15	18	20	24	2	4	8	11
3	6	9	10	13	16	19	21	25	3	5	9	12
4	7	10	11	14	17	20	22	26	4	6	10	13
5	8	11	12	15	18	20	23	27	5	7	11	14
6	9	12	13	16	18	21	24	1	6	8	12	15
7	10	13	14	17	19	22	25	2	7	9	13	16
8	10	14	14	18	20	23	26	3	8	10	14	17
9	11	15	15	19	21	24	27	4	9	11	15	18
10	12	16	16	20	22	25	1	5	10	12	16	19
11	13	17	17	21	23	26	2	6	11	13	17	20
12	14	18	18	22	24	27	3	7	12	14	18	21
13	15	19	19	23	25	1	4	8	13	15	19	22
14	16	20	20	24	26	2	5	9	14	16	20	23
15	17	21	21	25	27	3	6	10	15	17	21	24
16	18	22	22	26	1	4	7	11	16	18	22	25
17	19	23	23	27	2	5	8	12	17	19	23	26
18	20	24	24	1	3	6	9	13	18	20	24	27
19	21	25	25	2	4	7	10	14	19	21	25	1
20	22	26	26	3	5	8	11	15	20	22	26	2
21	23	27	27	4	6	9	12	16	21	23	27	3
22	24	1	1	5	7	10	13	17	22	24	1	4
23	25	2	2	6	8	11	14	18	23	25	2	5
24	26	3	3	7	9	12	15	19	24	26	3	6
25	27	4	4	8	10	13	16	20	25	27	4	7
26	1	5	5	9	11	14	17	21	26	1	5	8
27	2	6	6	10	12	15	18	22	27	2	6	9
28	3	7	7	11	13	16	19	23	1	3	7	10
29	4		8	12	14	17	20	24	2	4	8	11
30	5		9	13	15	18	21	25	3	5	9	12
31	6		10		16		22	26		6		13

1952年（昭和27年）

日＼月	1	2	3	4	5	6	7	8	9	10	11	12
1	14	17	19	22	25	1	2	5	9	13	16	19
2	15	18	20	23	26	2	3	6	10	14	17	20
3	16	19	21	24	27	3	4	7	11	15	18	21
4	17	20	22	25	1	4	5	8	12	16	19	22
5	18	21	23	26	2	5	6	9	13	17	20	23
6	19	22	24	27	3	6	7	10	14	18	21	24
7	20	23	25	1	4	7	8	11	15	19	22	25
8	21	24	26	2	5	8	9	12	16	20	23	26
9	22	25	27	3	6	9	10	13	17	21	24	27
10	23	26	1	4	7	10	11	14	18	22	25	1
11	24	27	2	5	8	11	12	15	19	23	26	2
12	25	1	3	6	9	12	13	16	20	24	27	3
13	26	2	4	7	10	13	14	17	21	25	1	4
14	27	3	5	8	11	14	15	18	22	26	2	5
15	1	4	6	9	12	15	16	19	23	27	3	6
16	2	5	7	10	13	16	17	20	24	1	4	7
17	3	6	8	11	14	17	18	21	25	2	5	8
18	4	7	9	12	15	18	19	22	26	3	6	9
19	5	8	10	13	16	19	20	23	1	3	7	10
20	6	9	11	14	17	20	21	24	2	4	8	11
21	7	10	12	15	18	21	22	25	3	5	9	12
22	8	11	13	16	19	20	22	26	4	6	10	13
23	9	12	14	17	20	21	23	27	5	7	11	14
24	10	13	15	18	20	22	24	1	6	8	12	15
25	11	14	16	19	21	23	25	2	7	9	13	16
26	12	15	16	20	22	24	26	3	8	10	14	17
27	12	16	17	21	23	25	27	4	9	11	15	18
28	13	17	18	22	24	26	1	5	10	12	16	19
29	14	18	19	23	25	27	2	6	11	13	17	20
30	15		20	24	26	1	3	7	12	14	18	21
31	16		21		27		4	8		15		22

1953年（昭和28年）

日＼月	1	2	3	4	5	6	7	8	9	10	11	12
1	23	27	27	4	6	10	13	16	20	24	27	2
2	24	1	1	5	7	11	14	17	21	25	1	3
3	25	2	2	6	8	12	15	18	22	26	2	4
4	26	3	3	7	9	13	16	19	23	27	3	5
5	27	4	4	8	10	14	17	20	24	1	4	6
6	1	5	5	9	11	15	18	21	25	2	5	8
7	2	6	6	10	12	16	19	22	26	3	5	9
8	3	7	7	11	13	17	20	23	1	3	6	10
9	4	8	8	12	14	18	21	24	2	4	7	11
10	5	9	9	13	15	19	22	25	3	5	8	12
11	6	10	10	14	16	20	22	26	4	6	9	13
12	7	11	11	15	17	21	23	27	5	7	10	14
13	8	12	12	16	18	22	24	1	6	8	11	15
14	9	12	13	16	19	23	25	2	7	9	12	16
15	10	13	14	17	20	24	26	3	8	10	13	17
16	11	14	15	18	21	25	27	4	9	11	14	18
17	12	15	16	19	22	26	1	5	10	12	15	19
18	13	16	17	20	23	27	2	6	11	13	16	20
19	14	17	18	21	24	1	3	7	12	14	17	21
20	15	18	19	22	25	2	4	8	13	15	18	22
21	16	19	20	23	26	3	5	9	14	16	19	23
22	17	20	21	24	27	4	6	10	15	17	20	24
23	18	21	22	25	1	5	7	11	16	18	21	25
24	19	22	23	26	2	6	8	12	17	19	22	26
25	20	23	24	27	3	7	9	13	18	20	23	27
26	21	24	25	1	4	8	10	14	19	21	24	1
27	22	25	26	2	5	9	11	15	20	22	25	2
28	23	26	27	3	6	10	12	16	21	23	26	3
29	24		1	4	7	11	13	17	22	24	27	4
30	25		2	5	8	12	14	18	23	25	1	5
31	26		3		9		15	19		26		6

1954年（昭和29年）

日＼月	1	2	3	4	5	6	7	8	9	10	11	12
1	7	10	10	14	17	20	23	27	5	7	10	14
2	8	11	11	15	18	21	24	1	6	8	11	15
3	9	12	12	16	18	22	25	2	7	9	12	16
4	10	12	13	17	19	23	26	3	8	10	13	17
5	10	13	14	18	20	24	27	4	9	11	14	18
6	11	14	15	19	21	25	1	5	10	12	15	19
7	12	15	16	20	22	26	2	6	11	13	16	20
8	13	16	17	21	23	27	3	7	12	14	17	21
9	14	17	18	22	24	1	4	8	13	15	18	22
10	15	18	19	23	25	2	5	9	14	16	19	23
11	16	19	20	24	26	3	6	10	15	17	20	24
12	17	20	21	25	27	4	7	11	16	18	21	25
13	18	21	22	26	1	5	8	12	17	19	22	26
14	19	22	23	27	2	6	9	13	18	20	23	27
15	20	23	24	1	3	7	10	14	19	21	24	1
16	21	24	25	2	4	8	11	15	20	22	25	2
17	22	25	26	3	5	9	12	16	21	23	26	3
18	23	26	27	4	6	10	13	17	22	24	27	4
19	24	27	1	5	7	11	14	18	23	25	1	5
20	25	1	2	6	8	12	15	19	24	26	2	6
21	26	2	3	7	9	13	16	20	25	27	3	7
22	27	3	4	8	10	14	17	21	26	1	4	8
23	1	4	5	9	11	15	18	22	27	2	5	9
24	2	5	6	10	12	16	19	23	1	3	6	10
25	3	6	7	11	13	17	20	24	2	4	8	10
26	4	7	8	12	14	18	21	25	3	5	9	11
27	5	8	9	13	15	19	22	26	3	5	10	12
28	6	9	10	14	16	20	23	1	4	6	11	13
29	7		11	15	17	21	24	2	5	7	12	14
30	8		12	16	18	22	25	3	6	8	13	15
31	9		13		19		26	4		9		16

1955年（昭和30年）

日＼月	1	2	3	4	5	6	7	8	9	10	11	12
1	17	20	20	24	25	1	4	8	12	16	19	22
2	18	21	21	25	26	2	5	9	13	17	20	23
3	19	22	22	26	27	3	6	10	14	18	21	24
4	20	23	23	27	1	4	7	11	15	19	22	25
5	21	24	24	1	2	5	8	12	16	20	23	26
6	22	25	25	2	3	6	9	13	17	21	24	27
7	23	26	26	3	4	7	10	14	18	22	25	1
8	24	27	27	4	5	8	11	15	19	23	26	2
9	25	1	1	5	6	9	12	16	20	24	27	3
10	26	2	2	6	7	10	13	17	21	25	1	4
11	27	3	3	7	8	11	14	18	22	26	2	5
12	1	4	4	8	9	12	15	19	23	27	3	6
13	2	5	5	9	10	13	16	20	24	1	4	7
14	3	6	6	10	11	14	17	21	25	2	5	8
15	4	7	7	11	12	15	18	22	26	3	6	9
16	5	8	8	12	13	16	19	23	1	3	7	10
17	6	9	9	13	14	17	20	24	2	4	8	11
18	7	10	10	14	15	18	21	25	3	5	9	12
19	8	11	11	15	16	19	22	26	4	6	10	13
20	9	12	12	16	17	20	23	27	5	7	11	14
21	10	13	13	17	18	21	24	1	6	8	12	15
22	11	14	14	16	18	22	25	2	7	9	13	16
23	12	14	15	17	19	23	26	3	8	10	14	17
24	12	15	16	18	20	24	27	4	9	11	15	18
25	13	16	17	19	21	25	1	5	10	12	16	19
26	14	17	18	20	22	26	2	6	11	13	17	20
27	15	18	19	21	23	27	3	7	12	14	18	21
28	16	19	20	22	24	1	4	8	13	15	19	22
29	17		21	23	25	2	5	9	14	16	20	23
30	18		22	24	26	3	6	10	15	17	21	24
31	19		23		27		7	11		18		25

1956年（昭和31年）

日＼月	1	2	3	4	5	6	7	8	9	10	11	12
1	26	2	3	7	9	13	15	19	24	27	4	6
2	27	3	4	8	10	14	16	20	25	1	5	8
3	1	4	5	9	11	15	17	21	26	2	5	9
4	2	5	6	10	12	16	18	22	27	3	6	10
5	3	6	7	11	13	17	19	23	1	4	7	11
6	4	7	8	12	14	18	20	25	2	5	8	12
7	5	8	9	13	15	19	21	26	3	6	9	13
8	6	9	10	14	16	20	22	27	4	7	10	14
9	7	10	11	15	17	20	23	1	5	8	11	15
10	8	11	12	16	18	21	24	2	6	9	12	16
11	9	12	13	16	19	22	25	3	7	10	13	17
12	10	12	14	17	20	23	26	4	8	11	14	18
13	10	13	15	18	21	24	27	5	9	12	15	19
14	11	14	16	19	22	25	1	6	10	13	16	20
15	12	15	17	20	23	26	2	7	11	14	17	21
16	13	16	18	21	24	27	3	8	12	15	18	22
17	14	17	19	22	25	1	4	9	13	16	19	23
18	15	18	20	23	26	2	5	10	14	17	20	24
19	16	19	21	24	27	3	6	11	15	18	21	25
20	17	20	22	25	1	4	7	12	16	19	22	26
21	18	21	23	26	2	5	8	13	17	20	23	27
22	19	22	24	27	3	6	9	14	18	21	24	1
23	20	23	25	1	4	7	10	15	19	22	25	2
24	21	24	26	2	5	8	11	16	20	23	26	3
25	22	25	27	3	6	9	12	17	21	24	27	4
26	23	26	1	4	7	10	13	18	22	25	1	5
27	24	27	2	5	8	11	14	19	23	26	2	6
28	25	1	3	6	9	12	15	20	24	27	3	7
29	26	2	4	7	10	13	16	21	25	1	4	8
30	27		5	8	11	14	17	22	26	2	5	9
31	1		6		12		18	23		3		10

1957年（昭和32年）

日＼月	1	2	3	4	5	6	7	8	9	10	11	12
1	10	13	14	17	19	23	25	3	8	8	12	14
2	11	14	14	18	20	24	26	4	9	9	13	15
3	12	15	15	19	21	25	27	5	10	10	14	16
4	13	16	16	20	22	26	1	6	11	11	15	17
5	14	17	17	21	23	27	2	7	12	12	16	18
6	15	18	18	22	24	1	3	8	13	13	17	19
7	16	19	19	23	25	2	4	9	14	14	18	20
8	17	20	20	24	26	3	5	10	15	15	19	21
9	18	21	21	25	27	4	6	11	16	16	20	22
10	19	22	22	26	1	5	7	12	17	17	21	23
11	20	23	23	27	2	6	8	13	18	18	22	24
12	21	24	24	1	3	7	9	14	19	19	23	25
13	22	25	25	2	4	8	10	15	20	20	24	26
14	23	26	26	3	5	9	11	16	21	21	25	27
15	24	27	27	4	6	10	12	17	22	22	26	1
16	25	1	1	5	7	11	13	18	23	23	27	2
17	26	2	2	6	8	12	14	19	24	24	1	3
18	27	3	3	7	9	13	15	20	25	25	2	4
19	1	4	4	8	10	14	16	21	26	26	3	5
20	2	5	5	9	11	15	17	22	27	27	4	6
21	3	6	6	10	12	16	18	23	1	1	5	8
22	4	7	7	11	13	17	19	24	2	2	5	9
23	5	8	8	12	14	18	20	25	3	3	6	10
24	6	9	9	13	15	19	21	26	1	4	7	11
25	7	10	10	14	16	20	22	1	2	5	8	12
26	8	11	11	15	17	21	23	2	3	6	9	13
27	9	12	12	16	18	22	25	3	4	7	10	14
28	10	13	13	17	19	22	26	4	5	8	11	15
29	11		14	18	20	23	27	5	6	9	12	16
30	12		15	18	21	24	1	6	7	10	13	17
31	12		16		22		2	7		11		18

1958年（昭和33年）

月 日	1	2	3	4	5	6	7	8	9	10	11	12
1	19	22	22	26	1	4	7	10	15	19	22	25
2	20	23	23	27	2	5	8	11	16	20	23	26
3	21	24	24	1	3	6	9	12	17	21	24	27
4	22	25	25	2	4	7	10	13	18	22	25	1
5	23	26	26	3	5	8	11	14	19	23	26	2
6	24	27	27	4	6	9	12	15	20	24	27	3
7	25	1	1	5	7	10	13	16	21	25	1	4
8	26	2	2	6	8	11	14	17	22	26	2	5
9	27	3	3	7	9	12	15	18	23	27	3	6
10	1	4	4	8	10	13	16	19	24	1	4	7
11	2	5	5	9	11	14	17	20	25	2	5	8
12	3	6	6	10	12	15	18	21	26	3	6	9
13	4	7	7	11	13	16	19	22	1	3	7	10
14	5	8	8	12	14	17	20	23	2	4	8	11
15	6	9	9	13	15	18	21	25	3	5	9	12
16	7	10	10	14	16	19	22	26	4	6	10	13
17	8	11	11	15	17	20	22	27	5	7	11	14
18	9	12	12	16	18	21	23	1	6	8	12	15
19	10	12	13	16	18	22	24	2	7	9	13	16
20	10	13	14	17	19	23	25	3	8	10	14	17
21	11	14	15	18	20	24	26	4	9	11	15	18
22	12	15	16	19	21	25	27	5	10	12	16	19
23	13	16	17	20	22	26	1	6	11	13	17	20
24	14	17	18	21	23	27	2	7	12	14	18	21
25	15	18	19	22	24	1	3	8	13	15	19	22
26	16	19	20	23	25	2	4	9	14	16	20	23
27	17	20	21	24	26	3	5	10	15	17	21	24
28	18	21	22	25	27	4	6	11	16	18	22	25
29	19		23	26	1	5	7	12	17	19	23	26
30	20		24	27	2	6	8	13	18	20	24	27
31	21		25		3		9	14		21		1

1959年（昭和34年）

日＼月	1	2	3	4	5	6	7	8	9	10	11	12
1	2	6	6	10	12	15	18	21	26	2	5	9
2	3	7	7	11	13	16	19	22	27	3	6	10
3	4	8	8	12	14	17	20	23	1	3	7	11
4	5	9	9	13	15	18	21	25	2	4	8	12
5	6	10	10	14	16	19	22	26	3	5	9	13
6	7	11	11	15	17	20	22	27	4	6	10	14
7	8	12	12	16	18	21	23	1	5	7	11	15
8	9	12	13	16	18	22	24	2	6	8	12	16
9	10	13	14	17	19	23	25	3	7	9	13	17
10	11	14	15	18	20	24	26	4	8	10	14	18
11	12	15	16	19	21	25	27	5	9	11	15	19
12	13	16	17	20	22	26	1	6	10	12	16	20
13	14	17	18	21	23	27	2	7	11	13	17	21
14	15	18	19	22	24	1	3	8	12	14	18	22
15	16	19	20	23	25	2	4	9	13	15	19	23
16	17	20	21	24	26	3	5	10	14	16	20	24
17	18	21	22	25	27	4	6	11	15	17	21	25
18	19	22	23	26	1	5	7	12	16	18	22	26
19	20	23	24	27	2	6	8	13	17	19	23	27
20	21	24	25	1	3	7	9	14	18	20	24	1
21	22	25	26	2	4	8	10	15	19	21	25	2
22	23	26	27	3	5	9	11	16	20	22	26	3
23	24	27	1	4	6	10	12	17	21	23	27	4
24	25	1	2	5	7	11	13	18	22	24	1	5
25	26	2	3	6	8	12	14	19	23	25	2	6
26	27	3	4	7	9	13	15	20	24	26	3	7
27	1	4	5	8	10	14	16	21	25	27	4	8
28	2	5	6	9	11	15	17	22	26	1	5	9
29	3		7	10	12	16	18	23	27	2	6	10
30	4		8	11	13	17	19	24	1	3	8	10
31	5		9		14		20	25		4		11

1960年（昭和35年）

日＼月	1	2	3	4	5	6	7	8	9	10	11	12
1	12	16	17	21	23	27	2	3	8	11	15	17
2	13	17	18	22	24	1	3	4	9	12	16	18
3	14	18	19	23	25	2	4	5	10	13	17	19
4	15	19	20	24	26	3	5	6	11	14	18	20
5	16	20	21	25	27	4	6	7	12	15	19	21
6	17	21	22	26	1	5	7	8	13	16	20	22
7	18	22	23	27	2	6	8	9	14	17	21	23
8	19	23	24	1	3	7	9	10	15	18	22	24
9	20	24	25	2	4	8	10	11	16	19	23	25
10	21	25	26	3	5	9	11	12	17	20	24	26
11	22	26	27	4	6	10	12	13	18	21	25	27
12	23	27	1	5	7	11	13	14	19	22	26	1
13	24	1	2	6	8	12	14	15	20	23	27	2
14	25	2	3	7	9	13	15	16	21	24	1	3
15	26	3	4	8	10	14	16	17	22	25	2	4
16	27	4	5	9	11	15	17	18	23	26	3	5
17	1	5	6	10	12	16	18	19	24	27	4	6
18	2	6	7	11	13	17	19	20	25	1	5	8
19	3	7	8	12	14	18	20	21	26	2	5	9
20	4	8	9	13	15	19	21	22	27	3	6	10
21	5	9	10	14	16	20	22	23	1	4	7	11
22	6	10	11	15	17	21	23	25	2	5	8	12
23	7	11	12	16	18	22	24	26	3	6	9	13
24	8	12	13	17	19	22	22	27	4	7	10	14
25	9	13	14	18	20	23	23	1	5	8	11	15
26	10	14	15	18	21	24	24	2	6	9	12	16
27	11	14	16	19	22	25	25	3	7	10	13	17
28	12	15	17	20	23	26	26	4	8	11	14	18
29	13	16	18	21	24	27	27	5	9	12	15	19
30	14	×	19	22	25	1	1	6	10	13	16	20
31	15	×	20	×	26	×	2	7	×	14	×	21

1961年（昭和36年）

日＼月	1	2	3	4	5	6	7	8	9	10	11	12
1	22	25	26	2	5	8	11	14	19	22	25	1
2	23	26	27	3	6	9	12	15	20	23	26	2
3	24	27	1	4	7	10	13	16	21	24	27	3
4	25	1	2	5	8	11	14	17	22	25	1	4
5	26	2	3	6	9	12	15	18	23	26	2	5
6	27	3	4	7	10	13	16	19	24	27	3	6
7	1	4	5	8	11	14	17	20	25	1	4	7
8	2	5	6	9	12	15	18	21	26	2	5	8
9	3	6	7	10	13	16	19	22	27	3	6	9
10	4	7	8	11	14	17	20	23	1	3	7	10
11	5	8	9	12	15	18	21	25	2	4	8	11
12	6	9	10	13	16	19	22	26	3	5	9	12
13	7	10	11	14	17	20	22	27	4	6	10	13
14	8	11	12	15	18	21	23	1	5	7	11	14
15	9	12	13	16	18	22	24	2	6	8	12	15
16	10	13	14	17	19	23	25	3	7	9	13	16
17	10	14	14	18	20	24	26	4	8	10	14	17
18	11	15	15	19	21	25	27	5	9	11	15	18
19	12	16	16	20	22	26	1	6	10	12	16	19
20	13	17	17	21	23	27	2	7	11	13	17	20
21	14	18	18	22	24	1	3	8	12	14	18	21
22	15	19	19	23	25	2	4	9	13	15	19	22
23	16	20	20	24	26	3	5	10	14	16	20	23
24	17	21	21	25	27	4	6	11	15	17	21	24
25	18	22	22	26	1	5	7	12	16	18	22	25
26	19	23	23	27	2	6	8	13	17	19	23	26
27	20	24	24	1	3	7	9	14	18	20	24	27
28	21	25	25	2	4	8	10	15	19	21	25	1
29	22		26	3	5	9	11	16	20	22	26	2
30	23		27	4	6	10	12	17	21	23	27	3
31	24		1		7		13	18		24		4

1962年（昭和37年）

日＼月	1	2	3	4	5	6	7	8	9	10	11	12
1	5	9	9	13	15	19	22	26	3	5	9	12
2	6	10	10	14	16	20	22	27	4	6	10	13
3	7	11	11	15	17	21	23	1	5	7	11	14
4	8	12	12	16	18	22	24	2	6	8	12	15
5	9	12	13	16	19	23	25	3	7	9	13	16
6	10	13	14	17	20	24	26	4	8	10	14	17
7	11	14	15	18	21	25	27	5	9	11	15	18
8	12	15	16	19	22	26	1	6	10	12	16	19
9	13	16	17	20	23	27	2	7	11	13	17	20
10	14	17	18	21	24	1	3	8	12	14	18	21
11	15	18	19	22	25	2	4	9	13	15	19	22
12	16	19	20	23	26	3	5	10	14	16	20	23
13	17	20	21	24	27	4	6	11	15	17	21	24
14	18	21	22	25	1	5	7	12	16	18	22	25
15	19	22	23	26	2	6	8	13	17	19	23	26
16	20	23	24	27	3	7	9	14	18	20	24	27
17	21	24	25	1	4	8	10	15	19	21	25	1
18	22	25	26	2	5	9	11	16	20	22	26	2
19	23	26	27	3	6	10	12	17	21	23	27	3
20	24	27	1	4	7	11	13	18	22	24	1	4
21	25	1	2	5	8	12	14	19	23	25	2	5
22	26	2	3	6	9	13	15	20	24	26	3	6
23	27	3	4	7	10	14	16	21	25	27	4	7
24	1	4	5	8	11	15	17	22	26	1	5	8
25	2	5	6	9	12	16	18	23	27	2	6	9
26	3	6	7	10	13	17	19	24	1	3	7	10
27	4	7	8	11	14	18	20	25	2	4	8	10
28	5	8	9	12	15	19	21	26	3	5	9	11
29	6		10	13	16	20	22	27	3	6	10	12
30	7		11	14	17	21	23	1	4	7	11	13
31	8		12		18		25	2		8		14

1963年（昭和38年）

月 / 日	1	2	3	4	5	6	7	8	9	10	11	12
1	15	19	19	23	25	27	3	6	11	14	18	20
2	16	20	20	24	26	1	4	7	12	15	19	21
3	17	21	21	25	27	2	5	8	13	16	20	22
4	18	22	22	26	1	3	6	9	14	17	21	23
5	19	23	23	27	2	4	7	10	15	18	22	24
6	20	24	24	1	3	5	8	11	16	19	23	25
7	21	25	25	2	4	6	9	12	17	20	24	26
8	22	26	26	3	5	7	10	13	18	21	25	27
9	23	27	27	4	6	8	11	14	19	22	26	1
10	24	1	1	5	7	9	12	15	20	23	27	2
11	25	2	2	6	8	10	13	16	21	24	1	3
12	26	3	3	7	9	11	14	17	22	25	2	4
13	27	4	4	8	10	12	15	18	23	26	3	5
14	1	5	5	9	11	13	16	19	24	27	4	6
15	2	6	6	10	12	14	17	20	25	1	5	7
16	3	7	7	11	13	15	18	21	26	2	5	8
17	4	8	8	12	14	16	19	22	27	3	6	9
18	5	9	9	13	15	17	20	23	1	4	7	10
19	6	10	10	14	16	18	21	25	2	5	8	11
20	7	11	11	15	17	19	22	26	3	6	9	12
21	8	12	12	16	18	20	22	27	4	7	10	13
22	9	13	13	17	19	21	23	1	5	8	11	14
23	10	14	14	18	18	22	24	2	6	9	12	15
24	11	14	15	18	19	23	25	3	7	10	13	16
25	12	15	16	19	20	24	26	4	8	11	14	17
26	13	16	17	20	21	25	27	5	9	12	15	18
27	14	17	18	21	22	26	1	6	10	13	16	19
28	15	18	19	22	23	27	2	7	11	14	17	20
29	16		20	23	24	1	3	8	12	15	18	21
30	17		21	24	25	2	4	9	13	16	19	22
31	18		22		26		5	10		17		23

1964年（昭和39年）

日＼月	1	2	3	4	5	6	7	8	9	10	11	12
1	24	27	2	5	8	11	14	18	22	26	2	5
2	25	1	3	6	9	12	15	19	23	27	3	6
3	26	2	4	7	10	13	16	20	24	1	4	7
4	27	3	5	8	11	14	17	21	25	2	5	8
5	1	4	6	9	12	15	18	22	26	3	6	9
6	2	5	7	10	13	16	19	23	1	3	7	10
7	3	6	8	11	14	17	20	24	2	4	8	11
8	4	7	9	12	15	18	21	25	3	5	9	12
9	5	8	10	13	16	19	22	26	4	6	10	13
10	6	9	11	14	17	20	23	27	5	7	11	14
11	7	10	12	15	18	21	24	1	6	8	12	15
12	8	11	13	16	18	22	25	2	7	9	13	16
13	9	12	14	17	19	23	26	3	8	10	14	17
14	10	13	14	18	20	24	27	4	9	11	15	18
15	10	14	15	19	21	25	1	5	10	12	16	19
16	11	15	16	20	22	26	2	6	11	13	17	20
17	12	16	17	21	23	27	3	7	12	14	18	21
18	13	17	18	22	24	1	4	8	13	15	19	22
19	14	18	19	23	25	2	5	9	14	16	20	23
20	15	19	20	24	26	3	6	10	15	17	21	24
21	16	20	21	25	27	4	7	11	16	18	22	25
22	17	21	22	26	1	5	8	12	17	19	23	26
23	18	22	23	27	2	6	9	13	18	20	24	27
24	19	23	24	1	3	7	10	14	19	21	25	1
25	20	24	25	2	4	8	11	15	20	22	26	2
26	21	25	26	3	5	9	12	16	21	23	27	3
27	22	26	27	4	6	10	13	17	22	24	1	4
28	23	27	1	5	7	11	14	18	23	25	2	5
29	24	1	2	6	8	12	15	19	24	26	3	6
30	25		3	7	9	13	16	20	25	27	4	7
31	26		4		10		17	21		1		8

1965年（昭和40年）

月 日	1	2	3	4	5	6	7	8	9	10	11	12
1	9	12	12	16	18	21	24	2	6	9	13	16
2	10	12	13	16	19	22	25	3	7	10	14	17
3	10	13	14	17	20	23	26	4	8	11	15	18
4	11	14	15	18	21	24	27	5	9	12	16	19
5	12	15	16	19	22	25	1	6	10	13	17	20
6	13	16	17	20	23	26	2	7	11	14	18	21
7	14	17	18	21	24	27	3	8	12	15	19	22
8	15	18	19	22	25	1	4	9	13	16	20	23
9	16	19	20	23	26	2	5	10	14	17	21	24
10	17	20	21	24	27	3	6	11	15	18	22	25
11	18	21	22	25	1	4	7	12	16	19	23	26
12	19	22	23	26	2	5	8	13	17	20	24	27
13	20	23	24	27	3	6	9	14	18	21	25	1
14	21	24	25	1	4	7	10	15	19	22	26	2
15	22	25	26	2	5	8	11	16	20	23	27	3
16	23	26	27	3	6	9	12	17	21	24	1	4
17	24	27	1	4	7	10	13	18	22	25	2	5
18	25	1	2	5	8	11	14	19	23	26	3	6
19	26	2	3	6	9	12	15	20	24	27	4	7
20	27	3	4	7	10	13	16	21	25	1	5	8
21	1	4	5	8	11	14	17	22	26	2	6	9
22	2	5	6	9	12	15	18	23	27	3	7	10
23	3	6	7	10	13	16	19	24	1	4	8	10
24	4	7	8	11	14	17	20	25	2	5	9	11
25	5	8	9	12	15	18	21	26	3	6	10	12
26	6	9	10	13	16	19	22	27	4	7	11	13
27	7	10	11	14	17	20	23	1	5	8	12	14
28	8	11	12	15	18	21	25	2	6	9	13	15
29	9		13	16	19	22	26	3	7	10	14	16
30	10		14	17	20	23	27	4	8	11	15	17
31	11		15		20		1	5		12		18

1966年（昭和41年）

日＼月	1	2	3	4	5	6	7	8	9	10	11	12
1	19	22	23	26	26	3	5	9	14	17	21	24
2	20	23	24	27	27	4	6	10	15	18	22	25
3	21	24	25	1	1	5	7	11	16	19	23	26
4	22	25	26	2	2	6	8	12	17	20	24	27
5	23	26	27	3	3	7	9	13	18	21	25	1
6	24	27	1	4	4	8	10	14	19	22	26	2
7	25	1	2	5	5	9	11	15	20	23	27	3
8	26	2	3	6	6	10	12	16	21	24	1	4
9	27	3	4	7	7	11	13	17	22	25	2	5
10	1	4	5	8	8	12	14	18	23	26	3	6
11	2	5	6	9	9	13	15	19	24	27	4	7
12	3	6	7	10	10	14	16	20	25	1	5	8
13	4	7	8	11	11	15	17	21	26	2	6	9
14	5	8	9	12	12	16	18	22	27	3	7	10
15	6	9	10	13	13	17	19	23	1	4	8	11
16	7	10	11	14	14	18	20	25	2	5	9	12
17	8	11	12	15	15	19	21	26	3	6	10	13
18	9	12	13	16	16	20	22	27	4	7	11	14
19	10	13	14	17	17	20	23	1	5	8	12	15
20	11	14	15	18	18	21	24	2	6	9	13	16
21	12	15	16	16	19	22	25	3	7	10	14	17
22	12	16	16	17	20	23	26	4	8	11	15	18
23	13	17	17	18	21	24	27	5	9	12	16	19
24	14	18	18	19	22	25	1	6	10	13	17	20
25	15	19	19	20	23	26	2	7	11	14	18	21
26	16	20	20	21	24	27	3	8	12	15	19	22
27	17	21	21	22	25	1	4	9	13	16	20	23
28	18	22	22	23	26	2	5	10	14	17	21	24
29	19		23	24	27	3	6	11	15	18	22	25
30	20		24	25	1	4	7	12	16	19	23	26
31	21		25		2		8	13		20		27

1967年（昭和42年）

日＼月	1	2	3	4	5	6	7	8	9	10	11	12
1	1	4	5	8	10	14	16	19	24	1	4	7
2	2	5	6	9	11	15	17	20	25	2	5	8
3	3	6	7	10	12	16	18	21	26	3	6	9
4	4	7	8	11	13	17	19	22	1	3	7	10
5	5	8	9	12	14	18	20	23	2	4	8	11
6	6	9	10	13	15	19	21	25	3	5	9	12
7	7	10	11	14	16	20	22	26	4	6	10	13
8	8	11	12	15	17	20	22	27	5	7	11	14
9	9	12	13	16	18	21	23	1	6	8	12	15
10	10	13	14	16	19	22	24	2	7	9	13	16
11	10	14	14	17	20	23	25	3	8	10	14	17
12	11	15	15	18	21	24	26	4	9	11	15	18
13	12	16	16	19	22	25	27	5	10	12	16	19
14	13	17	17	20	23	26	1	6	11	13	17	20
15	14	18	18	21	24	27	2	7	12	14	18	21
16	15	19	19	22	25	1	3	8	13	15	19	22
17	16	20	20	23	26	2	4	9	14	16	20	23
18	17	21	21	24	27	3	5	10	15	17	21	24
19	18	22	22	25	1	4	6	11	16	18	22	25
20	19	23	23	26	2	5	7	12	17	19	23	26
21	20	24	24	27	3	6	8	13	18	20	24	27
22	21	25	25	1	4	7	9	14	19	21	25	1
23	22	26	26	2	5	8	10	15	20	22	26	2
24	23	27	27	3	6	9	11	16	21	23	27	3
25	24	1	1	4	7	10	12	17	22	24	1	4
26	25	2	2	5	8	11	13	18	23	25	2	5
27	26	3	3	6	9	12	14	19	24	26	3	6
28	27	4	4	7	10	13	15	20	25	27	4	7
29	1		5	8	11	14	16	21	26	1	5	8
30	2		6	9	12	15	17	22	27	2	6	9
31	3		7		13		18	23		3		10

1968年（昭和43年）

日＼月	1	2	3	4	5	6	7	8	9	10	11	12
1	11	14	16	19	21	25	27	5	6	10	13	16
2	12	15	17	20	22	26	1	6	7	11	14	17
3	13	16	18	21	23	27	2	7	8	12	15	18
4	14	17	19	22	24	1	3	8	9	13	16	19
5	15	18	20	23	25	2	4	9	10	14	17	20
6	16	19	21	24	26	3	5	10	11	15	18	21
7	17	20	22	25	27	4	6	11	12	16	19	22
8	18	21	23	26	1	5	7	12	13	17	20	23
9	19	22	24	27	2	6	8	13	14	18	21	24
10	20	23	25	1	3	7	9	14	15	19	22	25
11	21	24	26	2	4	8	10	15	16	20	23	26
12	22	25	27	3	5	9	11	16	17	21	24	27
13	23	26	1	4	6	10	12	17	18	22	25	1
14	24	27	2	5	7	11	13	18	19	23	26	2
15	25	1	3	6	8	12	14	19	20	24	27	3
16	26	2	4	7	9	13	15	20	21	25	1	4
17	27	3	5	8	10	14	16	21	22	26	2	5
18	1	4	6	9	11	15	17	22	23	27	3	6
19	2	5	7	10	12	16	18	23	24	1	4	7
20	3	6	8	11	13	17	19	24	25	2	5	8
21	4	7	9	12	14	18	20	25	26	3	6	9
22	5	8	10	13	15	19	21	26	1	3	7	10
23	6	9	11	14	16	20	22	27	2	4	8	11
24	7	10	12	15	17	21	23	25	3	5	9	12
25	8	11	13	16	18	22	25	26	4	6	10	13
26	9	12	14	17	19	22	26	27	5	7	11	14
27	10	13	15	18	20	23	27	1	6	8	12	15
28	11	14	16	18	21	24	1	2	7	9	13	16
29	12	15	16	19	22	25	2	3	8	10	14	17
30	12	×	17	20	23	26	3	4	9	11	15	18
31	13	×	18	×	24	×	4	5	×	12	×	19

1969年（昭和44年）

日＼月	1	2	3	4	5	6	7	8	9	10	11	12
1	20	24	24	1	3	7	9	13	17	20	24	26
2	21	25	25	2	4	8	10	14	18	21	25	27
3	22	26	26	3	5	9	11	15	19	22	26	1
4	23	27	27	4	6	10	12	16	20	23	27	2
5	24	1	1	5	7	11	13	17	21	24	1	3
6	25	2	2	6	8	12	14	18	22	25	2	4
7	26	3	3	7	9	13	15	19	23	26	3	5
8	27	4	4	8	10	14	16	20	24	27	4	6
9	1	5	5	9	11	15	17	21	25	1	5	8
10	2	6	6	10	12	16	18	22	26	2	5	9
11	3	7	7	11	13	17	19	23	27	3	6	10
12	4	8	8	12	14	18	20	24	1	4	7	11
13	5	9	9	13	15	19	21	25	2	5	8	12
14	6	10	10	14	16	20	22	26	3	6	9	13
15	7	11	11	15	17	20	23	27	4	7	10	14
16	8	12	12	16	18	21	24	1	5	8	11	15
17	9	12	13	16	19	22	25	2	6	9	12	16
18	10	13	14	17	20	23	26	3	7	10	13	17
19	11	14	15	18	21	24	27	4	8	11	14	18
20	12	15	16	19	22	25	1	5	9	12	15	19
21	13	16	17	20	23	26	2	6	10	13	16	20
22	14	17	18	21	24	27	3	7	11	14	17	21
23	15	18	19	22	25	1	4	8	12	15	18	22
24	16	19	20	23	26	2	5	9	13	16	19	23
25	17	20	21	24	27	3	6	10	14	17	20	24
26	18	21	22	25	1	4	7	11	15	18	21	25
27	19	22	23	26	2	5	8	12	16	19	22	26
28	20	23	24	27	3	6	9	13	17	20	23	27
29	21		25	1	4	7	10	14	18	21	24	1
30	22		26	2	5	8	11	15	19	22	25	2
31	23		27		6		12	16		23		3

1970年（昭和45年）

月 日	1	2	3	4	5	6	7	8	9	10	11	12
1	4	7	8	11	14	18	20	23	1	4	7	10
2	5	8	9	12	15	19	21	25	2	5	8	11
3	6	9	10	13	16	20	22	26	3	6	9	12
4	7	10	11	14	17	20	22	27	4	7	10	13
5	8	11	12	15	18	21	23	1	5	8	11	14
6	9	12	13	16	19	22	24	2	6	9	12	15
7	10	13	14	17	20	23	25	3	7	10	13	16
8	10	14	14	18	21	24	26	4	8	11	14	17
9	11	15	15	19	22	25	27	5	9	12	15	18
10	12	16	16	20	23	26	1	6	10	13	16	19
11	13	17	17	21	24	27	2	7	11	14	17	20
12	14	18	18	22	25	1	3	8	12	15	18	21
13	15	19	19	23	26	2	4	9	13	16	19	22
14	16	20	20	24	27	3	5	10	14	17	20	23
15	17	21	21	25	1	4	6	11	15	18	21	24
16	18	22	22	26	2	5	7	12	16	19	22	25
17	19	23	23	27	3	6	8	13	17	20	23	26
18	20	24	24	1	4	7	9	14	18	21	24	27
19	21	25	25	2	5	8	10	15	19	22	25	1
20	22	26	26	3	6	9	11	16	20	23	26	2
21	23	27	27	4	7	10	12	17	21	24	27	3
22	24	1	1	5	8	11	13	18	22	25	1	4
23	25	2	2	6	9	12	14	19	23	26	2	5
24	26	3	3	7	10	13	15	20	24	27	3	6
25	27	4	4	8	11	14	16	21	25	1	4	7
26	1	5	5	9	12	15	17	22	26	2	5	8
27	2	6	6	10	13	16	18	23	27	3	6	9
28	3	7	7	11	14	17	19	24	1	4	7	10
29	4		8	12	15	18	20	25	2	5	8	11
30	5		9	13	16	19	21	26	3	5	9	12
31	6		10		17		22	27		6		13

1971年（昭和46年）

日＼月	1	2	3	4	5	6	7	8	9	10	11	12
1	14	17	18	21	24	1	1	5	9	13	16	18
2	15	18	19	22	25	2	2	6	10	14	17	19
3	16	19	20	23	26	3	3	7	11	15	18	20
4	17	20	21	24	27	4	4	8	12	16	19	21
5	18	21	22	25	1	5	5	9	13	17	20	22
6	19	22	23	26	2	6	6	10	14	18	21	23
7	20	23	24	27	3	7	7	11	15	19	22	24
8	21	24	25	1	4	8	8	12	16	20	23	25
9	22	25	26	2	5	9	9	13	17	21	24	26
10	23	26	27	3	6	10	10	14	18	22	25	27
11	24	27	1	4	7	11	11	15	19	23	26	1
12	25	1	2	5	8	12	12	16	20	24	27	2
13	26	2	3	6	9	13	13	17	21	25	1	3
14	27	3	4	7	10	14	14	18	22	26	2	4
15	1	4	5	8	11	15	15	19	23	27	3	5
16	2	5	6	9	12	16	16	20	24	1	4	6
17	3	6	7	10	13	17	17	21	25	2	5	7
18	4	7	8	11	14	18	18	22	26	3	5	8
19	5	8	9	12	15	19	19	23	1	3	6	9
20	6	9	10	13	16	20	20	24	2	4	7	10
21	7	10	11	14	17	21	21	25	3	5	8	11
22	8	11	12	15	18	22	22	26	4	6	9	12
23	9	12	13	16	19	20	23	27	5	7	10	13
24	10	13	14	17	20	21	24	1	6	8	11	14
25	11	14	15	18	21	22	25	2	7	9	12	15
26	12	15	16	19	22	23	26	3	8	10	13	16
27	12	16	16	20	23	24	27	4	9	11	14	17
28	13	17	17	21	24	25	1	5	10	12	15	18
29	14	×	18	22	25	26	2	6	11	13	16	19
30	15	×	19	23	26	27	3	7	12	14	17	20
31	16	×	20	×	27	×	4	8	×	15	×	21

1972年（昭和47年）

月／日	1	2	3	4	5	6	7	8	9	10	11	12
1	22	26	27	4	6	10	13	16	21	24	1	3
2	23	27	1	5	7	11	14	17	22	25	2	4
3	24	1	2	6	8	12	15	18	23	26	3	5
4	25	2	3	7	9	13	16	19	24	27	4	6
5	26	3	4	8	10	14	17	20	25	1	5	7
6	27	4	5	9	11	15	18	21	26	2	5	8
7	1	5	6	10	12	16	19	22	27	3	6	9
8	2	6	7	11	13	17	20	23	1	4	7	10
9	3	7	8	12	14	18	21	25	2	5	8	11
10	4	8	9	13	15	19	22	26	3	6	9	12
11	5	9	10	14	16	20	22	27	4	7	10	13
12	6	10	11	15	17	21	23	1	5	8	11	14
13	7	11	12	16	18	22	24	2	6	9	12	15
14	8	12	13	16	19	23	25	3	7	10	13	16
15	9	12	14	17	20	24	26	4	8	11	14	17
16	10	13	15	18	21	25	27	5	9	12	15	18
17	11	14	16	19	22	26	1	6	10	13	16	19
18	12	15	17	20	23	27	2	7	11	14	17	20
19	13	16	18	21	24	1	3	8	12	15	18	21
20	14	17	19	22	25	2	4	9	13	16	19	22
21	15	18	20	23	26	3	5	10	14	17	20	23
22	16	19	21	24	27	4	6	11	15	18	21	24
23	17	20	22	25	1	5	7	12	16	19	22	25
24	18	21	23	26	2	6	8	13	17	20	23	26
25	19	22	24	27	3	7	9	14	18	21	24	27
26	20	23	25	1	4	8	10	15	19	22	25	1
27	21	24	26	2	5	9	11	16	20	23	26	2
28	22	25	27	3	6	10	12	17	21	24	27	3
29	23	26	1	4	7	11	13	18	22	25	1	4
30	24		2	5	8	12	14	19	23	26	2	5
31	25		3		9		15	20		27		6

1973年（昭和48年）

日＼月	1	2	3	4	5	6	7	8	9	10	11	12
1	7	10	11	14	17	20	23	27	5	8	11	14
2	8	11	12	15	18	21	24	1	6	9	12	15
3	9	12	13	16	18	22	25	2	7	10	13	16
4	10	13	14	17	19	23	26	3	8	11	14	17
5	10	14	14	18	20	24	27	4	9	12	15	18
6	11	15	15	19	21	25	1	5	10	13	16	19
7	12	16	16	20	22	26	2	6	11	14	17	20
8	13	17	17	21	23	27	3	7	12	15	18	21
9	14	18	18	22	24	1	4	8	13	16	19	22
10	15	19	19	23	25	2	5	9	14	17	20	23
11	16	20	20	24	26	3	6	10	15	18	21	24
12	17	21	21	25	27	4	7	11	16	19	22	25
13	18	22	22	26	1	5	8	12	17	20	23	26
14	19	23	23	27	2	6	9	13	18	21	24	27
15	20	24	24	1	3	7	10	14	19	22	25	1
16	21	25	25	2	4	8	11	15	20	23	26	2
17	22	26	26	3	5	9	12	16	21	24	27	3
18	23	27	27	4	6	10	13	17	22	25	1	4
19	24	1	1	5	7	11	14	18	23	26	2	5
20	25	2	2	6	8	12	15	19	24	27	3	6
21	26	3	3	7	9	13	16	20	25	1	4	7
22	27	4	4	8	10	14	17	21	26	2	5	8
23	1	5	5	9	11	15	18	22	27	3	6	9
24	2	6	6	10	12	16	19	23	1	4	7	10
25	3	7	7	11	13	17	20	24	2	5	8	10
26	4	8	8	12	14	18	21	25	3	5	9	11
27	5	9	9	13	15	19	22	26	4	6	10	12
28	6	10	10	14	16	20	23	1	5	7	11	13
29	7		11	15	17	21	24	2	6	8	12	14
30	8		12	16	18	22	25	3	7	9	13	15
31	9		13		19		26	4		10		16

1974年（昭和49年）

日＼月	1	2	3	4	5	6	7	8	9	10	11	12
1	17	21	21	24	27	1	4	8	12	16	20	22
2	18	22	22	25	1	2	5	9	13	17	21	23
3	19	23	23	26	2	3	6	10	14	18	22	24
4	20	24	24	27	3	4	7	11	15	19	23	25
5	21	25	25	1	4	5	8	12	16	20	24	26
6	22	26	26	2	5	6	9	13	17	21	25	27
7	23	27	27	3	6	7	10	14	18	22	26	1
8	24	1	1	4	7	8	11	15	19	23	27	2
9	25	2	2	5	8	9	12	16	20	24	1	3
10	26	3	3	6	9	10	13	17	21	25	2	4
11	27	4	4	7	10	11	14	18	22	26	3	5
12	1	5	5	8	11	12	15	19	23	27	4	6
13	2	6	6	9	12	13	16	20	24	1	5	7
14	3	7	7	10	13	14	17	21	25	2	5	8
15	4	8	8	11	14	15	18	22	26	3	6	9
16	5	9	9	12	15	16	19	23	1	4	7	10
17	6	10	10	13	16	17	20	24	2	5	8	11
18	7	11	11	14	17	18	21	25	3	6	9	12
19	8	12	12	15	18	19	22	26	4	7	10	13
20	9	13	13	16	19	20	23	27	5	8	11	14
21	10	14	14	17	20	21	24	1	6	9	12	15
22	11	14	15	18	18	22	25	2	7	10	13	16
23	12	15	16	19	19	23	26	3	8	11	14	17
24	13	16	16	20	20	24	27	4	9	12	15	18
25	14	17	17	21	21	25	1	5	10	13	16	19
26	15	18	18	22	22	26	2	6	11	14	17	20
27	16	19	19	23	23	27	3	7	12	15	18	21
28	17	20	20	24	24	1	4	8	13	16	19	22
29	18		21	25	25	2	5	9	14	17	20	23
30	19		22	26	26	3	6	10	15	18	21	24
31	20		23		27		7	11		19		25

1975年（昭和50年）

日＼月	1	2	3	4	5	6	7	8	9	10	11	12
1	26	3	3	6	8	12	14	18	23	26	3	6
2	27	4	4	7	9	13	15	19	24	27	4	7
3	1	5	5	8	10	14	16	20	25	1	5	8
4	2	6	6	9	11	15	17	21	26	2	6	9
5	3	7	7	10	12	16	18	22	27	3	7	10
6	4	8	8	11	13	17	19	23	1	4	8	11
7	5	9	9	12	14	18	20	25	2	5	9	12
8	6	10	10	13	15	19	21	26	3	6	10	13
9	7	11	11	14	16	20	22	27	4	7	11	14
10	8	12	12	15	17	20	23	1	5	8	12	15
11	9	12	13	16	18	21	24	2	6	9	13	16
12	10	13	14	16	19	22	25	3	7	10	14	17
13	11	14	14	17	20	23	26	4	8	11	15	18
14	12	15	15	18	21	24	27	5	9	12	16	19
15	13	16	16	19	22	25	1	6	10	13	17	20
16	14	17	17	20	23	26	2	7	11	14	18	21
17	15	18	18	21	24	27	3	8	12	15	19	22
18	16	19	19	22	25	1	4	9	13	16	20	23
19	17	20	20	23	26	2	5	10	14	17	21	24
20	18	21	21	24	27	3	6	11	15	18	22	25
21	19	22	22	25	1	4	7	12	16	19	23	26
22	20	23	23	26	2	5	8	13	17	20	24	27
23	21	24	24	27	3	6	9	14	18	21	25	1
24	22	25	25	1	4	7	10	15	19	22	26	2
25	23	26	26	2	5	8	11	16	20	23	27	3
26	24	27	27	3	6	9	12	17	21	24	1	4
27	25	1	1	4	7	10	13	18	22	25	2	5
28	26	2	2	5	8	11	14	19	23	26	3	6
29	27		3	6	9	12	15	20	24	27	4	7
30	1		4	7	10	13	16	21	25	1	5	8
31	2		5		11		17	22		2		9

1976年（昭和51年）

日＼月	1	2	3	4	5	6	7	8	9	10	11	12
1	10	13	14	17	20	23	26	3	8	8	12	14
2	11	14	15	18	21	24	27	4	9	9	13	15
3	12	15	16	19	22	25	1	5	10	10	14	16
4	13	16	17	20	23	26	2	6	11	11	15	17
5	14	17	18	21	24	27	3	7	12	12	16	18
6	15	18	19	22	25	1	4	8	13	13	17	19
7	16	19	20	23	26	2	5	9	14	14	18	20
8	17	20	21	24	27	3	6	10	15	15	19	21
9	18	21	22	25	1	4	7	11	16	16	20	22
10	19	22	23	26	2	5	8	12	17	17	21	23
11	20	23	24	27	3	6	9	13	18	18	22	24
12	21	24	25	1	4	7	10	14	19	19	23	25
13	22	25	26	2	5	8	11	15	20	20	24	26
14	23	26	27	3	6	9	12	16	21	21	25	27
15	24	27	1	4	7	10	13	17	22	22	26	1
16	25	1	2	5	8	11	14	18	23	23	27	2
17	26	2	3	6	9	12	15	19	24	24	1	3
18	27	3	4	7	10	13	16	20	25	25	2	4
19	1	4	5	8	11	14	17	21	26	26	3	5
20	2	5	6	9	12	15	18	22	27	27	4	6
21	3	6	7	10	13	16	19	23	1	1	5	8
22	4	7	8	11	14	17	20	24	2	2	5	9
23	5	8	9	12	15	18	21	25	3	3	6	10
24	6	9	10	13	16	19	22	26	1	4	7	11
25	7	10	11	14	17	20	23	1	2	5	8	12
26	8	11	12	15	18	21	24	2	3	6	9	13
27	9	12	13	16	19	22	25	3	4	7	10	14
28	10	13	14	17	20	23	26	4	5	8	11	15
29	11	14	15	18	20	24	27	5	6	9	12	16
30	12		16	19	21	25	1	6	7	10	13	17
31	12		16		22		2	7		11		18

1977年（昭和52年）

日＼月	1	2	3	4	5	6	7	8	9	10	11	12
1	19	23	23	26	2	5	7	11	15	19	22	25
2	20	24	24	27	3	6	8	12	16	20	23	26
3	21	25	25	1	4	7	9	13	17	21	24	27
4	22	26	26	2	5	8	10	14	18	22	25	1
5	23	27	27	3	6	9	11	15	19	23	26	2
6	24	1	1	4	7	10	12	16	20	24	27	3
7	25	2	2	5	8	11	13	17	21	25	1	4
8	26	3	3	6	9	12	14	18	22	26	2	5
9	27	4	4	7	10	13	15	19	23	27	3	6
10	1	5	5	8	11	14	16	20	24	1	4	7
11	2	6	6	9	12	15	17	21	25	2	5	8
12	3	7	7	10	13	16	18	22	26	3	6	9
13	4	8	8	11	14	17	19	23	1	3	7	10
14	5	9	9	12	15	18	20	24	2	4	8	11
15	6	10	10	13	16	19	21	25	3	5	9	12
16	7	11	11	14	17	20	22	26	4	6	10	13
17	8	12	12	15	18	20	23	27	5	7	11	14
18	9	12	13	16	18	21	24	1	6	8	12	15
19	10	13	14	17	19	22	25	2	7	9	13	16
20	11	14	14	18	20	23	26	3	8	10	14	17
21	12	15	15	19	21	24	27	4	9	11	15	18
22	13	16	16	20	22	25	1	5	10	12	16	19
23	14	17	17	21	23	26	2	6	11	13	17	20
24	15	18	18	22	24	27	3	7	12	14	18	21
25	16	19	19	23	25	1	4	8	13	15	19	22
26	17	20	20	24	26	2	5	9	14	16	20	23
27	18	21	21	25	27	3	6	10	15	17	21	24
28	19	22	22	26	1	4	7	11	16	18	22	25
29	20		23	27	2	5	8	12	17	19	23	26
30	21		24	1	3	6	9	13	18	20	24	27
31	22		25		4		10	14		21		1

1978年（昭和53年）

日＼月	1	2	3	4	5	6	7	8	9	10	11	12
1	2	6	7	10	12	16	18	22	26	2	5	9
2	3	7	8	11	13	17	19	23	27	3	6	10
3	4	8	9	12	14	18	20	24	1	4	7	11
4	5	9	10	13	15	19	21	25	2	5	8	12
5	6	10	11	14	16	20	22	26	3	6	9	13
6	7	11	12	15	17	20	23	27	4	7	10	14
7	8	12	13	16	18	21	24	1	5	8	11	15
8	9	13	14	16	19	22	25	2	6	9	12	16
9	10	14	14	17	20	23	26	3	7	10	13	17
10	11	15	15	18	21	24	27	4	8	11	14	18
11	12	16	16	19	22	25	1	5	9	12	15	19
12	13	17	17	20	23	26	2	6	10	13	16	20
13	14	18	18	21	24	27	3	7	11	14	17	21
14	15	19	19	22	25	1	4	8	12	15	18	22
15	16	20	20	23	26	2	5	9	13	16	19	23
16	17	21	21	24	27	3	6	10	14	17	20	24
17	18	22	22	25	1	4	7	11	15	18	21	25
18	19	23	23	26	2	5	8	12	16	19	22	26
19	20	24	24	27	3	6	9	13	17	20	23	27
20	21	25	25	1	4	7	10	14	18	21	24	1
21	22	26	26	2	5	8	11	15	19	22	25	2
22	23	27	27	3	6	9	12	16	20	23	26	3
23	24	1	1	4	7	10	13	17	21	24	27	4
24	25	2	2	5	8	11	14	18	22	25	1	5
25	26	3	3	6	9	12	15	19	23	26	2	6
26	27	4	4	7	10	13	16	20	24	27	3	7
27	1	5	5	8	11	14	17	21	25	1	4	8
28	2	6	6	9	12	15	18	22	26	2	5	9
29	3	×	7	10	13	16	19	23	27	3	6	10
30	4	×	8	11	14	17	20	24	1	4	8	10
31	5	×	9	×	15	×	21	25	×	5	×	11

1979年（昭和54年）

日＼月	1	2	3	4	5	6	7	8	9	10	11	12
1	12	16	16	20	23	26	2	3	8	11	14	16
2	13	17	17	21	24	27	3	4	9	12	15	17
3	14	18	18	22	25	1	4	5	10	13	16	18
4	15	19	19	23	26	2	5	6	11	14	17	19
5	16	20	20	24	27	3	6	7	12	15	18	20
6	17	21	21	25	1	4	7	8	13	16	19	21
7	18	22	22	26	2	5	8	9	14	17	20	22
8	19	23	23	27	3	6	9	10	15	18	21	23
9	20	24	24	1	4	7	10	11	16	19	22	24
10	21	25	25	2	5	8	11	12	17	20	23	25
11	22	26	26	3	6	9	12	13	18	21	24	26
12	23	27	27	4	7	10	13	14	19	22	25	27
13	24	1	1	5	8	11	14	15	20	23	26	1
14	25	2	2	6	9	12	15	16	21	24	27	2
15	26	3	3	7	10	13	16	17	22	25	1	3
16	27	4	4	8	11	14	17	18	23	26	2	4
17	1	5	5	9	12	15	18	19	24	27	3	5
18	2	6	6	10	13	16	19	20	25	1	4	6
19	3	7	7	11	14	17	20	21	26	2	5	8
20	4	8	8	12	15	18	21	22	27	3	5	9
21	5	9	9	13	16	19	22	23	1	3	6	10
22	6	10	10	14	17	20	23	25	2	4	7	11
23	7	11	11	15	18	21	24	26	3	5	8	12
24	8	12	12	16	19	22	22	27	4	6	9	13
25	9	13	13	17	20	23	23	1	5	7	10	14
26	10	14	14	18	20	24	24	2	6	8	11	15
27	11	14	15	19	21	25	25	3	7	9	12	16
28	12	15	16	20	22	26	26	4	8	10	13	17
29	13		17	21	23	27	27	5	9	11	14	18
30	14		18	22	24	1	1	6	10	12	15	19
31	15		19		25		2	7		13		20

1980年（昭和55年）

日＼月	1	2	3	4	5	6	7	8	9	10	11	12
1	21	24	26	2	5	9	11	15	19	23	26	1
2	22	25	27	3	6	10	12	16	20	24	27	2
3	23	26	1	4	7	11	13	17	21	25	1	3
4	24	27	2	5	8	12	14	18	22	26	2	4
5	25	1	3	6	9	13	15	19	23	27	3	5
6	26	2	4	7	10	14	16	20	24	1	4	6
7	27	3	5	8	11	15	17	21	25	2	5	7
8	1	4	6	9	12	16	18	22	26	3	5	8
9	2	5	7	10	13	17	19	23	1	3	6	9
10	3	6	8	11	14	18	20	24	2	4	7	10
11	4	7	9	12	15	19	21	25	3	5	8	11
12	5	8	10	13	16	20	22	26	4	6	9	12
13	6	9	11	14	17	20	23	27	5	7	10	13
14	7	10	12	15	18	21	24	1	6	8	11	14
15	8	11	13	16	19	22	25	2	7	9	12	15
16	9	12	14	17	20	23	26	3	8	10	13	16
17	10	13	14	18	21	24	27	4	9	11	14	17
18	10	14	15	19	22	25	1	5	10	12	15	18
19	11	15	16	20	23	26	2	6	11	13	16	19
20	12	16	17	21	24	27	3	7	12	14	17	20
21	13	17	18	22	25	1	4	8	13	15	18	21
22	14	18	19	23	26	2	5	9	14	16	19	22
23	15	19	20	24	27	3	6	10	15	17	20	23
24	16	20	21	25	1	4	7	11	16	18	21	24
25	17	21	22	26	2	5	8	12	17	19	22	25
26	18	22	23	27	3	6	9	13	18	20	23	26
27	19	23	24	1	4	7	10	14	19	21	24	27
28	20	24	25	2	5	8	11	15	20	22	25	1
29	21	25	26	3	6	9	12	16	21	23	26	2
30	22		27	4	7	10	13	17	22	24	27	3
31	23		1		8		14	18		25		4

1981年（昭和56年）

日＼月	1	2	3	4	5	6	7	8	9	10	11	12
1	5	9	9	13	15	19	22	26	3	6	9	12
2	6	10	10	14	16	20	22	27	4	7	10	13
3	7	11	11	15	17	21	23	1	5	8	11	14
4	8	12	12	16	18	22	24	2	6	9	12	15
5	9	12	13	16	19	23	25	3	7	10	13	16
6	10	13	14	17	20	24	26	4	8	11	14	17
7	11	14	15	18	21	25	27	5	9	12	15	18
8	12	15	16	19	22	26	1	6	10	13	16	19
9	13	16	17	20	23	27	2	7	11	14	17	20
10	14	17	18	21	24	1	3	8	12	15	18	21
11	15	18	19	22	25	2	4	9	13	16	19	22
12	16	19	20	23	26	3	5	10	14	17	20	23
13	17	20	21	24	27	4	6	11	15	18	21	24
14	18	21	22	25	1	5	7	12	16	19	22	25
15	19	22	23	26	2	6	8	13	17	20	23	26
16	20	23	24	27	3	7	9	14	18	21	24	27
17	21	24	25	1	4	8	10	15	19	22	25	1
18	22	25	26	2	5	9	11	16	20	23	26	2
19	23	26	27	3	6	10	12	17	21	24	27	3
20	24	27	1	4	7	11	13	18	22	25	1	4
21	25	1	2	5	8	12	14	19	23	26	2	5
22	26	2	3	6	9	13	15	20	24	27	3	6
23	27	3	4	7	10	14	16	21	25	1	4	7
24	1	4	5	8	11	15	17	22	26	2	5	8
25	2	5	6	9	12	16	18	23	27	3	6	9
26	3	6	7	10	13	17	19	24	1	4	7	10
27	4	7	8	11	14	18	20	25	2	5	8	11
28	5	8	9	12	15	19	21	26	3	5	9	12
29	6		10	13	16	20	22	27	4	6	10	13
30	7		11	14	17	21	23	1	5	7	11	14
31	8		12		18		25	2		8		15

1982年（昭和57年）

日＼月	1	2	3	4	5	6	7	8	9	10	11	12
1	16	19	19	23	25	27	3	6	11	14	18	20
2	17	20	20	24	26	1	4	7	12	15	19	21
3	18	21	21	25	27	2	5	8	13	16	20	22
4	19	22	22	26	1	3	6	9	14	17	21	23
5	20	23	23	27	2	4	7	10	15	18	22	24
6	21	24	24	1	3	5	8	11	16	19	23	25
7	22	25	25	2	4	6	9	12	17	20	24	26
8	23	26	26	3	5	7	10	13	18	21	25	27
9	24	27	27	4	6	8	11	14	19	22	26	1
10	25	1	1	5	7	9	12	15	20	23	27	2
11	26	2	2	6	8	10	13	16	21	24	1	3
12	27	3	3	7	9	11	14	17	22	25	2	4
13	1	4	4	8	10	12	15	18	23	26	3	5
14	2	5	5	9	11	13	16	19	24	27	4	6
15	3	6	6	10	12	14	17	20	25	1	5	8
16	4	7	7	11	13	15	18	21	26	2	5	9
17	5	8	8	12	14	16	19	22	27	3	6	10
18	6	9	9	13	15	17	20	23	1	4	7	11
19	7	10	10	14	16	18	21	25	2	5	8	12
20	8	11	11	15	17	19	22	26	3	6	9	13
21	9	12	12	16	18	20	22	27	4	7	10	14
22	10	13	13	17	19	21	23	1	5	8	11	15
23	11	14	14	18	18	22	24	2	6	9	12	16
24	12	14	15	18	19	23	25	3	7	10	13	17
25	12	15	16	19	20	24	26	4	8	11	14	18
26	13	16	17	20	21	25	27	5	9	12	15	19
27	14	17	18	21	22	26	1	6	10	13	16	20
28	15	18	19	22	23	27	2	7	11	14	17	21
29	16		20	23	24	1	3	8	12	15	18	22
30	17		21	24	25	2	4	9	13	16	19	23
31	18		22		26		5	10		17		24

1983年（昭和58年）

日＼月	1	2	3	4	5	6	7	8	9	10	11	12
1	25	1	1	4	7	10	13	17	21	25	2	4
2	26	2	2	5	8	11	14	18	22	26	3	5
3	27	3	3	6	9	12	15	19	23	27	4	6
4	1	4	4	7	10	13	16	20	24	1	5	7
5	2	5	5	8	11	14	17	21	25	2	5	8
6	3	6	6	9	12	15	18	22	26	3	6	9
7	4	7	7	10	13	16	19	23	1	4	7	10
8	5	8	8	11	14	17	20	24	2	5	8	11
9	6	9	9	12	15	18	21	25	3	6	9	12
10	7	10	10	13	16	19	22	26	4	7	10	13
11	8	11	11	14	17	20	23	27	5	8	11	14
12	9	12	12	15	18	21	24	1	6	9	12	15
13	10	12	13	16	18	22	25	2	7	10	13	16
14	10	13	14	17	19	23	26	3	8	11	14	17
15	11	14	14	18	20	24	27	4	9	12	15	18
16	12	15	15	19	21	25	1	5	10	13	16	19
17	13	16	16	20	22	26	2	6	11	14	17	20
18	14	17	17	21	23	27	3	7	12	15	18	21
19	15	18	18	22	24	1	4	8	13	16	19	22
20	16	19	19	23	25	2	5	9	14	17	20	23
21	17	20	20	24	26	3	6	10	15	18	21	24
22	18	21	21	25	27	4	7	11	16	19	22	25
23	19	22	22	26	1	5	8	12	17	20	23	26
24	20	23	23	27	2	6	9	13	18	21	24	27
25	21	24	24	1	3	7	10	14	19	22	25	1
26	22	25	25	2	4	8	11	15	20	23	26	2
27	23	26	26	3	5	9	12	16	21	24	27	3
28	24	27	27	4	6	10	13	17	22	25	1	4
29	25		1	5	7	11	14	18	23	26	2	5
30	26		2	6	8	12	15	19	24	27	3	6
31	27		3		9		16	20		1		7

1984年（昭和59年）

日＼月	1	2	3	4	5	6	7	8	9	10	11	12
1	8	12	13	16	18	21	24	2	6	9	12	13
2	9	12	14	17	19	22	25	3	7	10	13	14
3	10	13	14	18	20	23	26	4	8	11	14	15
4	11	14	15	19	21	24	27	5	9	12	15	16
5	12	15	16	20	22	25	1	6	10	13	16	17
6	13	16	17	21	23	26	2	7	11	14	17	18
7	14	17	18	22	24	27	3	8	12	15	18	19
8	15	18	19	23	25	1	4	9	13	16	19	20
9	16	19	20	24	26	2	5	10	14	17	20	21
10	17	20	21	25	27	3	6	11	15	18	21	22
11	18	21	22	26	1	4	7	12	16	19	22	23
12	19	22	23	27	2	5	8	13	17	20	23	24
13	20	23	24	1	3	6	9	14	18	21	24	25
14	21	24	25	2	4	7	10	15	19	22	25	26
15	22	25	26	3	5	8	11	16	20	23	26	27
16	23	26	27	4	6	9	12	17	21	24	27	1
17	24	27	1	5	7	10	13	18	22	25	1	2
18	25	1	2	6	8	11	14	19	23	26	2	3
19	26	2	3	7	9	12	15	20	24	27	3	4
20	27	3	4	8	10	13	16	21	25	1	4	5
21	1	4	5	9	11	14	17	22	26	2	5	6
22	2	5	6	10	12	15	18	23	27	3	6	8
23	3	6	7	11	13	16	19	24	1	4	5	9
24	4	7	8	12	14	17	20	25	2	5	6	10
25	5	8	9	13	15	18	21	26	3	5	7	11
26	6	9	10	14	16	19	22	27	4	6	8	12
27	7	10	11	15	17	20	23	1	5	7	9	13
28	8	11	12	16	18	21	25	2	6	8	10	14
29	9	12	13	17	19	22	26	3	7	9	11	15
30	10		14	18	20	23	27	4	8	10	12	16
31	11		15		20		1	5		11		17

1985年（昭和60年）

日＼月	1	2	3	4	5	6	7	8	9	10	11	12
1	18	21	21	25	27	3	6	9	14	17	21	24
2	19	22	22	26	1	4	7	10	15	18	22	25
3	20	23	23	27	2	5	8	11	16	19	23	26
4	21	24	24	1	3	6	9	12	17	20	24	27
5	22	25	25	2	4	7	10	13	18	21	25	1
6	23	26	26	3	5	8	11	14	19	22	26	2
7	24	27	27	4	6	9	12	15	20	23	27	3
8	25	1	1	5	7	10	13	16	21	24	1	4
9	26	2	2	6	8	11	14	17	22	25	2	5
10	27	3	3	7	9	12	15	18	23	26	3	6
11	1	4	4	8	10	13	16	19	24	27	4	7
12	2	5	5	9	11	14	17	20	25	1	5	8
13	3	6	6	10	12	15	18	21	26	2	6	9
14	4	7	7	11	13	16	19	22	27	3	7	10
15	5	8	8	12	14	17	20	23	1	4	8	11
16	6	9	9	13	15	18	21	25	2	5	9	12
17	7	10	10	14	16	19	22	26	3	6	10	13
18	8	11	11	15	17	20	22	27	4	7	11	14
19	9	12	12	16	18	21	23	1	5	8	12	15
20	10	12	13	16	18	22	24	2	6	9	13	16
21	10	13	14	17	19	23	25	3	7	10	14	17
22	11	14	15	18	20	24	26	4	8	11	15	18
23	12	15	16	19	21	25	27	5	9	12	16	19
24	13	16	17	20	22	26	1	6	10	13	17	20
25	14	17	18	21	23	27	2	7	11	14	18	21
26	15	18	19	22	24	1	3	8	12	15	19	22
27	16	19	20	23	25	2	4	9	13	16	20	23
28	17	20	21	24	26	3	5	10	14	17	21	24
29	18		22	25	27	4	6	11	15	18	22	25
30	19		23	26	1	5	7	12	16	19	23	26
31	20		24		2		8	13		20		27

1986年（昭和61年）

日＼月	1	2	3	4	5	6	7	8	9	10	11	12
1	1	5	5	9	11	14	17	20	24	1	4	6
2	2	6	6	10	12	15	18	21	25	2	5	8
3	3	7	7	11	13	16	19	22	26	3	5	9
4	4	8	8	12	14	17	20	23	1	3	6	10
5	5	9	9	13	15	18	21	24	2	4	7	11
6	6	10	10	14	16	19	22	25	3	5	8	12
7	7	11	11	15	17	20	22	26	4	6	9	13
8	8	12	12	16	18	21	23	27	5	7	10	14
9	9	12	13	16	18	22	24	1	6	8	11	15
10	10	13	14	17	19	23	25	2	7	9	12	16
11	11	14	15	18	20	24	26	3	8	10	13	17
12	12	15	16	19	21	25	27	4	9	11	14	18
13	13	16	17	20	22	26	1	5	10	12	15	19
14	14	17	18	21	23	27	2	6	11	13	16	20
15	15	18	19	22	24	1	3	7	12	14	17	21
16	16	19	20	23	25	2	4	8	13	15	18	22
17	17	20	21	24	26	3	5	9	14	16	19	23
18	18	21	22	25	27	4	6	10	15	17	20	24
19	19	22	23	26	1	5	7	11	16	18	21	25
20	20	23	24	27	2	6	8	12	17	19	22	26
21	21	24	25	1	3	7	9	13	18	20	23	27
22	22	25	26	2	4	8	10	14	19	21	24	1
23	23	26	27	3	5	9	11	15	20	22	25	2
24	24	27	1	4	6	10	12	16	21	23	26	3
25	25	1	2	5	7	11	13	17	22	24	27	4
26	26	2	3	6	8	12	14	18	23	25	1	5
27	27	3	4	7	9	13	15	19	24	26	2	6
28	1	4	5	8	10	14	16	20	25	27	3	7
29	2		6	9	11	15	17	21	26	1	4	8
30	3		7	10	12	16	18	22	27	2	5	9
31	4		8		13		19	23		3		10

1987年（昭和62年）

日＼月	1	2	3	4	5	6	7	8	9	10	11	12
1	11	14	15	19	21	25	27	1	6	9	12	15
2	12	15	16	20	22	26	1	2	7	10	13	16
3	13	16	17	21	23	27	2	3	8	11	14	17
4	14	17	18	22	24	1	3	4	9	12	15	18
5	15	18	19	23	25	2	4	5	10	13	16	19
6	16	19	20	24	26	3	5	6	11	14	17	20
7	17	20	21	25	27	4	6	7	12	15	18	21
8	18	21	22	26	1	5	7	8	13	16	19	22
9	19	22	23	27	2	6	8	9	14	17	20	23
10	20	23	24	1	3	7	9	10	15	18	21	24
11	21	24	25	2	4	8	10	11	16	19	22	25
12	22	25	26	3	5	9	11	12	17	20	23	26
13	23	26	27	4	6	10	12	13	18	21	24	27
14	24	27	1	5	7	11	13	14	19	22	25	1
15	25	1	2	6	8	12	14	15	20	23	26	2
16	26	2	3	7	9	13	15	16	21	24	27	3
17	27	3	4	8	10	14	16	17	22	25	1	4
18	1	4	5	9	11	15	17	18	23	26	2	5
19	2	5	6	10	12	16	18	19	24	27	3	6
20	3	6	7	11	13	17	19	20	25	1	4	7
21	4	7	8	12	14	18	20	21	26	2	5	8
22	5	8	9	13	15	19	21	22	27	3	6	9
23	6	9	10	14	16	20	22	23	1	3	7	10
24	7	10	11	15	17	21	23	25	2	4	8	11
25	8	11	12	16	18	22	24	26	3	5	9	12
26	9	12	13	17	19	22	22	27	4	6	10	13
27	10	13	14	18	20	23	23	1	5	7	11	14
28	11	14	15	18	21	24	24	2	6	8	12	15
29	12		16	19	22	25	25	3	7	9	13	16
30	12		17	20	23	26	26	4	8	10	14	17
31	13		18		24		27	5		11		18

1988年（昭和63年）

日＼月	1	2	3	4	5	6	7	8	9	10	11	12
1	19	23	25	1	4	7	10	13	18	21	24	26
2	20	24	26	2	5	8	11	14	19	22	25	27
3	21	25	27	3	6	9	12	15	20	23	26	1
4	22	26	1	4	7	10	13	16	21	24	27	2
5	23	27	2	5	8	11	14	17	22	25	1	3
6	24	1	3	6	9	12	15	18	23	26	2	4
7	25	2	4	7	10	13	16	19	24	27	3	5
8	26	3	5	8	11	14	17	20	25	1	4	6
9	27	4	6	9	12	15	18	21	26	2	5	8
10	1	5	7	10	13	16	19	22	27	3	5	9
11	2	6	8	11	14	17	20	23	1	3	6	10
12	3	7	9	12	15	18	21	25	2	4	7	11
13	4	8	10	13	16	19	22	26	3	5	8	12
14	5	9	11	14	17	20	22	27	4	6	9	13
15	6	10	12	15	18	21	23	1	5	7	10	14
16	7	11	13	16	18	22	24	2	6	8	11	15
17	8	12	14	17	19	23	25	3	7	9	12	16
18	9	13	14	18	20	24	26	4	8	10	13	17
19	10	14	15	19	21	25	27	5	9	11	14	18
20	11	15	16	20	22	26	1	6	10	12	15	19
21	12	16	17	21	23	27	2	7	11	13	16	20
22	13	17	18	22	24	1	3	8	12	14	17	21
23	14	18	19	23	25	2	4	9	13	15	18	22
24	15	19	20	24	26	3	5	10	14	16	19	23
25	16	20	21	25	27	4	6	11	15	17	20	24
26	17	21	22	26	1	5	7	12	16	18	21	25
27	18	22	23	27	2	6	8	13	17	19	22	26
28	19	23	24	1	3	7	9	14	18	20	23	27
29	20	24	25	2	4	8	10	15	19	21	24	1
30	21		26	3	5	9	11	16	20	22	25	2
31	22		27		6		12	17		23		3

1989年（昭和64年／平成元年）

日＼月	1	2	3	4	5	6	7	8	9	10	11	12
1	4	7	8	11	14	18	20	24	2	4	8	11
2	5	8	9	12	15	19	21	25	3	5	9	12
3	6	9	10	13	16	20	22	26	4	6	10	13
4	7	10	11	14	17	20	23	27	5	7	11	14
5	8	11	12	15	18	21	24	1	6	8	12	15
6	9	12	13	16	19	22	25	2	7	9	13	16
7	10	13	14	17	20	23	26	3	8	10	14	17
8	10	14	14	18	21	24	27	4	9	11	15	18
9	11	15	15	19	22	25	1	5	10	12	16	19
10	12	16	16	20	23	26	2	6	11	13	17	20
11	13	17	17	21	24	27	3	7	12	14	18	21
12	14	18	18	22	25	1	4	8	13	15	19	22
13	15	19	19	23	26	2	5	9	14	16	20	23
14	16	20	20	24	27	3	6	10	15	17	21	24
15	17	21	21	25	1	4	7	11	16	18	22	25
16	18	22	22	26	2	5	8	12	17	19	23	26
17	19	23	23	27	3	6	9	13	18	20	24	27
18	20	24	24	1	4	7	10	14	19	21	25	1
19	21	25	25	2	5	8	11	15	20	22	26	2
20	22	26	26	3	6	9	12	16	21	23	27	3
21	23	27	27	4	7	10	13	17	22	24	1	4
22	24	1	1	5	8	11	14	18	23	25	2	5
23	25	2	2	6	9	12	15	19	24	26	3	6
24	26	3	3	7	10	13	16	20	25	27	4	7
25	27	4	4	8	11	14	17	21	26	1	5	8
26	1	5	5	9	12	15	18	22	27	2	6	9
27	2	6	6	10	13	16	19	23	1	3	7	10
28	3	7	7	11	14	17	20	24	2	4	8	10
29	4	×	8	12	15	18	21	25	3	5	9	11
30	5	×	9	13	16	19	22	26	3	6	10	12
31	6	×	10	×	17	×	23	27	×	7	×	13

1990年（平成2年）

日＼月	1	2	3	4	5	6	7	8	9	10	11	12
1	14	17	18	21	24	1	1	5	9	13	17	19
2	15	18	19	22	25	2	2	6	10	14	18	20
3	16	19	20	23	26	3	3	7	11	15	19	21
4	17	20	21	24	27	4	4	8	12	16	20	22
5	18	21	22	25	1	5	5	9	13	17	21	23
6	19	22	23	26	2	6	6	10	14	18	22	24
7	20	23	24	27	3	7	7	11	15	19	23	25
8	21	24	25	1	4	8	8	12	16	20	24	26
9	22	25	26	2	5	9	9	13	17	21	25	27
10	23	26	27	3	6	10	10	14	18	22	26	1
11	24	27	1	4	7	11	11	15	19	23	27	2
12	25	1	2	5	8	12	12	16	20	24	1	3
13	26	2	3	6	9	13	13	17	21	25	2	4
14	27	3	4	7	10	14	14	18	22	26	3	5
15	1	4	5	8	11	15	15	19	23	27	4	6
16	2	5	6	9	12	16	16	20	24	1	5	7
17	3	6	7	10	13	17	17	21	25	2	5	8
18	4	7	8	11	14	18	18	22	26	3	6	9
19	5	8	9	12	15	19	19	23	1	4	7	10
20	6	9	10	13	16	20	20	24	2	5	8	11
21	7	10	11	14	17	21	21	25	3	6	9	12
22	8	11	12	15	18	22	22	26	4	7	10	13
23	9	12	13	16	19	20	23	27	5	8	11	14
24	10	13	14	17	20	21	24	1	6	9	12	15
25	11	14	15	18	21	22	25	2	7	10	13	16
26	12	15	16	19	22	23	26	3	8	11	14	17
27	12	16	16	20	23	24	27	4	9	12	15	18
28	13	17	17	21	24	25	1	5	10	13	16	19
29	14		18	22	25	26	2	6	11	14	17	20
30	15		19	23	26	27	3	7	12	15	18	21
31	16		20		27		4	8		16		22

1991年（平成3年）

日＼月	1	2	3	4	5	6	7	8	9	10	11	12
1	23	26	26	3	5	9	12	15	20	24	27	2
2	24	27	27	4	6	10	13	16	21	25	1	3
3	25	1	1	5	7	11	14	17	22	26	2	4
4	26	2	2	6	8	12	15	18	23	27	3	5
5	27	3	3	7	9	13	16	19	24	1	4	6
6	1	4	4	8	10	14	17	20	25	2	5	8
7	2	5	5	9	11	15	18	21	26	3	5	9
8	3	6	6	10	12	16	19	22	1	3	6	10
9	4	7	7	11	13	17	20	23	2	4	7	11
10	5	8	8	12	14	18	21	25	3	5	8	12
11	6	9	9	13	15	19	22	26	4	6	9	13
12	7	10	10	14	16	20	22	27	5	7	10	14
13	8	11	11	15	17	21	23	1	6	8	11	15
14	9	12	12	16	18	22	24	2	7	9	12	16
15	10	12	13	16	19	23	25	3	8	10	13	17
16	10	13	14	17	20	24	26	4	9	11	14	18
17	11	14	15	18	21	25	27	5	10	12	15	19
18	12	15	16	19	22	26	1	6	11	13	16	20
19	13	16	17	20	23	27	2	7	12	14	17	21
20	14	17	18	21	24	1	3	8	13	15	18	22
21	15	18	19	22	25	2	4	9	14	16	19	23
22	16	19	20	23	26	3	5	10	15	17	20	24
23	17	20	21	24	27	4	6	11	16	18	21	25
24	18	21	22	25	1	5	7	12	17	19	22	26
25	19	22	23	26	2	6	8	13	18	20	23	27
26	20	23	24	27	3	7	9	14	19	21	24	1
27	21	24	25	1	4	8	10	15	20	22	25	2
28	22	25	26	2	5	9	11	16	21	23	26	3
29	23		27	3	6	10	12	17	22	24	27	4
30	24		1	4	7	11	13	18	23	25	1	5
31	25		2		8		14	19		26		6

1992年（平成4年）

日＼月	1	2	3	4	5	6	7	8	9	10	11	12
1	7	10	11	15	17	20	23	27	5	8	11	15
2	8	11	12	16	18	21	24	1	6	9	12	16
3	9	12	13	16	18	22	25	2	7	10	13	17
4	10	12	14	17	19	23	26	3	8	11	14	18
5	10	13	15	18	20	24	27	4	9	12	15	19
6	11	14	16	19	21	25	1	5	10	13	16	20
7	12	15	17	20	22	26	2	6	11	14	17	21
8	13	16	18	21	23	27	3	7	12	15	18	22
9	14	17	19	22	24	1	4	8	13	16	19	23
10	15	18	20	23	25	2	5	9	14	17	20	24
11	16	19	21	24	26	3	6	10	15	18	21	25
12	17	20	22	25	27	4	7	11	16	19	22	26
13	18	21	23	26	1	5	8	12	17	20	23	27
14	19	22	24	27	2	6	9	13	18	21	24	1
15	20	23	25	1	3	7	10	14	19	22	25	2
16	21	24	26	2	4	8	11	15	20	23	26	3
17	22	25	27	3	5	9	12	16	21	24	27	4
18	23	26	1	4	6	10	13	17	22	25	1	5
19	24	27	2	5	7	11	14	18	23	26	2	6
20	25	1	3	6	8	12	15	19	24	27	3	7
21	26	2	4	7	9	13	16	20	25	1	4	8
22	27	3	5	8	10	14	17	21	26	2	5	9
23	1	4	6	9	11	15	18	22	27	3	6	10
24	2	5	7	10	12	16	19	23	1	4	8	10
25	3	6	8	11	13	17	20	24	2	5	9	11
26	4	7	9	12	14	18	21	25	3	5	10	12
27	5	8	10	13	15	19	22	26	4	6	11	13
28	6	9	11	14	16	20	23	1	5	7	12	14
29	7	10	12	15	17	21	24	2	6	8	13	15
30	8		13	16	18	22	25	3	7	9	14	16
31	9		14		19		26	4		10		17

1993年（平成5年）

日＼月	1	2	3	4	5	6	7	8	9	10	11	12
1	18	21	22	25	25	2	4	8	12	16	20	22
2	19	22	23	26	26	3	5	9	13	17	21	23
3	20	23	24	27	27	4	6	10	14	18	22	24
4	21	24	25	1	1	5	7	11	15	19	23	25
5	22	25	26	2	2	6	8	12	16	20	24	26
6	23	26	27	3	3	7	9	13	17	21	25	27
7	24	27	1	4	4	8	10	14	18	22	26	1
8	25	1	2	5	5	9	11	15	19	23	27	2
9	26	2	3	6	6	10	12	16	20	24	1	3
10	27	3	4	7	7	11	13	17	21	25	2	4
11	1	4	5	8	8	12	14	18	22	26	3	5
12	2	5	6	9	9	13	15	19	23	27	4	6
13	3	6	7	10	10	14	16	20	24	1	5	8
14	4	7	8	11	11	15	17	21	25	2	5	9
15	5	8	9	12	12	16	18	22	26	3	6	10
16	6	9	10	13	13	17	19	23	1	4	7	11
17	7	10	11	14	14	18	20	24	2	5	8	12
18	8	11	12	15	15	19	21	25	3	6	9	13
19	9	12	13	16	16	20	22	26	4	7	10	14
20	10	13	14	17	17	20	23	27	5	8	11	15
21	11	14	15	18	18	21	24	1	6	9	12	16
22	12	15	16	16	19	22	25	2	7	10	13	17
23	12	16	16	17	20	23	26	3	8	11	14	18
24	13	17	17	18	21	24	27	4	9	12	15	19
25	14	18	18	19	22	25	1	5	10	13	16	20
26	15	19	19	20	23	26	2	6	11	14	17	21
27	16	20	20	21	24	27	3	7	12	15	18	22
28	17	21	21	22	25	1	4	8	13	16	19	23
29	18		22	23	26	2	5	9	14	17	20	24
30	19		23	24	27	3	6	10	15	18	21	25
31	20		24		1		7	11		19		26

1994年（平成6年）

日＼月	1	2	3	4	5	6	7	8	9	10	11	12
1	27	3	4	7	9	12	15	18	23	26	3	5
2	1	4	5	8	10	13	16	19	24	27	4	6
3	2	5	6	9	11	14	17	20	25	1	5	7
4	3	6	7	10	12	15	18	21	26	2	5	8
5	4	7	8	11	13	16	19	22	27	3	6	9
6	5	8	9	12	14	17	20	23	1	4	7	10
7	6	9	10	13	15	18	21	25	2	5	8	11
8	7	10	11	14	16	19	22	26	3	6	9	12
9	8	11	12	15	17	20	22	27	4	7	10	13
10	9	12	13	16	18	21	23	1	5	8	11	14
11	10	13	14	16	18	22	24	2	6	9	12	15
12	10	14	14	17	19	23	25	3	7	10	13	16
13	11	15	15	18	20	24	26	4	8	11	14	17
14	12	16	16	19	21	25	27	5	9	12	15	18
15	13	17	17	20	22	26	1	6	10	13	16	19
16	14	18	18	21	23	27	2	7	11	14	17	20
17	15	19	19	22	24	1	3	8	12	15	18	21
18	16	20	20	23	25	2	4	9	13	16	19	22
19	17	21	21	24	26	3	5	10	14	17	20	23
20	18	22	22	25	27	4	6	11	15	18	21	24
21	19	23	23	26	1	5	7	12	16	19	22	25
22	20	24	24	27	2	6	8	13	17	20	23	26
23	21	25	25	1	3	7	9	14	18	21	24	27
24	22	26	26	2	4	8	10	15	19	22	25	1
25	23	27	27	3	5	9	11	16	20	23	26	2
26	24	1	1	4	6	10	12	17	21	24	27	3
27	25	2	2	5	7	11	13	18	22	25	1	4
28	26	3	3	6	8	12	14	19	23	26	2	5
29	27		4	7	9	13	15	20	24	27	3	6
30	1		5	8	10	14	16	21	25	1	4	7
31	2		6		11		17	22		2		8

1995年（平成7年）

日＼月	1	2	3	4	5	6	7	8	9	10	11	12
1	9	13	14	17	19	23	25	3	7	7	11	13
2	10	14	15	18	20	24	26	4	8	8	12	14
3	11	15	16	19	21	25	27	5	9	9	13	15
4	12	16	17	20	22	26	1	6	10	10	14	16
5	13	17	18	21	23	27	2	7	11	11	15	17
6	14	18	19	22	24	1	3	8	12	12	16	18
7	15	19	20	23	25	2	4	9	13	13	17	19
8	16	20	21	24	26	3	5	10	14	14	18	20
9	17	21	22	25	27	4	6	11	15	15	19	21
10	18	22	23	26	1	5	7	12	16	16	20	22
11	19	23	24	27	2	6	8	13	17	17	21	23
12	20	24	25	1	3	7	9	14	18	18	22	24
13	21	25	26	2	4	8	10	15	19	19	23	25
14	22	26	27	3	5	9	11	16	20	20	24	26
15	23	27	1	4	6	10	12	17	21	21	25	27
16	24	1	2	5	7	11	13	18	22	22	26	1
17	25	2	3	6	8	12	14	19	23	23	27	2
18	26	3	4	7	9	13	15	20	24	24	1	3
19	27	4	5	8	10	14	16	21	25	25	2	4
20	1	5	6	9	11	15	17	22	26	26	3	5
21	2	6	7	10	12	16	18	23	27	27	4	6
22	3	7	8	11	13	17	19	24	1	1	5	8
23	4	8	9	12	14	18	20	25	2	2	5	9
24	5	9	10	13	15	19	21	26	3	3	6	10
25	6	10	11	14	16	20	22	27	1	4	7	11
26	7	11	12	15	17	21	23	1	2	5	8	12
27	8	12	13	16	18	22	25	2	3	6	9	13
28	9	13	14	17	19	22	26	3	4	7	10	14
29	10		15	18	20	23	27	4	5	8	11	15
30	11		16	18	21	24	1	5	6	9	12	16
31	12		16		22		2	6		10		17

1996年（平成8年）

日＼月	1	2	3	4	5	6	7	8	9	10	11	12
1	18	22	23	27	2	6	8	11	16	19	23	25
2	19	23	24	1	3	7	9	12	17	20	24	26
3	20	24	25	2	4	8	10	13	18	21	25	27
4	21	25	26	3	5	9	11	14	19	22	26	1
5	22	26	27	4	6	10	12	15	20	23	27	2
6	23	27	1	5	7	11	13	16	21	24	1	3
7	24	1	2	6	8	12	14	17	22	25	2	4
8	25	2	3	7	9	13	15	18	23	26	3	5
9	26	3	4	8	10	14	16	19	24	27	4	6
10	27	4	5	9	11	15	17	20	25	1	5	7
11	1	5	6	10	12	16	18	21	26	2	5	8
12	2	6	7	11	13	17	19	22	27	3	6	9
13	3	7	8	12	14	18	20	23	1	4	7	10
14	4	8	9	13	15	19	21	25	2	5	8	11
15	5	9	10	14	16	20	22	26	3	6	9	12
16	6	10	11	15	17	20	22	27	4	7	10	13
17	7	11	12	16	18	21	23	1	5	8	11	14
18	8	12	13	16	19	22	24	2	6	9	12	15
19	9	12	14	17	20	23	25	3	7	10	13	16
20	10	13	15	18	21	24	26	4	8	11	14	17
21	11	14	16	19	22	25	27	5	9	12	15	18
22	12	15	17	20	23	26	1	6	10	13	16	19
23	13	16	18	21	24	27	2	7	11	14	17	20
24	14	17	19	22	25	1	3	8	12	15	18	21
25	15	18	20	23	26	2	4	9	13	16	19	22
26	16	19	21	24	27	3	5	10	14	17	20	23
27	17	20	22	25	1	4	6	11	15	18	21	24
28	18	21	23	26	2	5	7	12	16	19	22	25
29	19	22	24	27	3	6	8	13	17	20	23	26
30	20		25	1	4	7	9	14	18	21	24	27
31	21		26		5		10	15		22		1

1997年（平成9年）

日＼月	1	2	3	4	5	6	7	8	9	10	11	12
1	2	6	6	10	13	16	19	22	27	3	6	9
2	3	7	7	11	14	17	20	23	1	3	7	10
3	4	8	8	12	15	18	21	25	2	4	8	11
4	5	9	9	13	16	19	22	26	3	5	9	12
5	6	10	10	14	17	20	22	27	4	6	10	13
6	7	11	11	15	18	21	23	1	5	7	11	14
7	8	12	12	16	18	22	24	2	6	8	12	15
8	9	12	13	17	19	23	25	3	7	9	13	16
9	10	13	14	18	20	24	26	4	8	10	14	17
10	11	14	15	19	21	25	27	5	9	11	15	18
11	12	15	16	20	22	26	1	6	10	12	16	19
12	13	16	17	21	23	27	2	7	11	13	17	20
13	14	17	18	22	24	1	3	8	12	14	18	21
14	15	18	19	23	25	2	4	9	13	15	19	22
15	16	19	20	24	26	3	5	10	14	16	20	23
16	17	20	21	25	27	4	6	11	15	17	21	24
17	18	21	22	26	1	5	7	12	16	18	22	25
18	19	22	23	27	2	6	8	13	17	19	23	26
19	20	23	24	1	3	7	9	14	18	20	24	27
20	21	24	25	2	4	8	10	15	19	21	25	1
21	22	25	26	3	5	9	11	16	20	22	26	2
22	23	26	27	4	6	10	12	17	21	23	27	3
23	24	27	1	5	7	11	13	18	22	24	1	4
24	25	1	2	6	8	12	14	19	23	25	2	5
25	26	2	3	7	9	13	15	20	24	26	3	6
26	27	3	4	8	10	14	16	21	25	27	4	7
27	1	4	5	9	11	15	17	22	26	1	5	8
28	2	5	6	10	12	16	18	23	27	2	6	9
29	3		7	11	13	17	19	24	1	3	7	10
30	4		8	12	14	18	20	25	2	4	8	10
31	5		9		15		21	26		5		11

1998年（平成10年）

日＼月	1	2	3	4	5	6	7	8	9	10	11	12
1	12	16	16	20	23	26	27	4	8	11	15	17
2	13	17	17	21	24	27	1	5	9	12	16	18
3	14	18	18	22	25	1	2	6	10	13	17	19
4	15	19	19	23	26	2	3	7	11	14	18	20
5	16	20	20	24	27	3	4	8	12	15	19	21
6	17	21	21	25	1	4	5	9	13	16	20	22
7	18	22	22	26	2	5	6	10	14	17	21	23
8	19	23	23	27	3	6	7	11	15	18	22	24
9	20	24	24	1	4	7	8	12	16	19	23	25
10	21	25	25	2	5	8	9	13	17	20	24	26
11	22	26	26	3	6	9	10	14	18	21	25	27
12	23	27	27	4	7	10	11	15	19	22	26	1
13	24	1	1	5	8	11	12	16	20	23	27	2
14	25	2	2	6	9	12	13	17	21	24	1	3
15	26	3	3	7	10	13	14	18	22	25	2	4
16	27	4	4	8	11	14	15	19	23	26	3	5
17	1	5	5	9	12	15	16	20	24	27	4	6
18	2	6	6	10	13	16	17	21	25	1	5	7
19	3	7	7	11	14	17	18	22	26	2	5	8
20	4	8	8	12	15	18	19	23	27	3	6	9
21	5	9	9	13	16	19	20	24	1	4	7	10
22	6	10	10	14	17	20	21	25	2	5	8	11
23	7	11	11	15	18	21	22	26	3	6	9	12
24	8	12	12	16	19	20	23	27	4	7	10	13
25	9	13	13	17	20	21	24	1	5	8	11	14
26	10	14	14	18	20	22	25	2	6	9	12	15
27	11	14	15	19	21	23	26	3	7	10	13	16
28	12	15	16	20	22	24	27	4	8	11	14	17
29	13		17	21	23	25	1	5	9	12	15	18
30	14		18	22	24	26	2	6	10	13	16	19
31	15		19		25		3	7		14		20

1999年（平成11年）

日＼月	1	2	3	4	5	6	7	8	9	10	11	12
1	21	24	25	1	4	8	10	14	19	22	25	1
2	22	25	26	2	5	9	11	15	20	23	26	2
3	23	26	27	3	6	10	12	16	21	24	27	3
4	24	27	1	4	7	11	13	17	22	25	1	4
5	25	1	2	5	8	12	14	18	23	26	2	5
6	26	2	3	6	9	13	15	19	24	27	3	6
7	27	3	4	7	10	14	16	20	25	1	4	7
8	1	4	5	8	11	15	17	21	26	2	5	8
9	2	5	6	9	12	16	18	22	27	3	6	9
10	3	6	7	10	13	17	19	23	1	3	7	10
11	4	7	8	11	14	18	20	25	2	4	8	11
12	5	8	9	12	15	19	21	26	3	5	9	12
13	6	9	10	13	16	20	22	27	4	6	10	13
14	7	10	11	14	17	20	23	1	5	7	11	14
15	8	11	12	15	18	21	24	2	6	8	12	15
16	9	12	13	16	19	22	25	3	7	9	13	16
17	10	13	14	17	20	23	26	4	8	10	14	17
18	10	14	14	18	21	24	27	5	9	11	15	18
19	11	15	15	19	22	25	1	6	10	12	16	19
20	12	16	16	20	23	26	2	7	11	13	17	20
21	13	17	17	21	24	27	3	8	12	14	18	21
22	14	18	18	22	25	1	4	9	13	15	19	22
23	15	19	19	23	26	2	5	10	14	16	20	23
24	16	20	20	24	27	3	6	11	15	17	21	24
25	17	21	21	25	1	4	7	12	16	18	22	25
26	18	22	22	26	2	5	8	13	17	19	23	26
27	19	23	23	27	3	6	9	14	18	20	24	27
28	20	24	24	1	4	7	10	15	19	21	25	1
29	21		25	2	5	8	11	16	20	22	26	2
30	22		26	3	6	9	12	17	21	23	27	3
31	23		27		7		13	18		24		4

2000年（平成12年）

月 日	1	2	3	4	5	6	7	8	9	10	11	12
1	5	8	10	13	15	19	22	26	4	6	10	13
2	6	9	11	14	16	20	22	27	5	7	11	14
3	7	10	12	15	17	21	23	1	6	8	12	15
4	8	11	13	16	18	22	24	2	7	9	13	16
5	9	12	14	16	19	23	25	3	8	10	14	17
6	10	13	14	17	20	24	26	4	9	11	15	18
7	10	14	15	18	21	25	27	5	10	12	16	19
8	11	15	16	19	22	26	1	6	11	13	17	20
9	12	16	17	20	23	27	2	7	12	14	18	21
10	13	17	18	21	24	1	3	8	13	15	19	22
11	14	18	19	22	25	2	4	9	14	16	20	23
12	15	19	20	23	26	3	5	10	15	17	21	24
13	16	20	21	24	27	4	6	11	16	18	22	25
14	17	21	22	25	1	5	7	12	17	19	23	26
15	18	22	23	26	2	6	8	13	18	20	24	27
16	19	23	24	27	3	7	9	14	19	21	25	1
17	20	24	25	1	4	8	10	15	20	22	26	2
18	21	25	26	2	5	9	11	16	21	23	27	3
19	22	26	27	3	6	10	12	17	22	24	1	4
20	23	27	1	4	7	11	13	18	23	25	2	5
21	24	1	2	5	8	12	14	19	24	26	3	6
22	25	2	3	6	9	13	15	20	25	27	4	7
23	26	3	4	7	10	14	16	21	26	1	5	8
24	27	4	5	8	11	15	17	22	27	2	6	9
25	1	5	6	9	12	16	18	23	1	3	7	10
26	2	6	7	10	13	17	19	24	2	4	8	10
27	3	7	8	11	14	18	20	25	3	5	9	11
28	4	8	9	12	15	19	21	26	3	6	10	12
29	5	9	10	13	16	20	22	1	4	7	11	13
30	6		11	14	17	21	23	2	5	8	12	14
31	7		12		18		25	3		9		15

2001年（平成13年）

日＼月	1	2	3	4	5	6	7	8	9	10	11	12
1	16	20	20	23	25	27	3	6	11	15	18	21
2	17	21	21	24	26	1	4	7	12	16	19	22
3	18	22	22	25	27	2	5	8	13	17	20	23
4	19	23	23	26	1	3	6	9	14	18	21	24
5	20	24	24	27	2	4	7	10	15	19	22	25
6	21	25	25	1	3	5	8	11	16	20	23	26
7	22	26	26	2	4	6	9	12	17	21	24	27
8	23	27	27	3	5	7	10	13	18	22	25	1
9	24	1	1	4	6	8	11	14	19	23	26	2
10	25	2	2	5	7	9	12	15	20	24	27	3
11	26	3	3	6	8	10	13	16	21	25	1	4
12	27	4	8	7	9	11	14	17	22	26	2	5
13	1	5	5	8	10	12	15	18	23	27	3	6
14	2	6	6	9	11	13	16	19	24	1	4	7
15	3	7	7	10	12	14	17	20	25	2	5	8
16	4	8	8	11	13	15	18	21	26	3	6	9
17	5	9	9	12	14	16	19	22	1	3	7	10
18	6	10	10	13	15	17	20	23	2	4	8	11
19	7	11	11	14	16	18	21	25	3	5	9	12
20	8	12	12	15	17	19	22	26	4	6	10	13
21	9	13	13	16	18	20	22	27	5	7	11	14
22	10	14	14	17	19	21	23	1	6	8	12	15
23	11	14	15	18	18	22	24	2	7	9	13	16
24	12	15	16	18	19	23	25	3	8	10	14	17
25	13	16	16	19	20	24	26	4	9	11	15	18
26	14	17	17	20	21	25	27	5	10	12	16	19
27	15	18	18	21	22	26	1	6	11	13	17	20
28	16	19	19	22	23	27	2	7	12	14	18	21
29	17		20	23	24	1	3	8	13	15	19	22
30	18		21	24	25	2	4	9	14	16	20	23
31	19		22		26		5	10		17		24

2002年（平成14年）

日＼月	1	2	3	4	5	6	7	8	9	10	11	12
1	25	2	2	5	7	11	13	17	21	25	2	4
2	26	3	3	6	8	12	14	18	22	26	3	5
3	27	4	4	7	9	13	15	19	23	27	4	6
4	1	5	5	8	10	14	16	20	24	1	5	8
5	2	6	6	9	11	15	17	21	25	2	5	9
6	3	7	7	10	12	16	18	22	26	3	6	10
7	4	8	8	11	13	17	19	23	1	4	7	11
8	5	9	9	12	14	18	20	24	2	5	8	12
9	6	10	10	13	15	19	21	25	3	6	9	13
10	7	11	11	14	16	19	22	26	4	7	10	14
11	8	11	12	15	17	20	23	27	5	8	11	15
12	9	12	13	15	18	21	24	1	6	9	12	16
13	10	13	14	16	19	22	25	2	7	10	13	17
14	11	14	14	17	20	23	26	3	8	11	14	18
15	12	15	15	18	21	24	27	4	9	12	15	19
16	13	16	16	19	22	25	1	5	10	13	16	20
17	14	17	17	20	23	26	2	6	11	14	17	21
18	15	18	18	21	24	27	3	7	12	15	18	22
19	16	19	19	22	25	1	4	8	13	16	19	23
20	17	20	20	23	26	2	5	9	14	17	20	24
21	18	21	21	24	27	3	6	10	15	18	21	25
22	19	22	22	25	1	4	7	11	16	19	22	26
23	20	23	23	26	2	5	8	12	17	20	23	27
24	21	24	24	27	3	6	9	13	18	21	24	1
25	22	25	25	1	4	7	10	14	19	22	25	2
26	23	26	26	2	5	8	11	15	20	23	26	3
27	24	27	27	3	6	9	12	16	21	24	27	4
28	25	1	1	4	7	10	13	17	22	25	1	5
29	26		2	5	8	11	14	18	23	26	2	6
30	27		3	6	9	12	15	19	24	27	3	7
31	1		4		10		16	20		1		8

2003年（平成15年）

日＼月	1	2	3	4	5	6	7	8	9	10	11	12
1	9	12	13	16	18	21	23	1	5	8	12	15
2	10	13	14	16	19	22	24	2	6	9	13	16
3	10	14	14	17	20	23	25	3	7	10	14	17
4	11	15	15	18	21	24	26	4	8	11	15	18
5	12	16	16	19	22	25	27	5	9	12	16	19
6	13	17	17	20	23	26	1	6	10	13	17	20
7	14	18	18	21	24	27	2	7	11	14	18	21
8	15	19	19	22	25	1	3	8	12	15	19	22
9	16	20	20	23	26	2	4	9	13	16	20	23
10	17	21	21	24	27	3	5	10	14	17	21	24
11	18	22	22	25	1	4	6	11	15	18	22	25
12	19	23	23	26	2	5	7	12	16	19	23	26
13	20	24	24	27	3	6	8	13	17	20	24	27
14	21	25	25	1	4	7	9	14	18	21	25	1
15	22	26	26	2	5	8	10	15	19	22	26	2
16	23	27	27	3	6	9	11	16	20	23	27	3
17	24	1	1	4	7	10	12	17	21	24	1	4
18	25	2	2	5	8	11	13	18	22	25	2	5
19	26	3	3	6	9	12	14	19	23	26	3	6
20	27	4	4	7	10	13	15	20	24	27	4	7
21	1	5	5	8	11	14	16	21	25	1	5	8
22	2	6	6	9	12	15	17	22	26	2	6	9
23	3	7	7	10	13	16	18	23	27	3	7	10
24	4	8	8	11	14	17	19	24	1	4	8	11
25	5	9	9	12	15	18	20	25	2	5	9	12
26	6	10	10	13	16	19	21	26	3	6	10	13
27	7	11	11	14	17	20	22	27	4	7	11	14
28	8	12	12	15	18	21	23	1	5	8	12	15
29	9		13	16	19	22	25	2	6	9	13	16
30	10		14	17	20	22	26	3	7	10	14	17
31	11		15		21		27	4		11		18

2004年（平成16年）

日＼月	1	2	3	4	5	6	7	8	9	10	11	12
1	19	22	24	25	1	4	6	10	14	18	21	24
2	20	23	25	26	2	5	7	11	15	19	22	25
3	21	24	26	27	3	6	8	12	16	20	23	26
4	22	25	27	1	4	7	9	13	17	21	24	27
5	23	26	1	2	5	8	10	14	18	22	25	1
6	24	27	2	3	6	9	11	15	19	23	26	2
7	25	1	3	4	7	10	12	16	20	24	27	3
8	26	2	4	5	8	11	13	17	21	25	1	4
9	27	3	5	6	9	12	14	18	22	26	2	5
10	1	4	6	7	10	13	15	19	23	27	3	6
11	2	5	7	8	11	14	16	20	24	1	4	7
12	3	6	8	9	12	15	17	21	25	2	5	8
13	4	7	9	10	13	16	18	22	26	3	6	9
14	5	8	10	11	14	17	19	23	1	3	7	10
15	6	9	11	12	15	18	20	24	2	4	8	11
16	7	10	12	13	16	19	21	25	3	5	9	12
17	8	11	13	14	17	20	22	26	4	6	10	13
18	9	12	14	15	18	20	23	27	5	7	11	14
19	10	13	15	16	18	21	24	1	6	8	12	15
20	11	14	16	17	19	22	25	2	7	9	13	16
21	12	15	14	18	20	23	26	3	8	10	14	17
22	12	16	15	19	21	24	27	4	9	11	15	18
23	13	17	16	20	22	25	1	5	10	12	16	19
24	14	18	17	21	23	26	2	6	11	13	17	20
25	15	19	18	22	24	27	3	7	12	14	18	21
26	16	20	19	23	25	1	4	8	13	15	19	22
27	17	21	20	24	26	2	5	9	14	16	20	23
28	18	22	21	25	27	3	6	10	15	17	21	24
29	19	23	22	26	1	4	7	11	16	18	22	25
30	20		23	27	2	5	8	12	17	19	23	26
31	21		24		3		9	13		20		27

2005年（平成17年）

日＼月	1	2	3	4	5	6	7	8	9	10	11	12
1	1	5	5	9	11	15	17	21	25	1	5	7
2	2	6	6	10	12	16	18	22	26	2	5	8
3	3	7	7	11	13	17	19	23	27	3	6	9
4	4	8	8	12	14	18	20	24	1	4	7	10
5	5	9	9	13	15	19	21	25	2	5	8	11
6	6	10	10	14	16	20	22	26	3	6	9	12
7	7	11	11	15	17	20	23	27	4	7	10	13
8	8	12	12	16	18	21	24	1	5	8	11	14
9	9	12	13	16	19	22	25	2	6	9	12	15
10	10	13	14	17	20	23	26	3	7	10	13	16
11	11	14	15	18	21	24	27	4	8	11	14	17
12	12	15	16	19	22	25	1	5	9	12	15	18
13	13	16	17	20	23	26	2	6	10	13	16	19
14	14	17	18	21	24	27	3	7	11	14	17	20
15	15	18	19	22	25	1	4	8	12	15	18	21
16	16	19	20	23	26	2	5	9	13	16	19	22
17	17	20	21	24	27	3	6	10	14	17	20	23
18	18	21	22	25	1	4	7	11	15	18	21	24
19	19	22	23	26	2	5	8	12	16	19	22	25
20	20	23	24	27	3	6	9	13	17	20	23	26
21	21	24	25	1	4	7	10	14	18	21	24	27
22	22	25	26	2	5	8	11	15	19	22	25	1
23	23	26	27	3	6	9	12	16	20	23	26	2
24	24	27	1	4	7	10	13	17	21	24	27	3
25	25	1	2	5	8	11	14	18	22	25	1	4
26	26	2	3	6	9	12	15	19	23	26	2	5
27	27	3	4	7	10	13	16	20	24	27	3	6
28	1	4	5	8	11	14	17	21	25	1	4	7
29	2	×	6	9	12	15	18	22	26	2	5	8
30	3	×	7	10	13	16	19	23	27	3	6	9
31	4	×	8	×	14	×	20	24	×	4	×	10

2006年（平成18年）

日＼月	1	2	3	4	5	6	7	8	9	10	11	12
1	11	15	15	19	21	25	27	5	6	10	13	15
2	12	16	16	20	22	26	1	6	7	11	14	16
3	13	17	17	21	23	27	2	7	8	12	15	17
4	14	18	18	22	24	1	3	8	9	13	16	18
5	15	19	19	23	25	2	4	9	10	14	17	19
6	16	20	20	24	26	3	5	10	11	15	18	20
7	17	21	21	25	27	4	6	11	12	16	19	21
8	18	22	22	26	1	5	7	12	13	17	20	22
9	19	23	23	27	2	6	8	13	14	18	21	23
10	20	24	24	1	3	7	9	14	15	19	22	24
11	21	25	25	2	4	8	10	15	16	20	23	25
12	22	26	26	3	5	9	11	16	17	21	24	26
13	23	27	27	4	6	10	12	17	18	22	25	27
14	24	1	1	5	7	11	13	18	19	23	26	1
15	25	2	2	6	8	12	14	19	20	24	27	2
16	26	3	3	7	9	13	15	20	21	25	1	3
17	27	4	4	8	10	14	16	21	22	26	2	4
18	1	5	5	9	11	15	17	22	23	27	3	5
19	2	6	6	10	12	16	18	23	24	1	4	6
20	3	7	7	11	13	17	19	24	25	2	4	8
21	4	8	8	12	14	18	20	25	26	3	5	9
22	5	9	9	13	15	19	21	26	1	3	6	10
23	6	10	10	14	16	20	22	27	2	4	7	11
24	7	11	11	15	17	21	23	25	3	5	8	12
25	8	12	12	16	18	21	25	26	4	6	9	13
26	9	13	13	17	19	22	26	27	5	7	10	14
27	10	14	14	18	20	23	27	1	6	8	11	15
28	11	14	15	18	21	24	1	2	7	9	12	16
29	12		16	19	22	25	2	3	8	10	13	17
30	13		17	20	23	26	3	4	9	11	14	18
31	14		18		24		4	5		12		19

2007年（平成19年）

日＼月	1	2	3	4	5	6	7	8	9	10	11	12
1	20	23	23	27	3	6	9	13	17	21	24	26
2	21	24	24	1	4	7	10	14	18	22	25	27
3	22	25	25	2	5	8	11	15	19	23	26	1
4	23	26	26	3	6	9	12	16	20	24	27	2
5	24	27	27	4	7	10	13	17	21	25	1	3
6	25	1	1	5	8	11	14	18	22	26	2	4
7	26	2	2	6	9	12	15	19	23	27	3	5
8	27	3	3	7	10	13	16	20	24	1	4	6
9	1	4	4	8	11	14	17	21	25	2	5	7
10	2	5	5	9	12	15	18	22	26	3	5	8
11	3	6	6	10	13	16	19	23	1	3	6	9
12	4	7	7	11	14	17	20	24	2	4	7	10
13	5	8	8	12	15	18	21	25	3	5	8	11
14	6	9	9	13	16	19	22	26	4	6	9	12
15	7	10	10	14	17	20	23	27	5	7	10	13
16	8	11	11	15	18	21	24	1	6	8	11	14
17	9	12	12	16	18	22	25	2	7	9	12	15
18	10	12	13	17	19	23	26	3	8	10	13	16
19	10	13	14	18	20	24	27	4	9	11	14	17
20	11	14	15	19	21	25	1	5	10	12	15	18
21	12	15	16	20	22	26	2	6	11	13	16	19
22	13	16	17	21	23	27	3	7	12	14	17	20
23	14	17	18	22	24	1	4	8	13	15	18	21
24	15	18	19	23	25	2	5	9	14	16	19	22
25	16	19	20	24	26	3	6	10	15	17	20	23
26	17	20	21	25	27	4	7	11	16	18	21	24
27	18	21	22	26	1	5	8	12	17	19	22	25
28	19	22	23	27	2	6	9	13	18	20	23	26
29	20		24	1	3	7	10	14	19	21	24	27
30	21		25	2	4	8	11	15	20	22	25	1
31	22		26		5		12	16		23		2

2008年（平成20年）

月 日	1	2	3	4	5	6	7	8	9	10	11	12
1	3	7	8	11	14	18	20	25	2	5	8	11
2	4	8	9	12	15	19	21	26	3	6	9	12
3	5	9	10	13	16	20	22	27	4	7	10	13
4	6	10	11	14	17	20	23	1	5	8	11	14
5	7	11	12	15	18	21	24	2	6	9	12	15
6	8	12	13	16	19	22	25	3	7	10	13	16
7	9	12	14	17	20	23	26	4	8	11	14	17
8	10	13	14	18	21	24	27	5	9	12	15	18
9	11	14	15	19	22	25	1	6	10	13	16	19
10	12	15	16	20	23	26	2	7	11	14	17	20
11	13	16	17	21	24	27	3	8	12	15	18	21
12	14	17	18	22	25	1	4	9	13	16	19	22
13	15	18	19	23	26	2	5	10	14	17	20	23
14	16	19	20	24	27	3	6	11	15	18	21	24
15	17	20	21	25	1	4	7	12	16	19	22	25
16	18	21	22	26	2	5	8	13	17	20	23	26
17	19	22	23	27	3	6	9	14	18	21	24	27
18	20	23	24	1	4	7	10	15	19	22	25	1
19	21	24	25	2	5	8	11	16	20	23	26	2
20	22	25	26	3	6	9	12	17	21	24	27	3
21	23	26	27	4	7	10	13	18	22	25	1	4
22	24	27	1	5	8	11	14	19	23	26	2	5
23	25	1	2	6	9	12	15	20	24	27	3	6
24	26	2	3	7	10	13	16	21	25	1	4	7
25	27	3	4	8	11	14	17	22	26	2	5	8
26	1	4	5	9	12	15	18	23	27	3	6	9
27	2	5	6	10	13	16	19	24	1	4	7	10
28	3	6	7	11	14	17	20	25	2	5	8	11
29	4	7	8	12	15	18	21	26	3	5	9	12
30	5	×	9	13	16	19	22	27	4	6	10	13
31	6	×	10	×	17	×	23	1	×	7	×	14

2009年（平成21年）

日＼月	1	2	3	4	5	6	7	8	9	10	11	12
1	15	18	18	21	24	1	1	5	10	13	17	19
2	16	19	19	22	25	2	2	6	11	14	18	20
3	17	20	20	23	26	3	3	7	12	15	19	21
4	18	21	21	24	27	4	4	8	13	16	20	22
5	19	22	22	25	1	5	5	9	14	17	21	23
6	20	23	23	26	2	6	6	10	15	18	22	24
7	21	24	24	27	3	7	7	11	16	19	23	25
8	22	25	25	1	4	8	8	12	17	20	24	26
9	23	26	26	2	5	9	9	13	18	21	25	27
10	24	27	27	3	6	10	10	14	19	22	26	1
11	25	1	1	4	7	11	11	15	20	23	27	2
12	26	2	2	5	8	12	12	16	21	24	1	3
13	27	3	3	6	9	13	13	17	22	25	2	4
14	1	4	4	7	10	14	14	18	23	26	3	5
15	2	5	5	8	11	15	15	19	24	27	4	6
16	3	6	6	9	12	16	16	20	25	1	5	8
17	4	7	7	10	13	17	17	21	26	2	5	9
18	5	8	8	11	14	18	18	22	27	3	6	10
19	6	9	9	12	15	19	19	23	1	4	7	11
20	7	10	10	13	16	20	20	25	2	5	8	12
21	8	11	11	14	17	21	21	26	3	6	9	13
22	9	12	12	15	18	22	22	27	4	7	10	14
23	10	13	13	16	19	20	23	1	5	8	11	15
24	11	14	14	17	20	21	24	2	6	9	12	16
25	12	14	15	18	21	22	25	3	7	10	13	17
26	12	15	16	19	22	23	26	4	8	11	14	18
27	13	16	16	20	23	24	27	5	9	12	15	19
28	14	17	17	21	24	25	1	6	10	13	16	20
29	15		18	22	25	26	2	7	11	14	17	21
30	16		19	23	26	27	3	8	12	15	18	22
31	17		20		27		4	9		16		23

2010年（平成22年）

日＼月	1	2	3	4	5	6	7	8	9	10	11	12
1	24	27	27	3	6	9	12	15	20	24	27	3
2	25	1	1	4	7	10	13	16	21	25	1	4
3	26	2	2	5	8	11	14	17	22	26	2	5
4	27	3	3	6	9	12	15	18	23	27	3	6
5	1	4	4	7	10	13	16	19	24	1	4	7
6	2	5	5	8	11	14	17	20	25	2	5	8
7	3	6	6	9	12	15	18	21	26	3	6	9
8	4	7	7	10	13	16	19	22	1	3	7	10
9	5	8	8	11	14	17	20	23	2	4	8	11
10	6	9	9	12	15	18	21	25	3	5	9	12
11	7	10	10	13	16	19	22	26	4	6	10	13
12	8	11	11	14	17	20	22	27	5	7	11	14
13	9	12	12	15	18	21	23	1	6	8	12	15
14	10	12	13	16	18	22	24	2	7	9	13	16
15	10	13	14	17	19	23	25	3	8	10	14	17
16	11	14	14	18	20	24	26	4	9	11	15	18
17	12	15	15	19	21	25	27	5	10	12	16	19
18	13	16	16	20	22	26	2	6	11	13	17	20
19	14	17	17	21	23	27	1	7	12	14	18	21
20	15	18	18	22	24	1	3	8	13	15	19	22
21	16	19	19	23	25	2	4	9	14	16	20	23
22	17	20	20	24	26	3	5	10	15	17	21	24
23	18	21	21	25	27	4	6	11	16	18	22	25
24	19	22	22	26	1	5	7	12	17	19	23	26
25	20	23	23	27	2	6	8	13	18	20	24	27
26	21	24	24	1	3	7	9	14	19	21	25	1
27	22	25	25	2	4	8	10	15	20	22	26	2
28	23	26	26	3	5	9	11	16	21	23	27	3
29	24		27	4	6	10	12	17	22	24	1	4
30	25		1	5	7	11	13	18	23	25	2	5
31	26		2		8		14	19		26		6

2011年（平成23年）

日＼月	1	2	3	4	5	6	7	8	9	10	11	12
1	7	11	11	14	17	20	22	26	4	7	10	14
2	8	12	12	15	18	20	23	27	5	8	11	15
3	9	12	13	16	18	21	24	1	6	9	12	16
4	10	13	14	17	19	22	25	2	7	10	13	17
5	11	14	14	18	20	23	26	3	8	11	14	18
6	12	15	15	19	21	24	27	4	9	12	15	19
7	13	16	16	20	22	25	1	5	10	13	16	20
8	14	17	17	21	23	26	2	6	11	14	17	21
9	15	18	18	22	24	27	3	7	12	15	18	22
10	16	19	19	23	25	1	4	8	13	16	19	23
11	17	20	20	24	26	2	5	9	14	17	20	24
12	18	21	21	25	27	3	6	10	15	18	21	25
13	19	22	22	26	1	4	7	11	16	19	22	26
14	20	23	23	27	2	5	8	12	17	20	23	27
15	21	24	24	1	3	6	9	13	18	21	24	1
16	22	25	25	2	4	7	10	14	19	22	25	2
17	23	26	26	3	5	8	11	15	20	23	26	3
18	24	27	27	4	6	9	12	16	21	24	27	4
19	25	1	1	5	7	10	13	17	22	25	1	5
20	26	2	2	6	8	11	14	18	23	26	2	6
21	27	3	3	7	9	12	15	19	24	27	3	7
22	1	4	4	8	10	13	16	20	25	1	4	8
23	2	5	5	9	11	14	17	21	26	2	5	9
24	3	6	6	10	12	15	18	22	27	3	6	10
25	4	7	7	11	13	16	19	23	1	4	8	10
26	5	8	8	12	14	17	20	24	2	5	9	11
27	6	9	9	13	15	18	21	25	3	5	10	12
28	7	10	10	14	16	19	22	26	4	6	11	13
29	8		11	15	17	20	23	1	5	7	12	14
30	9		12	16	18	21	24	2	6	8	13	15
31	10		13		19		25	3		9		16

2012年（平成24年）

日＼月	1	2	3	4	5	6	7	8	9	10	11	12
1	17	21	22	26	26	2	4	8	12	16	20	22
2	18	22	23	27	27	3	5	9	13	17	21	23
3	19	23	24	1	1	4	6	10	14	18	22	24
4	20	24	25	2	2	5	7	11	15	19	23	25
5	21	25	26	3	3	6	8	12	16	20	24	26
6	22	26	27	4	4	7	9	13	17	21	25	27
7	23	27	1	5	5	8	10	14	18	22	26	1
8	24	1	2	6	6	9	11	15	19	23	27	2
9	25	2	3	7	7	10	12	16	20	24	1	3
10	26	3	4	8	8	11	13	17	21	25	2	4
11	27	4	5	9	9	12	14	18	22	26	3	5
12	1	5	6	10	10	13	15	19	23	27	4	6
13	2	6	7	11	11	14	16	20	24	1	5	8
14	3	7	8	12	12	15	17	21	25	2	5	9
15	4	8	9	13	13	16	18	22	26	3	6	10
16	5	9	10	14	14	17	19	23	1	4	7	11
17	6	10	11	15	15	18	20	24	2	5	8	12
18	7	11	12	16	16	19	21	25	3	6	9	13
19	8	12	13	17	17	20	22	26	4	7	10	14
20	9	13	14	18	18	20	23	27	5	8	11	15
21	10	14	15	16	18	21	24	1	6	9	12	16
22	11	14	16	17	19	22	25	2	7	10	13	17
23	12	15	17	18	20	23	26	3	8	11	14	18
24	13	16	18	19	21	24	27	4	9	12	15	19
25	14	17	19	20	22	25	1	5	10	13	16	20
26	15	18	20	21	23	26	2	6	11	14	17	21
27	16	19	21	22	24	27	3	7	12	15	18	22
28	17	20	22	23	25	1	4	8	13	16	19	23
29	18	21	23	24	26	2	5	9	14	17	20	24
30	19		24	25	27	3	6	10	15	18	21	25
31	20		25		1		7	11		19		

2013年（平成25年）

日＼月	1	2	3	4	5	6	7	8	9	10	11	12
1	26	3	4	7	10	13	15	19	23	27	5	6
2	27	4	5	8	11	14	16	20	24	1	4	7
3	1	5	6	9	12	15	17	21	25	2	5	8
4	2	6	7	10	13	16	18	22	26	3	6	9
5	3	7	8	11	14	17	19	23	1	3	7	10
6	4	8	9	12	15	18	20	24	2	4	8	11
7	5	9	10	13	16	19	21	25	3	5	9	12
8	6	10	11	14	17	20	22	26	4	6	10	13
9	7	11	12	15	18	20	23	27	5	7	11	14
10	8	12	13	16	18	21	24	1	6	8	12	15
11	9	13	14	17	19	22	25	2	7	9	13	16
12	10	14	14	18	20	23	26	3	8	10	14	17
13	11	15	15	19	21	24	27	4	9	11	15	18
14	12	16	16	20	22	25	1	5	10	12	16	19
15	13	17	17	21	23	26	2	6	11	13	17	20
16	14	18	18	22	24	27	3	7	12	14	18	21
17	15	19	19	23	25	1	4	8	13	15	19	22
18	16	20	20	24	26	2	5	9	14	16	20	23
19	17	21	21	25	27	3	6	10	15	17	21	24
20	18	22	22	26	1	4	7	11	16	18	22	25
21	19	23	23	27	2	5	8	12	17	19	23	26
22	20	24	24	1	3	6	9	13	18	20	24	27
23	21	25	25	2	4	7	10	14	19	21	25	1
24	22	26	26	3	5	8	11	15	20	22	26	2
25	23	27	27	4	6	9	12	16	21	23	27	3
26	24	1	1	5	7	10	13	17	22	24	1	4
27	25	2	2	6	8	11	14	18	23	25	2	5
28	26	3	3	7	9	12	15	19	24	26	3	6
29	27		4	8	10	13	16	20	25	27	4	7
30	1		5	9	11	14	17	21	26	1	5	8
31	2		6		12		18	22		2		9

2014年（平成26年）

月 日	1	2	3	4	5	6	7	8	9	10	11	12
1	10	13	14	17	20	23	26	3	8	10	11	14
2	11	14	15	18	21	24	27	4	9	11	12	15
3	12	15	16	19	22	25	1	5	10	12	13	16
4	13	16	17	20	23	26	2	6	11	13	14	17
5	14	17	18	21	24	27	3	7	12	14	15	18
6	15	18	19	22	25	1	4	8	13	15	16	19
7	16	19	20	23	26	2	5	9	14	16	17	20
8	17	20	21	24	27	3	6	10	15	17	18	21
9	18	21	22	25	1	4	7	11	16	18	19	22
10	19	22	23	26	2	5	8	12	17	19	20	23
11	20	23	24	27	3	6	9	13	18	20	21	24
12	21	24	25	1	4	7	10	14	19	21	22	25
13	22	25	26	2	5	8	11	15	20	22	23	26
14	23	26	27	3	6	9	12	16	21	23	24	27
15	24	27	1	4	7	10	13	17	22	24	25	1
16	25	1	2	5	8	11	14	18	23	25	26	2
17	26	2	3	6	9	12	15	19	24	26	27	3
18	27	3	4	7	10	13	16	20	25	27	1	4
19	1	4	5	8	11	14	17	21	26	1	2	5
20	2	5	6	9	12	15	18	22	27	2	3	6
21	3	6	7	10	13	16	19	23	1	3	4	7
22	4	7	8	11	14	17	20	24	2	4	5	8
23	5	8	9	12	15	18	21	25	3	5	6	9
24	6	9	10	13	16	19	22	26	3	3	7	10
25	7	10	11	14	17	20	23	1	4	4	8	11
26	8	11	12	15	18	21	24	2	5	5	9	12
27	9	12	13	16	19	22	25	3	6	6	10	13
28	10	13	14	17	20	23	26	4	7	7	11	14
29	11		15	18	20	24	27	5	8	8	12	15
30	12		16	19	21	25	1	6	9	9	13	16
31	12		16		22		2	7		10		17

2015年（平成27年）

日＼月	1	2	3	4	5	6	7	8	9	10	11	12
1	18	22	22	26	1	5	8	11	16	19	22	24
2	19	23	23	27	2	6	9	12	17	20	23	25
3	20	24	24	1	3	7	10	13	18	21	24	26
4	21	25	25	2	4	8	11	14	19	22	25	27
5	22	26	26	3	5	9	12	15	20	23	26	1
6	23	27	27	4	6	10	13	16	21	24	27	2
7	24	1	1	5	7	11	14	17	22	25	1	3
8	25	2	2	6	8	12	15	18	23	26	2	4
9	26	3	3	7	9	13	16	19	24	27	3	5
10	27	4	4	8	10	14	17	20	25	1	4	6
11	1	5	5	9	11	15	18	21	26	2	5	8
12	2	6	6	10	12	16	19	22	27	3	5	9
13	3	7	7	11	13	17	20	23	1	3	6	10
14	4	8	8	12	14	18	21	25	2	4	7	11
15	5	9	9	13	15	19	22	26	3	5	8	12
16	6	10	10	14	16	20	22	27	4	6	9	13
17	7	11	11	15	17	21	23	1	5	7	10	14
18	8	12	12	16	18	22	24	2	6	8	11	15
19	9	12	13	16	19	23	25	3	7	9	12	16
20	10	13	14	17	20	24	26	4	8	10	13	17
21	11	14	15	18	21	25	27	5	9	11	14	18
22	12	15	16	19	22	26	1	6	10	12	15	19
23	13	16	17	20	23	27	2	7	11	13	16	20
24	14	17	18	21	24	1	3	8	12	14	17	21
25	15	18	19	22	25	2	4	9	13	15	18	22
26	16	19	20	23	26	3	5	10	14	16	19	23
27	17	20	21	24	27	4	6	11	15	17	20	24
28	18	21	22	25	1	5	7	12	16	18	21	25
29	19		23	26	2	6	8	13	17	19	22	26
30	20		24	27	3	7	9	14	18	20	23	27
31	21		25		4		10	15		21		1

2016年（平成28年）

日＼月	1	2	3	4	5	6	7	8	9	10	11	12
1	2	5	7	10	13	16	19	23	1	3	6	10
2	3	6	8	11	14	17	20	24	2	4	7	11
3	4	7	9	12	15	18	21	25	3	5	8	12
4	5	8	10	13	16	19	22	26	4	6	9	13
5	6	9	11	14	17	20	23	27	5	7	10	14
6	7	10	12	15	18	21	24	1	6	8	11	15
7	8	11	13	16	18	22	25	2	7	9	12	16
8	9	12	14	17	19	23	26	3	8	10	13	17
9	10	13	14	18	20	24	27	4	9	11	14	18
10	10	14	15	19	21	25	1	5	10	12	15	19
11	11	15	16	20	22	26	2	6	11	13	16	20
12	12	16	17	21	23	27	3	7	12	14	17	21
13	13	17	18	22	24	1	4	8	13	15	18	22
14	14	18	19	23	25	2	5	9	14	16	19	23
15	15	19	20	24	26	3	6	10	15	17	20	24
16	16	20	21	25	27	4	7	11	16	18	21	25
17	17	21	22	26	1	5	8	12	17	19	22	26
18	18	22	23	27	2	6	9	13	18	20	23	27
19	19	23	24	1	3	7	10	14	19	21	24	1
20	20	24	25	2	4	8	11	15	20	22	25	2
21	21	25	26	3	5	9	12	16	21	23	26	3
22	22	26	27	4	6	10	13	17	22	24	27	4
23	23	27	1	5	7	11	14	18	23	25	1	5
24	24	1	2	6	8	12	15	19	24	26	2	6
25	25	2	3	7	9	13	16	20	25	27	3	7
26	26	3	4	8	10	14	17	21	26	1	4	8
27	27	4	5	9	11	15	18	22	27	2	5	9
28	1	5	6	10	12	16	19	23	1	3	6	10
29	2	6	7	11	13	17	20	24	2	4	8	10
30	3		8	12	14	18	21	25	3	5	9	11
31	4		9		15		22	26		5		12

2017年（平成29年）

日＼月	1	2	3	4	5	6	7	8	9	10	11	12
1	13	16	17	20	23	26	27	4	8	12	15	18
2	14	17	18	21	24	27	1	5	9	13	16	19
3	15	18	19	22	25	1	2	6	10	14	17	20
4	16	19	20	23	26	2	3	7	11	15	18	21
5	17	20	21	24	27	3	4	8	12	16	19	22
6	18	21	22	25	1	4	5	9	13	17	20	23
7	19	22	23	26	2	5	6	10	14	18	21	24
8	20	23	24	27	3	6	7	11	15	19	22	25
9	21	24	25	1	4	7	8	12	16	20	23	26
10	22	25	26	2	5	8	9	13	17	21	24	27
11	23	26	27	3	6	9	10	14	18	22	25	1
12	24	27	1	4	7	10	11	15	19	23	26	2
13	25	1	2	5	8	11	12	16	20	24	27	3
14	26	2	3	6	9	12	13	17	21	25	1	4
15	27	3	4	7	10	13	14	18	22	26	2	5
16	1	4	5	8	11	14	15	19	23	27	3	6
17	2	5	6	9	12	15	16	20	24	1	4	7
18	3	6	7	10	13	16	17	21	25	2	5	8
19	4	7	8	11	14	17	18	22	26	3	6	9
20	5	8	9	12	15	18	19	23	1	3	7	10
21	6	9	10	13	16	19	20	24	2	4	8	11
22	7	10	11	14	17	20	21	25	3	5	9	12
23	8	11	12	15	18	21	22	26	4	6	10	13
24	9	12	13	16	19	20	23	27	5	7	11	14
25	10	13	14	17	20	21	24	1	6	8	12	15
26	11	14	15	18	20	22	25	2	7	9	13	16
27	12	15	16	19	21	23	26	3	8	10	14	17
28	12	16	16	20	22	24	27	4	9	11	15	18
29	13		17	21	23	25	1	5	10	12	16	19
30	14		18	22	24	26	2	6	11	13	17	20
31	15		19		25		3	7		14		21

2018年（平成30年）

日＼月	1	2	3	4	5	6	7	8	9	10	11	12
1	22	25	25	2	4	8	10	14	19	22	26	1
2	23	26	26	3	5	9	11	15	20	23	27	2
3	24	27	27	4	6	10	12	16	21	24	1	3
4	25	1	1	5	7	11	13	17	22	25	2	4
5	26	2	2	6	8	12	14	18	23	26	3	5
6	27	3	3	7	9	13	15	19	24	27	4	6
7	1	4	4	8	10	14	16	20	25	1	5	8
8	2	5	5	9	11	15	17	21	26	2	5	9
9	3	6	6	10	12	16	18	22	27	3	6	10
10	4	7	7	11	13	17	19	23	1	4	7	11
11	5	8	8	12	14	18	20	25	2	5	8	12
12	6	9	9	13	15	19	21	26	3	6	9	13
13	7	10	10	14	16	20	22	27	4	7	10	14
14	8	11	11	15	17	20	23	1	5	8	11	15
15	9	12	12	16	18	21	24	2	6	9	12	16
16	10	12	13	16	19	22	25	3	7	10	13	17
17	10	13	14	17	20	23	26	4	8	11	14	18
18	11	14	15	18	21	24	27	5	9	12	15	19
19	12	15	16	19	22	25	1	6	10	13	16	20
20	13	16	17	20	23	26	2	7	11	14	17	21
21	14	17	18	21	24	27	3	8	12	15	18	22
22	15	18	19	22	25	1	4	9	13	16	19	23
23	16	19	20	23	26	2	5	10	14	17	20	24
24	17	20	21	24	27	3	6	11	15	18	21	25
25	18	21	22	25	1	4	7	12	16	19	22	26
26	19	22	23	26	2	5	8	13	17	20	23	27
27	20	23	24	27	3	6	9	14	18	21	24	1
28	21	24	25	1	4	7	10	15	19	22	25	2
29	22		26	2	5	8	11	16	20	23	26	3
30	23		27	3	6	9	12	17	21	24	27	4
31	24		1		7		13	18		25		5

2019年（平成31年／令和元年）

月／日	1	2	3	4	5	6	7	8	9	10	11	12
1	6	9	9	12	15	18	21	25	3	5	9	12
2	7	10	10	13	16	19	22	26	4	6	10	13
3	8	11	11	14	17	20	22	27	5	7	11	14
4	9	12	12	15	18	21	23	1	6	8	12	15
5	10	12	13	16	18	22	24	2	7	9	13	16
6	10	13	14	17	19	23	25	3	8	10	14	17
7	11	14	14	18	20	24	26	4	9	11	15	18
8	12	15	15	19	21	25	27	5	10	12	16	19
9	13	16	16	20	22	26	1	6	11	13	17	20
10	14	17	17	21	23	27	2	7	12	14	18	21
11	15	18	18	22	24	1	3	8	13	15	19	22
12	16	19	19	23	25	2	4	9	14	16	20	23
13	17	20	20	24	26	3	5	10	15	17	21	24
14	18	21	21	25	27	4	6	11	16	18	22	25
15	19	22	22	26	1	5	7	12	17	19	23	26
16	20	23	23	27	2	6	8	13	18	20	24	27
17	21	24	24	1	3	7	9	14	19	21	25	1
18	22	25	25	2	4	8	10	15	20	22	26	2
19	23	26	26	3	5	9	11	16	21	23	27	3
20	24	27	27	4	6	10	12	17	22	24	1	4
21	25	1	1	5	7	11	13	18	23	25	2	5
22	26	2	2	6	8	12	14	19	24	26	3	6
23	27	3	3	7	9	13	15	20	25	27	4	7
24	1	4	4	8	10	14	16	21	26	1	5	8
25	2	5	5	9	11	15	17	22	27	2	6	9
26	3	6	6	10	12	16	18	23	1	3	7	10
27	4	7	7	11	13	17	19	24	2	4	8	11
28	5	8	8	12	14	18	20	25	3	5	9	12
29	6		9	13	15	19	21	26	3	6	10	13
30	7		10	14	16	20	22	1	4	7	11	14
31	8		11		17		23	2		8		15

2020年（令和2年）

日＼月	1	2	3	4	5	6	7	8	9	10	11	12
1	16	19	20	24	26	27	3	6	11	15	18	21
2	17	20	21	25	27	1	4	7	12	16	19	22
3	18	21	22	26	1	2	5	8	13	17	20	23
4	19	22	23	27	2	3	6	9	14	18	21	24
5	20	23	24	1	3	4	7	10	15	19	22	25
6	21	24	25	2	4	5	8	11	16	20	23	26
7	22	25	26	3	5	6	9	12	17	21	24	27
8	23	26	27	4	6	7	10	13	18	22	25	1
9	24	27	1	5	7	8	11	14	19	23	26	2
10	25	1	2	6	8	9	12	15	20	24	27	3
11	26	2	3	7	9	10	13	16	21	25	1	4
12	27	3	4	8	10	11	14	17	22	26	2	5
13	1	4	5	9	11	12	15	18	23	27	3	6
14	2	5	6	10	12	13	16	19	24	1	4	7
15	3	6	7	11	13	14	17	20	25	2	5	8
16	4	7	8	12	14	15	18	21	26	3	6	9
17	5	8	9	13	15	16	19	22	1	3	7	10
18	6	9	10	14	16	17	20	23	2	4	8	11
19	7	10	11	15	17	18	21	25	3	5	9	12
20	8	11	12	16	18	19	22	26	4	6	10	13
21	9	12	13	17	19	20	22	27	5	7	11	14
22	10	13	14	18	20	21	23	1	6	8	12	15
23	11	14	15	18	18	22	24	2	7	9	13	16
24	12	14	16	19	19	23	25	3	8	10	14	17
25	12	15	17	20	20	24	26	4	9	11	15	18
26	13	16	18	21	21	25	27	5	10	12	16	19
27	14	17	19	22	22	26	1	6	11	13	17	20
28	15	18	20	23	23	27	2	7	12	14	18	21
29	16	19	21	24	24	1	3	8	13	15	19	22
30	17		22	25	25	2	4	9	14	16	20	23
31	18		23		26		5	10		17		24

2021年（令和3年）

日＼月	1	2	3	4	5	6	7	8	9	10	11	12
1	25	2	2	6	8	11	14	17	22	25	2	4
2	26	3	3	7	9	12	15	18	23	26	3	5
3	27	4	4	8	10	13	16	19	24	27	4	6
4	1	5	5	9	11	14	17	20	25	1	5	8
5	2	6	6	10	12	15	18	21	26	2	5	9
6	3	7	7	11	13	16	19	22	27	3	6	10
7	4	8	8	12	14	17	20	23	1	4	7	11
8	5	9	9	13	15	18	21	25	2	5	8	12
9	6	10	10	14	16	19	22	26	3	6	9	13
10	7	11	11	15	17	20	22	27	4	7	10	14
11	8	12	12	16	18	21	23	1	5	8	11	15
12	9	12	13	16	18	22	24	2	6	9	12	16
13	10	13	14	17	19	23	25	3	7	10	13	17
14	11	14	15	18	20	24	26	4	8	11	14	18
15	12	15	16	19	21	25	27	5	9	12	15	19
16	13	16	17	20	22	26	1	6	10	13	16	20
17	14	17	18	21	23	27	2	7	11	14	17	21
18	15	18	19	22	24	1	3	8	12	15	18	22
19	16	19	20	23	25	2	4	9	13	16	19	23
20	17	20	21	24	26	3	5	10	14	17	20	24
21	18	21	22	25	27	4	6	11	15	18	21	25
22	19	22	23	26	1	5	7	12	16	19	22	26
23	20	23	24	27	2	6	8	13	17	20	23	27
24	21	24	25	1	3	7	9	14	18	21	24	1
25	22	25	26	2	4	8	10	15	19	22	25	2
26	23	26	27	3	5	9	11	16	20	23	26	3
27	24	27	1	4	6	10	12	17	21	24	27	4
28	25	1	2	5	7	11	13	18	22	25	1	5
29	26		3	6	8	12	14	19	23	26	2	6
30	27		4	7	9	13	15	20	24	27	3	7
31	1		5		10		16	21		1		8

2022年（令和4年）

日＼月	1	2	3	4	5	6	7	8	9	10	11	12
1	9	12	13	16	18	22	24	1	6	8	12	15
2	10	13	14	17	19	23	25	2	7	9	13	16
3	10	14	14	18	20	24	26	3	8	10	14	17
4	11	15	15	19	21	25	27	4	9	11	15	18
5	12	16	16	20	22	26	1	5	10	12	16	19
6	13	17	17	21	23	27	2	6	11	13	17	20
7	14	18	18	22	24	1	3	7	12	14	18	21
8	15	19	19	23	25	2	4	8	13	15	19	22
9	16	20	20	24	26	3	5	9	14	16	20	23
10	17	21	21	25	27	4	6	10	15	17	21	24
11	18	22	22	26	1	5	7	11	16	18	22	25
12	19	23	23	27	2	6	8	12	17	19	23	26
13	20	24	24	1	3	7	9	13	18	20	24	27
14	21	25	25	2	4	8	10	14	19	21	25	1
15	22	26	26	3	5	9	11	15	20	22	26	2
16	23	27	27	4	6	10	12	16	21	23	27	3
17	24	1	1	5	7	11	13	17	22	24	1	4
18	25	2	2	6	8	12	14	18	23	25	2	5
19	26	3	3	7	9	13	15	19	24	26	3	6
20	27	4	4	8	10	14	16	20	25	27	4	7
21	1	5	5	9	11	15	17	21	26	1	5	8
22	2	6	6	10	12	16	18	22	27	2	6	9
23	3	7	7	11	13	17	19	23	1	3	7	10
24	4	8	8	12	14	18	20	24	2	4	8	11
25	5	9	9	13	15	19	21	25	3	5	9	12
26	6	10	10	14	16	20	22	26	3	6	10	13
27	7	11	11	15	17	21	23	1	4	7	11	14
28	8	12	12	16	18	22	24	2	5	8	12	15
29	9		13	17	19	22	25	3	6	9	13	16
30	10		14	18	20	23	26	4	7	10	14	17
31	11		15		21		27	5		11		18

2023年（令和5年）

月 日	1	2	3	4	5	6	7	8	9	10	11	12
1	19	22	23	24	27	3	6	9	14	17	20	23
2	20	23	24	25	1	4	7	10	15	18	21	24
3	21	24	25	26	2	5	8	11	16	19	22	25
4	22	25	26	27	3	6	9	12	17	20	23	26
5	23	26	27	1	4	7	10	13	18	21	24	27
6	24	27	1	2	5	8	11	14	19	22	25	1
7	25	1	2	3	6	9	12	15	20	23	26	2
8	26	2	3	4	7	10	13	16	21	24	27	3
9	27	3	4	5	8	11	14	17	22	25	1	4
10	1	4	5	6	9	12	15	18	23	26	2	5
11	2	5	6	7	10	13	16	19	24	27	3	6
12	3	6	7	8	11	14	17	20	25	1	4	7
13	4	7	8	9	12	15	18	21	26	2	5	8
14	5	8	9	10	13	16	19	22	27	3	6	9
15	6	9	10	11	14	17	20	23	1	3	7	10
16	7	10	11	12	15	18	21	25	2	4	8	11
17	8	11	12	13	16	19	22	26	3	5	9	12
18	9	12	13	14	17	20	22	27	4	6	10	13
19	10	13	14	15	18	21	23	1	5	7	11	14
20	11	14	15	16	18	22	24	2	6	8	12	15
21	12	15	16	17	19	23	25	3	7	9	13	16
22	12	16	14	18	20	24	26	4	8	10	14	17
23	13	17	15	19	21	25	27	5	9	11	15	18
24	14	18	16	20	22	26	1	6	10	12	16	19
25	15	19	17	21	23	27	2	7	11	13	17	20
26	16	20	18	22	24	1	3	8	12	14	18	21
27	17	21	19	23	25	2	4	9	13	15	19	22
28	18	22	20	24	26	3	5	10	14	16	20	23
29	19		21	25	27	4	6	11	15	17	21	24
30	20		22	26	1	5	7	12	16	18	22	25
31	21		23		2		8	13		19		26

2024年（令和6年）

日＼月	1	2	3	4	5	6	7	8	9	10	11	12
1	27	4	5	9	11	15	18	21	26	2	5	8
2	1	5	6	10	12	16	19	22	27	3	6	9
3	2	6	7	11	13	17	20	23	1	3	7	10
4	3	7	8	12	14	18	21	25	2	4	8	11
5	4	8	9	13	15	19	22	26	3	5	9	12
6	5	9	10	14	16	20	22	27	4	6	10	13
7	6	10	11	15	17	21	23	1	5	7	11	14
8	7	11	12	16	18	22	24	2	6	8	12	15
9	8	12	13	16	19	23	25	3	7	9	13	16
10	9	12	14	17	20	24	26	4	8	10	14	17
11	10	13	15	18	21	25	27	5	9	11	15	18
12	11	14	16	19	22	26	1	6	10	12	16	19
13	12	15	17	20	23	27	2	7	11	13	17	20
14	13	16	18	21	24	1	3	8	12	14	18	21
15	14	17	19	22	25	2	4	9	13	15	19	22
16	15	18	20	23	26	3	5	10	14	16	20	23
17	16	19	21	24	27	4	6	11	15	17	21	24
18	17	20	22	25	1	5	7	12	16	18	22	25
19	18	21	23	26	2	6	8	13	17	19	23	26
20	19	22	24	27	3	7	9	14	18	20	24	27
21	20	23	25	1	4	8	10	15	19	21	25	1
22	21	24	26	2	5	9	11	16	20	22	26	2
23	22	25	27	3	6	10	12	17	21	23	27	3
24	23	26	1	4	7	11	13	18	22	24	1	4
25	24	27	2	5	8	12	14	19	23	25	2	5
26	25	1	3	6	9	13	15	20	24	26	3	6
27	26	2	4	7	10	14	16	21	25	27	4	7
28	27	3	5	8	11	15	17	22	26	1	5	8
29	1	4	6	9	12	16	18	23	27	2	6	9
30	2		7	10	13	17	19	24	1	3	7	10
31	3		8		14		20	25		4		10

おわりに

わたしがこの27星宿曜占術を「古代の占い」「六害宿」として、書籍や雑誌で紹介していたのは、昭和から平成へと時代が移り変わるころでした。このたび、平成から令和へと新たな時代が始まり、また執筆の機会をいただきました。

「歴史学者が、なぜ占いの本を」と思われる方もいらっしゃったでしょうが、27星宿曜占術は古代、中世の宿曜道という、日本の経験科学のひとつとされた秘術です。わたしは平安貴族たちが愛用したといわれるこの占いに、大学院生時代から注目していましたし、いまも大事な契約を行なう日などは、二十七宿のなかの六害宿に気をつけています。

本書は、一般の方が簡単に本命宿と六害宿を割りだせるように記しました。宿曜道は古代の秘術ですが、占いはあくまでも統計学に類するものです。ふりまわされることなく、よりよい日常をおくるための参考としていただければ幸いです。

＊本書は、一九九〇年二月に光文社より刊行された
『二十七占星術　六害宿』を大幅に改稿・再編集したものです。

武光誠（たけみつ・まこと）

1950年、山口県生まれ。東京大学文学部国史学科卒業。同大学院博士課程修了。文学博士。2019年３月に明治学院大学教授を定年で退職。専攻は日本古代史、歴史哲学。比較文化的視点を用いた幅広い観点から日本の思想・文化の研究に取り組む一方、飽くなき探究心で広範な分野にわたる執筆活動を展開している。また長年、『宿曜経』の研究も続けており、その成果を本書で結実させた。著書に『日本人も知らない やまとことばの美しい語源』『知れば驚く神社の名前の謎』『神社に隠された大和朝廷統一の秘密』『世界地図から歴史を読む方法 ナショナリズムと移民編』（いずれも小社刊）、『歴史書「古事記」全訳』（東京堂出版）、『日本人なら知っておきたい日本』（扶桑社）、『日本人なら知っておきたい！ 所作の「型」』（青春出版社）など多数。

27星宿曜占術

二〇二〇年二月一五日 初版印刷
二〇二〇年三月五日 初版発行

著者――武光誠

企画・編集――株式会社夢の設計社
東京都新宿区山吹町二六一 郵便番号一六二-〇八〇一
電話（〇三）三二六七-七八五一（編集）

発行者――小野寺優
発行所――株式会社河出書房新社
東京都渋谷区千駄ヶ谷二-三二-二 郵便番号一五一-〇〇五一
電話（〇三）三四〇四-一二〇一（営業）
http://www.kawade.co.jp/

DTP――アルファヴィル
印刷・製本――中央精版印刷株式会社

Printed in Japan ISBN978-4-309-28782-9